Bernhard Sill
(Hrsg.)

Beten

Das große Hausbuch

Bernhard Sill (Hrsg.)

Beten

Das große Hausbuch

1. Auflage 2022
© Verlag Katholisches Bibelwerk GmbH, Stuttgart, 2022
Alle Rechte vorbehalten

Für die Texte der Einheitsübersetzung der Heiligen Schrift,
vollständig durchgesehene und überarbeitete Ausgabe
© 2016 Katholische Bibelanstalt GmbH, Stuttgart
Alle Rechte vorbehalten

Umschlagabbildung: *Betende Hände*, 1508 (Vorstudie zum »Heller Altar«)
von Albrecht Dürer 1471–1528, Graphische Sammlung Albertina Wien, © akg-images
Gesamtgestaltung und Satz: Finken & Bumiller, Stuttgart

Hersteller gemäß ProdSG:
Druck und Bindung: Finidr s.r.o., Lípová 1965, 737 01 Český Těšín, Tschechische Republik
Verlag: Verlag Katholisches Bibelwerk GmbH, Silberburgstraße 121, 70176 Stuttgart

www.bibelwerkverlag.de
ISBN 978-3-460-32267-7

Inhalt

»Das innere Gebet ist meiner Ansicht nach nichts anderes als ein Gespräch mit einem Freund, mit dem wir oft und gern allein zusammenkommen, um mit ihm zu reden, weil wir sicher sind, dass er uns liebt«.
TERESA VON ÁVILA

»Oh, ich weiß genau, dass der Wunsch zu beten selbst schon Gebet ist und dass Gott nicht mehr verlangen kann.«
GEORGES BERNANOS

»Und so bleiben diese drei: das Wort, das Beispiel und das Gebet; das größte aber unter ihnen ist das Gebet (1 Kor 13,13). Denn wenn auch, wie gesagt, das Werk der Stimme Kraft verleiht, so erwirbt doch das Gebet sowohl dem Werk als auch dem Wort die wirkende Gnade.«
BERNHARD VON CLAIRVAUX

VORWORT

Es gibt Dinge, mit denen sich frühere Zeiten leichter taten als die heutige Zeit. Ganz gewiss zählt das Gebet zu diesen Dingen. Es ist wohl oder übel so: Menschen unserer Zeit tun sich schwer mit dem Gebet. Das ist vielleicht weniger eine Frage des guten Willens als eine des guten Könnens. »Beten will gekonnt sein!« – so schreibt der bekannte Schweizer Schriftsteller MAX FRISCH (1911–1991) in seinem 1954 erschienenen Roman »Stiller«. Dieser Satz ist ganz Plädoyer dafür, sich der Sache der Kunst des Betens – »Kunst« leitet sich ja ab von der Sprachwurzel »können« – wieder ernsthaft zu widmen.

Doch wie und wo ist die Kunst des Betens wieder zu lernen? Gibt es »Schulen«, in die lernwillige »Schüler:innen« gehen könnten und in denen sie fähige »Lehrer:innen« fänden, die es in dieser Kunst doch immerhin zu einer gewissen Meisterschaft gebracht haben? Ja, solche Schulen gibt es, und es gibt sie überall da, wo es Menschen gibt, die sich in der Kunst des Betens auskennen, da sie diese Kunst ausüben.

»Beten lernt man nur durch Beten« – sagt eine alte Weisheit. Dagegen ist nichts zu sagen, doch daneben dies: »Beten lernt man bei Beter:innen.« Diese zweite Weisheit ist wohl nicht weniger gültig als die erste. Von einem der alten Mönchsväter wird erzählt, er habe einem Bruder, der zu ihm kam und klagte: »Ich kann nicht beten«, den Rat gegeben: »Wenn du nicht beten kannst, geh zu den anderen und hör ihnen zu!« In der Tat ist das ein weiser Rat, den der alte Mönchsvater da jemandem gab, der ihn um Rat bat in seiner Not, selbst nicht beten zu können. Zuhören, wie andere beten – das kann ein gangbarer Weg sein, (wieder) beten zu lernen.

Gute »Schulen« der Kunst des Betens wären demnach erst einmal »Gehörschulen« – Schulen, in denen alles darauf ankäme, das Gehör zu »schulen« und so das Hören zu lernen, und zwar das Hören auf die Stimme(n) derer, die es in dieser immer schweren Kunst doch zu etwas gebracht haben. Wie man sich bestimmte Fähigkeiten und Fertigkeiten bei einem darin Geübten »abschauen« kann, so lässt sich in den Dingen der Kunst des Betens dieses oder jenes durchaus »abhören«.

Alle diejenigen, die dieses Buch in die Hand nehmen, sind eingeladen, die Probe aufs Exempel zu machen, dass die Formel »Beten lernen durch hören lernen« tatsächlich aufgeht. Das Buch will seine Leser:innen bekannt machen mit dem gewaltigen Chor großer und kleiner Beter:innen aus

Geschichte und Gegenwart und in diesem Sinn ein buchstäblich »vielstimmiges« Buch sein.

Wer beten will, kann und muss nicht ständig eigene Gebete formen. Und wenn uns wieder einmal die rechten Worte einfach nicht einfallen wollen, dann seien wir doch dankbar dafür, dass es Gebete gibt, deren Worte uns eine willkommene Leihgabe sind. Borgen wir uns doch Gebete, in denen wir wohnen können, da sie es gestatten, uns, unser Leben und Erleben darin zu beheimaten. Machen wir uns diese Gebete nach und nach vertraut und lassen wir den Geist, der sie beseelt, auf uns wirken! Und vergessen wir nicht, wie wunderbar es immer wieder sein kann, bestimmte Gebete in einer mal kleinen und mal großen Gemeinschaft zu beten! Eine gute Gemeinschaft kann unser Beten ebenso beleben und mittragen wie wir durch unser Beten das Gebet der Gemeinschaft zu beleben und mitzutragen vermögen.

»Die Wahrheit ist symphonisch.« Geprägt hat dieses Wort HANS URS VON BALTHASAR (1905–1988), einer der großen Theologen des 20. Jahrhunderts, und was dieses Wort sagt, gilt für die Wahrheit des Betens allemal. Gerade auch diese Wahrheit ist symphonisch. Denn einzig der »Zusammenklang« der vielen einzelnen Stimmen lässt offenbar werden, was als (die) Wahrheit des Betens erkannt sein will.

Ganz unterschiedliche Klänge werden die Leser:innen dieses Buches zu Gehör bekommen – eines Buches, das viel*seitig* und *viel*seitig sein muss, wenn es »vielstimmig« sein will. Und das ist längst noch nicht alles, was der, der das Buch Seite für Seite durchblättert, an Klangwelten des Gebets entdecken kann.

Es ist wohl damit zu rechnen, dass gerade die besten Gebete nicht zu Papier gebracht wurden und werden. Gleichwohl ist es etwas Gutes, dass Menschen immer wieder Gebete, die vor dem Angesicht Gottes entstanden sind, ihren Mitmenschen zugänglich gemacht haben. Dank daher allen Beter:innen aus Geschichte und Gegenwart, deren Gebete jetzt in diesem »Hausbuch« versammelt sind. Dank nicht zuletzt jenen Beter:innen aus jüngerer und jüngster Zeit, die sich damit einverstanden erklärt haben, dass ihre Gebete in diesem Band abgedruckt werden. Teils haben sie Gebete eigens für diesen Band verfasst, teils haben sie mir bereits fertige Gebete aus ihrem Herzen und aus ihrer Feder gern überlassen.

Keineswegs der geringste Dank gebührt meinen ehemaligen Student:innen der Fakultät für Religionspädagogik/Kirchliche Bildungsarbeit der Katholischen Universität Eichstätt-Ingolstadt, die zur »young generation« der christlichen Beter:innen unserer Zeit gehören. Ein kleiner Teil ihrer Gebete sind im Kapitel »Gebete junger Menschen« versammelt.

Zu danken ist auch jenen guten Geistern, die dank ihrer Mitarbeit ein solches Gebetbuch überhaupt erst möglich gemacht haben.

Dank an Frau DR. THEOL. ELISABETH JAHRSTORFER, Pfarrerin der Evangelischen Kirchengemeinde Pfyn (CH-8505 Pfyn), für die eigenhändig gefertigte Übersetzung der Gebete der heiligen TERESA VON ÁVILA.

Dank gebührt zu guter Letzt dem Eichstätter Domkapitular REINHARD KÜRZINGER, der sich über Monate hinweg als unermüdlicher Sammler und zuverlässiger »Lieferant« etlicher Gebete betätigte – allesamt wertvolle Fundstücke, die das spirituelle Volumen des Hausbuchs quantitativ und qualitativ geprägt und gestärkt haben.

»Gedichte fürs Gedächtnis. Zum Inwendig-Lernen und Auswendig-Sagen« – so lautet der Titel einer Sammlung von Gedichten der Schriftstellerin ULLA HAHN (* 1945), die 1999 in Stuttgart erschien. »Gebete fürs Gedächtnis. Zum Inwendig-Lernen und Auswendig Sagen« – eben das sollen auch die in diesem Buch versammelten Gebete sein. Zwar sind Gebetbücher nicht dazu da, von der ersten bis zur letzten Seite in einem Zug »durchgebetet« zu werden; so auch dieses Gebetbuch nicht. Gebetbücher wie auch dieses »Hausbuch« haben den Sinn, dass sich Mal um Mal darin Gebete entdecken lassen, die wir uns zu eigen machen können, da sie uns aus dem Herzen sprechen. Allen Leser:innen dieses Buches sei jedenfalls gewünscht, dass sie darin Gebete entdecken werden, die sie von Herzen liebgewinnen können, und zwar so, dass sie früher oder später alles dafür tun, damit das geschieht, was in der englischen Sprache »to learn by heart« heißt.

Und wenn einzelne Gebete erst einmal so »by heart« gelernt sind, werden sie uns so buchstäblich zu »Herzensgebeten«, die das »Herz-Werk« (RAINER MARIA RILKE) des Betens dann auch mehr und mehr gelingen lassen, und es wird sich alles tatsächlich so fügen, wie es beim rechten Beten sein muss: dass unser Herz vorbetet, unser Mund mitbetet und unser Leben nachbetet.

Immer ist es ja so: Gute Gebete kommen vom Herzen des Menschen und darum gehen sie auch zum Herzen des Menschen. Immer jedoch erreichen sie das Herz Gottes, das stets bereit ist, sich erreichen zu lassen.

Die in diesem Gebetbuch wie auch in anderen Gebetbüchern gesammelten Gebete lassen uns wissen: Es wurde *vor uns* gebetet und es wird *mit uns* gebetet. So sind wir beheimatet in einer Welt des Gebets, welche die Welt der Gemeinschaft der Beter:innen *vor uns* und *mit uns* ist. Eine große Schar von Betenden – sichtbar und unsichtbar – umgibt uns. Wir sind als Betende eingebettet in die Gemeinschaft jener Menschen, die immer wieder das »ewige Du« (MARTIN BUBER) Gottes mal durch lobendes, mal durch dankendes, mal durch bittendes und mal durch klagendes Beten zu erreichen suchten und suchen. Diese Gemeinschaft der Betenden reicht über die ganze Erde, reicht durch die Epochen der Geschichte. Teil dieser Gemeinschaft zu sein und in die Sprache der Gebete einzustimmen, die Millionen Menschen halfen und helfen, darin ihren Glauben zur Sprache zu bringen, ist eine fantastische Sache und ein großes Glück.

Was die in diesem Band gesammelten Gebete sein wollen, ist: Wegbegleiter und Wegbereiter unseres eigenen Betens zu sein. Mehr können, mehr brauchen uns an die Hand gegebene Gebete nicht zu leisten, als in einem ganz elementaren Sinn »Gebrauchsgegenstände« zu sein. Unsere Sache ist es, einen guten Gebrauch von ihnen zu machen, sei es dadurch, dass wir sie »nach-beten«, sei es dadurch, dass wir sie »weiter-beten« – immer jedoch mit ganzem Herzen.

Was sind Gebete, wenn sie nicht Briefe sind, die als »Herz-Post« vom Herzen des Menschen kommen und zum Herzen Gottes wollen, des himmlischen Vaters aller Menschen?! Jesus Christus, der uns das »Gebet der Gebete« geschenkt hat, hat uns gelehrt, Gott als unseren Vater im Himmel anzusprechen, dessen geliebte Söhne und Töchter wir als »die Kinder der Erde« (KARL RAHNER) sind. Die einzig richtige Gebetsrichtung ist und bleibt darum die Himmelsrichtung. Beter:innen haben etliche Male bezeugt, die Zeit des Betens als eine Zeit erlebt zu haben, in der sie die Gewissheit beseelte: »Jetzt ist uns der Himmel nahe« bzw. »Jetzt sind wir dem Himmel nahe«. Denn tatsächlich ist jedes Gebet ein »kleiner Ruf, der in den großen Himmel dringt«, wie KLAUS HEMMERLE (1929–1994), der frühere Bischof der Diözese Aachen, einmal gesagt hat.

»Sammler sind glückliche Menschen.« Gesagt haben soll diesen Satz einmal JOHANN WOLFGANG VON GOETHE (1749–1832). Gern gestehe ich als der Herausgeber dieser großen Gebete-Sammlung, dass ich dem größten Dichter deutscher Sprache uneingeschränkt Recht gebe. Denn die Leidenschaft, Gebete zu sammeln, beglückt mich bis zum heutigen Tag und wird dies wohl weiterhin tun.

Eichstätt, im Januar 2022
BERNHARD SILL

»HERZ-WERK« BETEN.
EINE KLEINE GEBETSSCHULE

BERNHARD SILL

»Wenn et bedde sich lohnen däät, wat meinste wohl, wat ich dann bedde däät« [»Wenn das Beten sich lohnen täte, was meinst du wohl, was ich dann beten täte.«] – so lautet der Titel eines Songs der legendären Kölner Rockgruppe BAP. Berechtigt ist die Frage »Beten – lohnt sich das denn überhaupt?« allemal. Doch wie lässt sie sich beantworten?

Es gibt eine ganze Reihe von Zeugen, die gut und gern bestätigen, dass Beten tatsächlich eine lohnende – da Sinn machende – Sache ist, und die das sagen, haben das auch selbst erfahren wie etwa MECHTHILD VON MAGDEBURG (um 1207/10–1282/83), eine der großen gebetserfahrenen Frauen des 13. Jahrhunderts. Geschrieben hat sie lediglich ein einziges Buch, und für das wurde ihr der Titel »Das fließende Licht der Gottheit« eingegeben. In diesem Buch findet sich auch ein kleiner Textabschnitt, der die Überschrift trägt »Vom zehnfachen Nutzen des Gebetes eines guten Menschen«, und dieser Textabschnitt lautet so:

> Das Gebet hat große Macht,
> das ein Mensch verrichtet mit ganzer Kraft.
> Es macht ein bitteres Herz süß,
> ein trauriges Herz froh,
> ein armes Herz reich,
> ein törichtes Herz weise,
> ein zaghaftes Herz kühn,
> ein schwaches Herze stark,
> ein blindes Herz sehend,
> eine kalte Seele brennend.
> Es zieht den großen Gott in ein kleines Herz,
> es treibt die hungrige Seele hinauf zu dem Gott der Fülle.
> Es vereint die zwei Lieben, Gott und die Seele,
> an einem wonnevollen Ort,
> da reden sie viel von Liebe.
> Wehe mir Unseliger in meinem gebrechlichen Leib,
> daß ich dort nicht sterben kann!

Gute sieben Jahrhunderte trennen uns Heutige geschichtlich von der großen Mystikerin des 13. Jahrhunderts, die offensichtlich selbst wieder

Niccolò di Pietro (tätig um 1394–1430)
Der Heilige Benedikt läßt durch das Kreuzeszeichen
das Glas mit dem vergifteten Wein im Kloster von Vicovaro
zerspringen (um 1415/19)
Öl auf Holz, 111 × 66 cm
Florenz, Galleria degli Uffizi
© akg-images/Rabatti & Domingie

und wieder die »große Macht« des Gebets erfahren hat und überzeugt war, es sei jedem Menschen gegeben, die Erfahrung der »große(n) Macht« des Gebets zu machen, die sie ganz gewiß als »Macht« eines großen Segens begriffen sehen wollte. So hat die große Gottesfrau des 13. Jahrhunderts die Dinge des Gebets gesehen, und das wirft die Frage von uns selbst an uns selbst auf, wie es sich denn heute mit der »Macht« des Gebets in unserem Leben verhält, wie groß bzw. wie klein diese »Macht« ist, ob es sie überhaupt (noch) gibt und wenn ja, in welchem Umfang.

Leben und beten – beten und leben

»Ich bete, weil ich lebe – Ich lebe, weil ich bete.« Gesagt hat diesen Satz, der ein Bekenntnis ist, Pater BERNHARD HÄRING C.Ss.R (1912–1998), der international bekannte und geschätzte Moraltheologie-Professor. Der Satz ist der Satz eines Mannes, der offensichtlich in seinem Leben die »Macht« und den Segen des Gebetes erfahren hat. Seine Aussage, die für ihn selbst gewiss gestimmt hat, ist ebenso gewiss keine Aussage, die den Gläubigen unserer Tage so einfach über die Lippen geht. »Macht« und Segen des Gebets werden gewiss auch heute erfahren, doch gibt es daneben und wohl auch dagegen Erfahrungen, die anders über das Gebet sprechen lassen.

»Von der Not und dem Segen des Gebetes« – so lautet der Titel eines kleinen Taschenbuches, das ab September 1958 im Buchhandel erhältlich war. Geschrieben hat dieses Taschenbuch, das sich bislang in über 100.000 Exemplaren verkauft hat, der Jesuitenpater und wahrscheinlich bedeutendste Theologe des 20. Jahrhunderts KARL RAHNER SJ. Der 1904 geborene und 1984 gestorbene Theologe hat bereits 1946, als er in der Kirche St. Michael in München Predigten zum Gebet hielt, aus denen dann sein »Gebet-Buch« entstand, geahnt: mehr und mehr haben Christen ihre »liebe Not« mit dem Gebet oder – besser gesagt – mit dem Beten. Und Theologen, die sich in den letzten Jahren zum Gebet geäußert haben, wagen sogar zu behaupten, dass die Not, die Menschen in diesen Tagen mit dem Gebet haben, ganz bestimmt größer ist als die Not, die es zu der Zeit gab, als KARL RAHNER sein Taschenbuch zum Gebet schrieb.

Es melden sich heute Stimmen, die sagen: Das Gebet bzw. das Beten hat seine jahrhundertealte, ja seine jahrtausendealte Selbstverständlichkeit eingebüßt, und es sind keineswegs einzelne Stimmen, die solches sagen. Es heißt, dem Menschen dieser Zeit sei die Fähigkeit zum Beten doch spürbar abhanden gekommen. Und jetzt, wo das bemerkt wird, wird gleich auch gefragt, was das bedeutet. Bedeutet es, dass überall dort, wo den Menschen das Gebet bzw. das Beten abhanden kommt, sie sich auch als Menschen früher oder später abhanden kommen, weil es so ist, dass der Mensch letztlich Mensch nur als betender Mensch sein kann?

Beten ist menschlich, und Beten ist christlich. Diejenigen, die das sagen, wollen damit sagen: Mensch ist nur der, der auch betet, und Christ ist nur der, der auch betet. So oft Menschen und Christen daher das Beten verlernt haben, müssen sie es wieder erlernen, denn Mensch ist der Mensch nur als betender Mensch und Christ nur als betender Christ.

Jemand, der als Mensch und als Christ offensichtlich so gedacht hat, ist der 1880 in Berlin-Lichterfelde geborene und 1967 in Berlin gestorbene evangelische Bischof OTTO DIBELIUS gewesen, der einmal diesen Gedanken zu bedenken gegeben haben soll:

> »Ein Konzertpianist sagte: ›Wenn ich einen Tag nicht übe, merke ich es. Wenn ich zwei Tage nicht übe, merken es meine Freunde. Wenn ich drei Tage nicht übe, merkt es das Publikum.‹ Mir geht es ähnlich mit dem Beten: Wenn ich einen Tag nicht bete, merkt es Gott. Wenn ich zwei Tage nicht bete, spüre ich es selber. Wenn ich drei Tage nicht bete, spürt es meine Umgebung.«

Die Gedanken des gerade auch als Theologen bedeutenden evangelischen Bischofs wollen wieder Mut machen zum Gebet, wollen Mut machen, wieder zu beten. Jemand, der das als Theologe unbedingt unterschrieben, unterstrichen und unterstützt wissen will, war der frühere Münsteraner Theologe JOHANN BAPTIST METZ (1928–2019), der bereits 1977 den Satz gesagt hat, »daß es in dieser Zeit der Ermutigung zum Gebet bedarf«.

Dass ein Theologe wie JOHANN BAPTIST METZ zum Gebet bzw. zum Beten ermutigt, ist, so ließe sich einwenden, doch selbstverständlich. Denn das ist ja sozusagen sein Beruf. Doch sind die Theologen die einzigen, mag sich dieser und jener Zeitgenosse fragen, die in diesen Tagen das Gebet bzw. das Beten zu retten versuchen, wenn Gebet und Beten, was etliche ja bezweifeln, denn überhaupt noch zu retten sind? Tatsächlich ist die Stimme der Theologen definitiv nicht die einzige Stimme, die in unserer Zeit dafür plädiert, dass Beten überhaupt nicht überholt und damit unzeitgemäß ist. Denn da sind durchaus noch weitere Stimmen, die »Platzhalter« des Betens genannt zu werden verdienen, da sie dafür plädieren, dass das Beten seinen »Platz« im Leben der Menschen behält.

Einer dieser »Platzhalter« des Betens ist der frühere Münsteraner Philosoph PETER WUST (1884–1940) gewesen, bekannt geworden nicht nur in der philosophischen Welt durch seine Schrift »Ungewißheit und Wagnis« aus dem Jahre 1937. In seinem auf den 18. Dezember 1939 datierten »Abschiedswort« schrieb der Philosoph wenige Monate vor seinem Tod – er starb am 3. April 1940 in Münster – seinen Schüler:innen auch dieses Plädoyer für das Gebet und das Beten:

> »Und wenn Sie mich nun noch fragen sollten, bevor ich jetzt gehe und endgültig gehe, ob ich nicht einen Zauberschlüssel kenne, der einem das letzte Tor zur Weisheit des Lebens erschließen könne, dann würde ich ihnen antworten: ›Jawohl‹. – Und zwar ist dieser Zauberschlüssel nicht die *Reflexion*, wie Sie es von einem Philosophen vielleicht erwarten möchten, sondern das *Gebet*. Das Gebet, als letzte Hingabe gefaßt, macht still, macht kindlich, macht objektiv. Ein Mensch wächst für mich in dem Maße immer tiefer hinein in den Raum der Humanität – nicht des Humanismus –, wie er zu beten imstande ist, wofern nur das *rechte Beten* gemeint ist. (…) Die großen Dinge des Daseins werden nur den betenden Geistern geschenkt.«

Den menschlichen Menschen – ohne das Gebet, ohne das Beten gibt es ihn nicht. Der Philosoph PETER WUST hat so gedacht, denn es war ihm elementare Gewissheit: In der Philosophie muss gedacht werden, doch gebetet werden muss da auch. Und wie ist es in der Theologie? Es ist da wohl ganz so wie in der Philosophie auch. Denn so gewiss in der Theologie gedacht werden muss, Theologie denkende Theologie sein muss, so gewiss muss in der Theologie gebetet werden, muss Theologie auch betende Theologie sein. Die Wahrheit, dass das Gebet die »Mutter der Theologie« (WALTER KASPER) ist, war jedenfalls überall lebendig, wo echte Theologie getrieben wurde. Eigentlich ist es ja selbstverständlich, dass Theologie stets auch betende Theologie sein muss, denn die »Rede von Gott« stammt ja bekanntlich aus der »Rede zu Gott«.

Weil dem so ist, bilden eben auch Glauben und Beten eine ganz enge Einheit, und ein Wort, das trefflich geeignet ist, das deutlich zu machen, hat der jüdische Religionsphilosoph MARTIN BUBER (1878–1965) einmal gesprochen. Es ist dieses Wort:

> »Wenn an Gott glauben ... bedeutet, von ihm in der dritten
> Person reden zu können, glaube ich nicht an Gott. Wenn an
> ihn glauben bedeutet, zu ihm reden zu können, glaube ich an
> Gott.«

»Maxima ars est oratio.« – »Die größte Kunst ist das Beten.« Dieser Satz ist etlichen Kirchenvätern geläufig. Die Kirchenväter, die so sprachen, wußten: Leben, ohne zu beten, das geht nicht. Und weil sie das wußten, sprachen sie sich wieder und wieder dafür aus, daß die »größte Kunst« des Betens stets auch gelehrt und gelernt wird. Wie jede Kunst ist auch die Kunst des Betens ja da und nur da gekannt und gekonnt, wo sie auch geübt und gepflegt wird.

Eine leicht zu lernende und leicht zu lehrende Kunst ist die Kunst des Betens eher nicht. Gerade deshalb braucht sie dringend neue Meister und neue Schüler, damit sie bald wieder zu einer besser als bisher geübten und gepflegten Kunst wird. Es ist daher zu begrüßen, wenn in jüngerer und jüngster Zeit wieder ein Sinn dafür zu wachsen beginnt, die Kunst des Betens als eine Kunst, die zu kennen und zu können lohnt, zu begreifen. Initiativen, die sich Gedanken dazu machen, wie die Kunst zu beten unter den Bedingungen des Heute Gottes zu beschreiben und zu betreiben wäre, sind durchaus da, und so ist es gekommen, dass die Kunst des Betens tatsächlich wieder im Gespräch ist. Und dass sie das ist, hat gewiss sein Gutes, denn damit ist die Chance da, dass das Gebet nach und nach wirklich sein »Comeback« ins Leben hat – ein »Comeback«, das es einfach geben muß. Denn ohne das Gebet ist Religion nicht Religion, der Mensch nicht Mensch, der Christ nicht Christ, der Glaube nicht Glaube und Theologie nicht Theologie.

Selbstbegegnung und Gottesbegegnung im Gebet

Was geschieht eigentlich, wenn wir beten? Es geschieht – so betonen die geistlichen Lehrmeister des Gebets bzw. des Betens immer wieder – Selbstbegegnung, und es geschieht Gottesbegegnung. Sich selbst begegnen, sich selbst finden und Gott begegnen, Gott finden – beides geschieht im Gebet. Sich zu finden und Gott zu finden – gerade auch die Dinge des Gebets taugen besonders dazu, denn dass Selbsterkenntnis und Gotteserkenntnis immer Hand in Hand gehen, erfahren (die) Beter Mal um Mal.

Worauf es also ankommt, ist, sich darin zu üben, sich selbst auszuhalten, es bei und mit sich auszuhalten. Das Problem ist manchmal vielleicht gar nicht das, dass wir etwas nicht aushalten, wie wir ja sagen: »Das halte ich jetzt nicht mehr aus.« Eher ist es nicht nur ab und zu wohl eher so, dass wir uns auch als Erwachsene einfach selbst nicht mehr aushalten. Was ein kleiner Junge einmal zu seiner Mutter, als es ihm nicht so gut ging, sagte: »Mama, ich halte mich nicht mehr aus!«, das ist uns Erwachsenen voll und ganz aus der Seele gesprochen. Denn wir kennen das Problem als unser Problem, dass wir bisweilen uns einfach selbst glauben nicht bzw. nicht mehr aushalten zu können.

Doch gerade darauf käme es an: sich wieder und wieder darin zu üben, das nachhaltige Können zu erlangen, sich selbst auszuhalten. Selbstbegegnung wird einzig dem geschenkt, der gewillt ist, sich selbst auszuhalten, der das Selbst auszuhalten bereit ist, das er ist. Letztlich gelingt es ohnehin nicht, sich selbst bzw. dem eigenen Selbst davonzulaufen. Denn wer vor sich selbst bzw. seinem Selbst davonläuft, der kann lange laufen. Er wird von sich selbst bzw. von seinem Selbst immer wieder eingeholt. Warum daher nicht gleich den Mut zur Selbsterfahrung und Selbsterkenntnis fassen, die ja, wie eine große geistliche Tradition lehrt, den Boden dafür bereiten, dass sich Gotteserfahrung bzw. Gotteserkenntnis ereignen kann.

Das Gebet ist ein privilegierter »Ort« der Selbstbegegnung und der Gottesbegegnung. Zeiten des Gebets sind daher immer auch Zeiten, Selbsterfahrung und Gotteserfahrung sozusagen im »Doppelpack« zu machen, denn anders als so – im »Doppelpack« – gibt es sie nicht. Der Weg des Gebetes ist

– so besehen – gleichermaßen Weg zu sich selbst und Weg zu Gott, ist als Weg zu Gott Weg zu sich selbst und als Weg zu sich selbst Weg zu Gott. Denn wieder und wieder gilt: Indem der Mensch auf sein eigentliches Ich zugeht, geht er auf Gott zu, und indem er auf Gott zugeht, geht er auf sein eigentliches Ich zu.

Wer sich redlich bemüht, gut zu beten, der weiß auch: zu Gott fliehen im Gebet und so sich selbst entfliehen zu wollen – das geht gar nicht. Das Gebet stellt uns vor Gott, indem es uns vor uns selbst stellt, und es stellt uns vor uns selbst, indem es uns vor Gott stellt. So ist das »Gebet als Begegnung« stets beides: Begegnung mit uns selbst und Begegnung mit Gott. Was dabei die Voraussetzung für was ist: die Selbstbegegnung die Voraussetzung für die Gottesbegegnung oder die Gottesbegegnung die Voraussetzung für die Selbstbegegnung, ist schwer zu sagen. Wichtig zu sehen ist jedoch, dass beides sich – unbedingt(!) – bedingt.

Der Mensch, der die innige Nähe Gottes will, muss wissen, dass diese sich an die Bedingung, innige Nähe auch zu sich selbst zu haben, knüpft. So jedenfalls hat der große Gottesgelehrte des 15. Jahrhunderts NICOLAUS VON CUES (1401–1464) die Dinge gesehen und sie gewiß richtig gesehen. Denn in dessen Schrift »De visione Dei« [»Über die Gottesschau«] aus dem Jahre 1453 findet sich auch ein Gebet, das des Rätsels Lösung bringt, wie denn die Innigkeit dessen, dass sich Gott dem Menschen zu eigen gibt, »realiter« möglich ist. Das Gebet, das im besten Sinn des Wortes betende Theologie ist, lautet:

> »Wie soll ich Dich bitten? Denn was ist sinnloser, als zu bitten, Du mögest Dich mir schenken, da Du doch alles in allem bist. Und wie wirst Du Dich mir geben, wenn Du mir nicht zugleich Himmel und Erde gibst und alles, was in ihnen ist? Ja, noch mehr: wie wirst Du Dich mir geben, wenn Du mich nicht mir selbst gibst? Und wenn ich so im Schweigen der Betrachtung verstumme, antwortest Du mir, Herr, tief in meinem Herzen und sagst: Sei du dein und ich werde dein sein.
> O Herr, Du Wonne aller Süßigkeit, Du hast es in meine Freiheit gelegt, daß ich mein sein kann, wenn ich es nur will. Gehöre ich darum nicht mir selbst, so gehörst du auch nicht mir. Du machst die

Freiheit notwendig, da Du nicht mein sein kannst, wenn ich nicht mein bin. Und weil Du das in meine freie Entscheidung gelegt hast, zwingst Du mich nicht, sondern erwartest, daß ich mein eigenes Sein erwähle. Es steht also bei mir und nicht bei Dir, Herr, der Du Deine übergroße Güte nicht einschränkst, sondern reichlich ausgießt in alle, die aufnehmen können. Du aber, o Herr, bist Deine Güte.«

Der Mensch soll das Seine tun, sich näher zu sich selbst zu bringen, dann tut Gott auch das Seine, sich näher dem Menschen zu bringen. So die »Logik« dieses Gebets, das in einmaliger »coincidentia oppositorum« [»Zusammen-fall der Gegensätze«] den Gegensatz aufhebt, sich selbst zu eigen und Gott zu eigen zu sein. Immer aber bindet sich der göttliche Indikativ »Ich werde dein sein« an den göttlichen Imperativ »Sei du dein!«, denn dieser Bedin-gungszusammenhang ist stimmig und daher immer gültig.

»Komm Du zu Dir, so kommt auch Gott zu Dir.« – »Gelangst Du zu Dir, so gelangst Du auch zu Gott.« – Auf diese Formel lässt sich die geistliche Ein-sicht des Cusaners bringen, die enormes existentielles Gewicht hat. Denn nichts hat der Mensch so nötig wie die Einsicht, dass eben dies, sein eigen zu sein, zu sich zu kommen, jetzt gefordert ist und daher nach Kräften jetzt auch gefördert sein will. Denn das und nur das schließt das Herz Gott gegen-über nicht zu, sondern auf und ist daher »conditio sine qua non« dafür, daß Gott unser aller eigen sein und zu uns allen kommen kann. Gott kommt bei uns an, wenn wir bei uns selbst ankommen. Der Pilgerweg zu sich selbst und der Pilgerweg zu Gott sind ein Weg.

Wir müssen das Unsere tun, damit Gott dann auch das Seine tun kann. Was das Unsere ist, hat der heilige BERNHARD VON CLAIRVAUX (1090–1153) in einer seiner Adventspredigten einmal so gesagt:

> »Du mußt nicht über die Meere reisen, mußt keine Wolken
> durchstoßen und mußt nicht die Alpen überqueren.
> Der Weg, der dir gezeigt wird, ist nicht weit.
> Du musst deinem Gott nur bis zu dir selbst entgegengehen.«

Gott bis zu uns selbst entgegengehen – das ist unsere Sache, die wir zu tun haben. Wir brauchen, um ein Gebet zu beginnen, nicht von da weggehen, wo wir uns gerade aufhalten. Ganz genau das Gegenteil haben wir zu tun: auf uns zugehen nämlich, denn so oft wir das tun, so oft geht auch Gott auch auf uns zu. Wir sollen bei uns selbst ankommen, denn so kommt auch Gott bei uns an. Der »Advent« – die »Ankunft« – von uns selbst bei uns selbst ist der »Advent« – die »Ankunft« – Gottes bei uns. Gehen wir auf uns selbst zu, sind wir die, die wissen dürfen, dass so oft wir das tun, so oft auch Gott auf uns zugeht. Gott kommt bei denen an, die bei sich selbst ankommen. Wieder und wieder ist es so: ganz bei sich (selbst) ist der Mensch bei Gott – ganz bei Gott ist der Mensch ganz bei sich (selbst).

Sich und sein Leben ins Gebet nehmen

Beten heißt: Gott beim Namen nennen – Ihn, bei dem wir selbst einen Namen haben. In der Haltung derer, die Gott beim Namen rufen, weil sie bei Ihm einen Namen haben, sollen wir beten. Es empfiehlt sich, sich das immer wieder in Erinnerung zu rufen, denn so oft wir das tun, so oft weiß jeder, so oft weiß jede von uns: »Das Gebet beginnt bei mir.« (HANS SCHALLER SJ)

Beten ist Sprechen mit Gott, so heißt es, und das heißt eben auch: Gott alles sagen können, Gott alles sagen dürfen – ganz elementar. Wer sich vor Gott zur Sprache bringt, der betet. Einbringen kann und darf er dabei alles, was ihm einfällt. »Was soll ich Gott denn sagen?« fragt sich dieser oder jener, dem das Beten Schwierigkeiten bereitet, durchaus einmal von Zeit und Zeit. Gott buchstäblich alles zu sagen – dazu raten die Meister (in) der Kunst des Betens regelmäßig. Denn wer ist Gott – so werden sie nicht müde zu betonen –, wenn nicht auch der, dem wir mit allen Dingen unseres Lebens kommen können und kommen dürfen?!

Betend sich selbst vor Gott bringen – das besagt daher: die Dinge in Worte kleiden, die jetzt in der Situation, ich der ich mich befinde, die Dinge meines Lebens sind. Die Stufe, mit der wir ins Gebet eintreten, ist also die Stufe der Ehrlichkeit, die Stufe der Wahrhaftigkeit uns selbst gegenüber und damit auch Gott gegenüber. Wenn Gott etwas erwartet, wenn wir zu Ihm beten, dann einfach das, dass wir die sind, die sich selbst und damit auch Ihm nichts vormachen.

Wie soll ich denn also mein Gebet beginnen, in dem ich zu Gott sprechen will? Einfach so, wie es der Titel eines »Gebet-Buches« sagt, das der französische Theologe MICHEL QUOIST (1921–1997) geschrieben hat und das bereits über 60. Auflagen erlebt hat: »Herr da bin ich«. Zu beten beginnen sollen wir so, dass wir sagen: »Herr da bin ich«.

> Herr, da bin ich,
> mit den Dingen meines Lebens, die mich glücklich sein lassen,
> mit den Dingen meines Lebens, die mich rat- und hilflos sein lassen,
> mit den Dingen meines Lebens, die mich traurig sein lassen
> mit den Dingen meines Lebens, die mich zornig sein lassen usw. usf.

Dass uns die Dinge unseres Lebens wieder und wieder zu Dingen des Gebetes werden, das ist entscheidend. Denn so nehmen wir unser Leben buchstäblich ins Gebet. Und so oft das geschieht, so oft werden wir selbst zum Gebet. Klassisch gesagt hat das der 1868 geborene und 1955 gestorbene französische Dichter PAUL CLAUDEL in seinem 1929 erschienenen Hauptwerk, dem berühmten Drama »Der seidene Schuh«. Denn da lässt er eine der Personen des Dramas den Satz sprechen: »Der Heilige betet mit seiner Hoffnung, der Sünder mit seiner Sünde.«

Das ist ein einmaliger Satz, den es Mal um Mal zu wiederholen gilt. Denn was er sagt, kann besser nicht gesagt werden. Doch was ist das Besondere, das dieser Satz sagt? Das Besondere, das dieser Satz sagt, ist: Es gibt nichts in uns, mit dem wir nicht zu Gott beten dürf(t)en. Was uns PAUL CLAUDEL eigentlich sagen will, ist dies und immer wieder dies: Was immer Du auch bist, bete damit zu Gott! Bete mit Dir selbst zu Gott!

> Bist du ein Mensch der Verzweiflung, dann bete mit Deiner Verzweiflung zu Gott.
> Bist du ein Mensch der Verletzungen und Verwundungen, dann bete mit Deinen Verletzungen und Verwundungen zu Gott.
> Bist du ein Mensch der Rat-, Hilf-, Plan-, Lust- und Kopflosigkeit, dann bete mit Deiner Rat-, Hilf-, Plan-, Lust- und Kopflosigkeit zu Gott.
> Bist du ein Mensch der Einsamkeit, Dann bete mit Deiner Einsamkeit zu Gott.

Hast Du als Mensch Grund zur Freude, dann bete mit Deiner Freude zu Gott.
Hast Du als Mensch Grund zur Dankbarkeit, dann bete mit Deiner Dankbarkeit zu Gott.

Die Reihe lässt sich beliebig ergänzen um dieses und jenes Etwas. Was immer dieses Etwas sei, immer ist ein Etwas, das zu uns gehört, und dadurch, dass wir es vor Gott bringen, bringen wir uns selbst vor Gott. Wir können, sollen und dürfen im Gebet Gott alle Dinge unseres Lebens hinhalten. Denn wann immer wir das tun, sind wir die, die sich selbst Gott hinhalten.

Das »kleine Pfingsten« des Gebets

Wie wir unser Leben ins Gebet nehmen können, zeigen uns mustergültig zwei Strophen eines Gebets zum Heiligen Geist, das auch in Taizé gern singend gebetet bzw. betend gesungen wird. Es ist die bekannte Pfingstsequenz »Veni Sancte Spiritus« [»Komm herab, o Heilger Geist«], in deren 7. und 8. Strophe der Beter den Heiligen Geist bittet:

> Wasche, was beflecket ist,
> heile, was verwundet ist,
> tränke, was da dürre steht.
>
> Beuge, was verhärtet ist,
> wärme, was erkaltet ist,
> lenke, was da irre geht!

Das Gebet spricht Erfahrungen an, die immer wieder einmal im Leben von uns Menschen gemacht werden. So z. B. die Erfahrung, dass da Flecken und Wunden sind: die Flecken der Schuld, was ich anderen getan habe; die Wunden der Schuld, was andere mir getan haben. So z. B. die Erfahrung, in der Dürre ausgebrannten Lebens zu leben (Burn-out-Syndrom), oder die Erfahrung, innerlich und äußerlich (zu) hart zu sich und anderen geworden zu sein. So z. B. die Erfahrung, in Zeiten erkalteter Liebe zu Beruf und Berufung, zum ehelichen »Du« und zum »ewigen Du« (MARTIN BUBER) zu leben, oder die Erfahrung, auf der Fahrt durchs Leben auf Irrfahrt zu sein.

Es sind – alles in allem – Erfahrungen der Trostlosigkeit, denen nur in der Kraft dessen beizukommen ist, der der »Tröster« ist: der Heilige Geist. Er kann den Trost spenden, den das befleckte, verwundete, verhärtete, erkaltete, verirrte Leben der Menschen lebensnotwendig braucht. Denn der Heilige Geist ist der Geist, der wäscht, der heilt, der tränkt, der beugt, der wärmt, der lenkt und damit erfahrbar macht, dass Gott alles Dunkel des Lebens in Licht wandeln kann. Wo Menschen betend den Heiligen Geist erfahren, da ereignet sich ein kleines »Pfingsten«, und das ist jedem und jeder zu wünschen, denn ein kleines »Pfingsten« braucht unser Leben immer wieder einmal, und zwar gerade da, wo wir des Trostes bedürfen. Da muss die »Dynamik« des Heiligen Geistes (Röm 15,13) in unser Leben kommen als trostspendende Kraft.

Wir können und dürfen unser Leben so ins Gebet nehmen, wie es eben ist: beflecktes, verwundetes, verdorrtes, verhärtetes, erkaltetes oder verirrtes Leben, sagen uns die beiden Strophen des Gebets zum Heiligen Geist, das um 1200 in England entstanden sein dürfte. Jeder »Stoff« des Lebens darf demnach zum »Stoff« des Betens werden. Dass uns Menschen der »Stoff« zum Beten einmal ausgeht, ist daher wenig wahrscheinlich. Sind wir Menschen die, welche begriffen haben, dass gerade auch das »Menschliche, Allzumenschliche« (FRIEDRICH NIETZSCHE) in unserem Beten seinen Platz haben darf, dann sind wir auch die, denen genügend bewusst ist, dass ihnen jedes Ding ihres Lebens zu einem Ding ihres Betens werden kann und darf. Denn es gibt nichts, mit dem wir nicht betend Gott zu kommen dürften. Zu Gott dürfen wir betend mit allem und jedem kommen. Denn Gott ist kein Gott, der sagt: »Damit brauchst Du mir nicht zu kommen!«

Das Sprachspiel unseres Lebens als das Sprachspiel unseres Betens

Der Salzburger Theologieprofessor GOTTFRIED BACHL (1932–2020) hat betend Gott einmal gefragt, wie denn sprachlich »korrekt« zu beten sei. Sein Gott (be)fragendes Gebet lautet:

> Dürfen wir
> dir nur ausgesuchte Worte sagen,
> nur teure Sätze
> von Dichtern erfunden,
> nur polierte Ausdrücke,
> oder können wir dir auch kommen
> mit den ranzigen Formeln,
> aus denen
> unsere Sprache meistens besteht?

Jeden, der Ihn so (be)fragt wie der Gottesgelehrte GOTTFRIED BACHL, wird Gott wissen lassen, dass wir in unserem Beten eben auch die Sprache sprechen dürfen, die wir in unserem Leben sprechen. Die Sprache unseres Lebens darf und soll die Sprache unseres Betens sein. Sie ist die beste, denn in dieser Sprache kommen wir selbst vor und in dieser Sprache sprechen wir uns selbst ganz aus.

Mit der Sprache unseres Lebens bringen wir uns wirklich vor Gott, denn einzig sie ist die Sprache unserer wirklichen Wirklichkeit. Mit der Sprache unserer wirklichen Wirklichkeit bringen wir uns selbst vor den wirklichen Gott. Das Gebet als Treffpunkt mit sich selbst und mit Gott selbst braucht eine Sprache, in der wir ganz »da« sind, und welche Sprache ist da geeigneter als die Sprache unseres Lebens?!

Wir müssen uns sprachlich also überhaupt nicht verrenken, wenn wir beten wollen. Das Sprachspiel unseres Lebens darf durchaus auch das Sprachspiel unseres Betens sein. Wir müssen kein von der Sprache unseres Lebens abgehobenes Sprachspiel pflegen, wenn wir beten wollen. Gott versteht uns auch so bestens. Er versteht uns durchaus, wenn wir in der Sprache unseres Lebens zu Ihm sprechen. Denn diese Sprache – das sind wir bzw. das sind wir auch.

Wenn von der Sprache des Gebetes gesagt wird, sie sei eine Sprache ohne Tabus, dann stimmt das ja tatsächlich. Denn die Sprache, welche die Sprache des Gebets ist, ist eine Sprache, die es uns gestattet, buchstäblich alles über die Lippen zu bringen, was einfach einmal gesagt werden muss.

Wir müssen nichts aussparen oder aussperren, wenn wir beten wollen. Dass wir nicht glauben können – betend dürfen wir es Gott sagen. Und dass wir nicht beten können, auch das dürfen wir – paradox genug – betend Gott sagen. Ja – selbst das dürfen wir betend Gott sagen, betont der frühere Bischof der Diözese Aachen KLAUS HEMMERLE (1929–1994) und erzählt dazu eine Geschichte, die er sich selbst erdacht hat. Die Geschichte lautet:

> Ein Jünger kommt zu einem Meister des Gebetes und klagt ihm: »Meister, ich habe mich so bemüht, mich zu sammeln versucht, über mich selbst nachgedacht, alle Gedanken, die mir kamen, still werden lassen – und doch habe ich nicht beten können. Was soll ich tun?« Der Meister antwortet: »Mach aus deinem Nicht-beten-Können ein Gebet.«

Beten beginnt bei mir. Bin ich ganz bei mir (selbst), dann bin ich bald auch ganz bei Gott (selbst). Beten darf, ja soll bei uns selbst beginnen. Und betend zu sprechen beginnen dürfen, ja sollen wir ebenfalls in der Sprache, die unsere Sprache ist. Denn sie ist die Sprache, in der wir die Dinge unseres Lebens am ehesten aussagen können und damit auch uns selbst. Es ist wichtig, diese unsere ureigenste Sprache des Lebens auch als unsere Gebets-sprache zu pflegen, die Gottes Ohr erreichen soll.

Der betende Mensch und
der hörende Gott

Wenn wir beten, dann wenden wir uns ja an einen Gott, den wir glauben als den, der »ganz Ohr« für uns Menschen ist. Betend bitten bzw. bittend beten wir, dass er sich uns wieder und wieder tatsächlich auch als hörender Gott erweist, ganz so, wie das der Exeget NORBERT LOHFINK SJ (* 1928) einmal in der Sprachhandlung eines Gebetes, das er »Sei ein hörender Gott« betitelt hat, getan hat. Das Gebet lautet:

> Erweis dich als ein hörender Gott.
> Sei das große Ohr, in das ich alles hineinsagen kann.
> Sei der Hörende, der auch das Ungesagte hört.
> Sei der Verstehende, der da, wo ich mich selbst nicht mehr begreife,
> noch den geheimen Sinn entdeckt.
> Sei der Zuhörer, der mir überhaupt erst den Mut gibt,
> den Mund zu öffnen.
> Sei der Fragende, der endlich die richtigen Fragen stellt.
> Sei das Wissen, das nicht wehtut.
> Sei der Vorwurf, der brennt, aber nicht verzehrt.
> Sei das Ja zu meiner ganzen Vergangenheit.
> Sei der Blick, der die Hoffnung aufblühen läßt.
> Sei die Antwort, die mich wirklich betrifft.
> Sei die große, schweigende Antwort, die der Worte nicht mehr
> bedarf.

Für die Menschen des Ersten Testamentes war es selbstverständlich, Gott darum betend zu bitten, ein offenes Ohr für sie zu haben. Das erste Buch der Könige – 1 Kön 8,27–30 – hat ein solches Gebet bewahrt, das ganz Gebet um Gottes Gehör ist. König Salomo spricht es, und er spricht es so:

> »Wende dich, Herr, mein Gott, dem Beten und Flehen deines Knech-
> tes zu! Höre auf das Rufen und auf das Gebet, das dein Knecht heute
> vor dir verrichtet. Halte deine Augen offen über diesem Haus bei

Nacht und bei Tag, über der Stätte, von der du gesagt hast, dass dein Name hier wohnen soll. Höre auf das Gebet, das dein Knecht an dieser Stätte verrichtet. Achte auf das Flehen deines Knechtes und deines Volkes Israel, wenn sie an dieser Stätte beten. Höre sie im Himmel, dem Ort, wo du wohnst. Höre sie, und verzeih!« (1 Kön 8,28–30)

Beten – das heißt: aus der Erfahrung bzw. aus den Erfahrungen des Lebens zu Gott sprechen. Erfahrungsgeerdet sollen wir beten, denn es geht darum, dass unser Beten im Erdboden unserer Erfahrung(en) wurzelt. Einzig das in diesem Sinn erdnahe bzw. erdverbundene Beten, das in der Erfahrung bzw. in den Erfahrungen unseres Lebens gründet, bietet die Chance, tatsächlich da unser Leben auch »unterzubringen«.

Unser Gebet gelingt, so oft wir es schaffen, unser eigenes uns selbst oft genug doch unbegreifliches Leben vor den unbegreiflichen Gott zu bringen in einer Sprache, die die unsere ist. Es braucht, um betend mit Gott zu reden, keine religiöse »Sondersprache«. Gesondert von uns und unserem Leben beten sollen wir gerade nicht. Was wir sollen, ist buchstäblich wieder und wieder dies: buchstäblich unser Leben ins Gebet nehmen. Unser Leben soll sich in unserem Beten spiegeln, unser Leben soll in unserem Beten zur Sprache kommen.

Eine gute Orientierung dafür, wie das gehen kann, betend sein Leben vor Gott zur Sprache zu bringen, sind neben den Gebeten großer Beter:innen aus Geschichte und Gegenwart die Psalmen. Nirgendwo sonst kommt in der Heiligen Schrift das Leben vor Gott in solcher Bandbreite zur Sprache wie gerade in den Psalmen. Da wird gelacht, da wird geweint, da wird gejubelt, da wird geklagt und da wird gezweifelt. Es gibt keine Erfahrung unseres Lebens, die nicht in einem der 150 Psalmen »untergebracht« wäre, und das ist dann wohl auch der Grund, weshalb die Psalmen durch die Jahrhunderte gebetet worden sind. Denn sie sprechen eine Sprache, in der die Erfahrungen des Menschen mit sich, seinem Leben und seinem Gott ganz elementar »geerdet« sind.

Jemand, in dessen Erfahrung sich bestätigt hat, wie geeignet die Psalmen doch sind, sein Leben da »unterzubringen«, ist der Dichter RAINER MARIA RILKE (1875–1926) gewesen. »Ich … habe … die Psalmen gelesen, eines der wenigen Bücher, in denen man sich restlos unterbringt, mag man noch so zerstreut und ungeordnet und angefochten sein ...«, bemerkte der Dichter am 4. Januar 1915 in einem in Berlin geschriebenen Brief gegenüber seinem Verleger ANTON KIPPENBERG (1874–1950).

Wie der Psalmist dürfen und sollen wir Menschen uns trauen, die Dinge, die uns bewegen, zur Sprache zu bringen und sie in Gottes Ohr zu sagen, wissend, daß ER, Gott, »ganz Ohr« ist für uns und das, was wir IHM zu sagen haben.

Erzählend beten – betend erzählen

Die großen Dinge unseres Lebens sind einfach. Einfach damit auch das Gebet, das fraglos eines der großen Dinge unseres Lebens ist. Wenn wir wirklich glauben, dass Gott uns wirklich hört, wenn wir beten, dann wird es auch wirklich das Beste sein, einfach einmal damit zu beginnen, vor Gott betend zu erzählen bzw. erzählend zu beten, was wir empfinden, was uns beschäftigt – und sei es auch noch so banal oder noch so trivial. So oft wir so erzählen, so oft setzen wir uns gegenwärtig vor Gott, gelangen wir in Gottes Gegenwart. Wissen dürfen wir: zu Gott dürfen wir mit allen Dingen des Lebens kommen.

Es gilt daher, eine Gebetsform wieder zu entdecken, die es eigentlich immer gab. Es ist eine Gebetsform, die darum einfach ist, weil es dabei einfach darum geht, Gott zu erzählen: von sich und seinem Leben. Denn Gott ist immer der, der »da« ist, wenn wir ihm etwas zu erzählen haben, ganz gleich, ob es ein Etwas ist, das uns beglückt, oder ob es ein Etwas ist, das uns bedrückt, oder was für ein Etwas auch immer. »Ich bin der ›Ich bin da‹« (Ex 3,14) – durch diesen Satz hat Gott Mose und uns gesagt, wer Er ist. Er, Gott, ist der, der »da« ist. Das war Seine Zusage an Mose und das ist Seine bleibende Zusage an uns, und Gott gibt uns diese Zusage so, wie der Würzburger Domvikar PAUL WEISMANTEL (* 1955) in seinem 1991 in Donauwörth erschienenen Buch »In der Stille der Nacht. Gedanken und Gebete zu Advent und Weihnachten« schreibt, dass Gott sich jedem einzelnen Menschen als Seinem Geschöpf so mitteilt, dass Er sagt:

In die Lichtblicke deiner Hoffnung
und in die Schatten deiner Angst,
in die Enttäuschungen deines Lebens
und in das Geschenk deines Zutrauens
lege ich meine Zusage:
Ich bin da.

In das Dunkel deiner Vergangenheit
und in das Ungewisse deiner Zukunft,
in den Segen deines Wohlwollens
und in das Elend deiner Ohnmacht
lege ich meine Zusage:
Ich bin da.

In das Spiel deiner Gefühle,
und in den Ernst deiner Gedanken,
in den Reichtum deines Schweigens
und in die Armut deiner Sprache
lege ich meine Zusage:
Ich bin da.

In die Fülle deiner Aufgaben
und in deine leere Geschäftigkeit,
in die Vielzahl deiner Fähigkeiten
und in die Grenzen deiner Begabung
lege ich meine Zusage:
Ich bin da.

In das Gelingen deiner Gespräche
und in die Langeweile deines Betens,
in die Freude deines Erfolgs
und in den Schmerz deines Versagens
lege ich meine Zusage:
Ich bin da.

In das Glück deiner Begegnungen
und in die Wunden deiner Sehnsucht,
in das Wunder deiner Zuneigung
und in das Leid deiner Ablehnung
lege ich meine Zusage:
Ich bin da.

In die Enge deines Alltags
und in die Weite deiner Träume
und in die Kräfte deines Herzens
lege ich meine Zusage:
Ich bin da.

Weil Gott der »Ich bin da« ist, ist Er auch immer »da«, wenn wir Ihm betend erzählen, was wir auf dem Herzen haben. Denn was tut eigentlich der, der erzählend zu Gott betet? Er tut etwas, was immer guttut. Er schüttet Gott sein Herz aus, sagt IHM die beglückenden und die bedrückenden Dinge seines Lebens. Wer so zu Gott betet, dass er IHM sein Herz ausschüttet, gewinnt, wenn er das täglich tut, ein herzliches Verhältnis zu Gott, und gerade daraus lebt ein gutes Gebetsleben.

Betend schweigen – schweigend beten

Sich sprechend vor Gott bringen – das ist Gebet. Doch Gebet ist auch: sich schweigend vor Gott bringen. Warum ist neben dem sprechenden Gebet auch das schweigende Gebet so wichtig? Der Grund dafür ist ganz einfach: da, wo wir sprechend beten, ist Gott der hörende; da, wo wir schweigend beten, sind wir die hörenden. Und auch das ist wichtig.

Wenn wir Gott alles erzählt haben, was uns bedrängt und bedrückt, sollen wir es dabei belassen, sollen wir es damit gut sein lassen. Wir dürfen davon ausgehen, dass Gott es gehört hat und es bei ihm gut aufgehoben ist. Wir sollen jedoch Gott nicht nur als Zuhörer benützen, der selbst nichts zu sagen hat. Schweigend geben wir Gott die Chance, etwas zu sagen. Wo wir schweigende Menschen werden, wo wir die Stille des Schweigens zulassen, schaffen wir die optimale Bedingung dafür, hörende Menschen zu werden, die »ganz Ohr« sein wollen für das, was Gott (uns) zu sagen hat.

Betend schweigen bzw. schweigend beten – so oft uns das gelingt, so oft öffnen wir unsere Ohren – oder – besser gesagt – lassen wir es zu, dass Gott unsere Ohren öffnet. Dass es einen ganzen und runden Sinn macht, Gott darum betend zu bitten, uns unsere Ohren zu öffnen, damit wir IHN hören können, ist gewiss. Der Kirchenlehrer AURELIUS AUGUSTINUS (354–430) hat jedenfalls so gedacht, denn gleich im ersten Buch seiner »Bekenntnisse« schreibt er: »Siehe Herr, meines Herzens Ohr ist bei Dir; tu es auf und sag meiner Seele: dein Heil bin ich.«

Damit wir Gott wirklich hören, wenn er spricht, muss Er, Gott, unsere tauben Ohren öffnen, und es ist eine tolle Sache, Morgen für Morgen die Erfahrung zu machen, dass Gott der ist, der mir auch das Ohr weckt. Gott will, dass wir aufgeweckte Menschen sind, die Ohren haben zu hören, also auch mit aufgeweckten Ohren durchs Leben gehen, und darum weckt er, wenn er uns Morgen für Morgen weckt, auch unser Ohr. Dass dem tatsächlich so ist, sagt uns der Prophet Jesaja im dritten Lied vom Gottesknecht. Da heißt es:

> Gott, der Herr, gab mir die Zunge eines Jüngers,
> damit ich verstehe, die Müden zu stärken
> durch ein aufmunterndes Wort.
> Jeden Morgen weckt er mein Ohr,
> damit ich auf ihn höre wie ein Jünger.
> Gott, der Herr, hat mir das Ohr geöffnet.
> Ich aber wehrte mich nicht
> und wich nicht zurück. (Jes 50,4–5)

Morgen für Morgen, wenn wir aufstehen, weckt uns also neben dem batteriebetriebenen Wecker noch ein anderer Wecker auf. Dieser Wecker, der auch eigens unser Ohr weckt, ist Gott. Er weckt uns und unser Ohr und macht uns so fähig, schweigend »ganz Ohr« zu werden für das, was ER uns den Tag über dann sagen will. Schweigend zu beten bzw. betend zu schweigen ist daher unerlässlich, um unser (durch) Gott-gewecktes Ohr auch Gottes Stimme unter den vielen Stimmen des Tages tatsächlich auch hören zu lassen.

Wo wir schweigend beten bzw. betend schweigen, werden wir zu Hörenden, zu (Gott-)Hörenden. Und in dem Maße, wie das eigene Reden zurücktritt, wie wir innerlich bereit und willig werden, uns etwas, ja das Entscheidende unseres Lebens sagen zu lassen, bemerken wir, dass unser Beten wesentlich auch daraus lebt, dass wir es schaffen, Gott (zu uns) reden zu lassen. Jemand, der selbst ein großer Beter war, der dänische Religionsphilosoph SÖREN KIERKEGAARD (1813–1855), hat das in einer seiner »Reden« einmal so zu Papier gebracht:

> »Und was widerfuhr ihm dann, wenn anders er wirklich innerlich betete? Etwas Wunderliches widerfuhr ihm; allmählich, wie er innerlicher und innerlicher wurde im Gebet, hatte er weniger und weniger zu sagen, und zuletzt verstummte er ganz. Er ward stumm, ja, was dem Reden vielleicht noch mehr entgegengesetzt ist als das Schweigen, er ward ein Hörender. Er hatte gemeint, beten sei reden; er lernte: beten ist nicht bloß schweigen, sondern ist hören. Und so ist es denn auch; beten heißt nicht, sich selber reden hören, sondern heißt dahin kommen, dass man schweigt, und im Schweigen verharren, und harren, bis der betende Gott hört.«

Wie das sprechende hat auch das schweigende Gebet seine Zeit. Doch egal, ob wir mal mehr sprechend oder mal mehr schweigend beten, immer ist unser Beten sprechender Glaube, und so oft es das ist, ist das ein Segen.

Die »kinderschwere« Kunst des Betens

Es gibt Dinge, die sind »kinderleicht«, und es gibt Dinge, die sind »kinderschwer«. Zu den Dingen, die immer »kinderschwer« waren, es sind und es auch bleiben werden, gehört auch die Kunst des Betens. Die Sache dieser Kunst, die eine große Sache ist, war, ist und bleibt eine schwere Sache. Doch

»dass etwas schwer ist«, so lehrte einst der Dichter RAINER MARIA RILKE den jungen Dichter FRANZ XAVER KAPPUS (1883–1966) in einem auf den 12. August 1914 datierten Brief, »muß uns ein Grund mehr sein, es zu tun«. Treffend gesagt war das dem jungen Dichter, und ebenso treffend gesagt ist es jedem, der daran denkt, etwas, nur weil es schwer ist, erst gar nicht zu versuchen.

Die Kunst des Betens ist eine »kinderschwere« Kunst; sie ist keine »kinderleichte« Kunst. Warum ist sie das? Wohl deshalb, weil es für uns Erwachsene so schwer ist, wieder wie ein Kind zu sein. Wer wissen will, was es heißt, wieder wie ein Kind zu sein, muss daher erst einmal wissen, was es heißt: ein Kind zu sein.

Ein Kind – das wäre ein erster Punkt – lebt im Hier und Jetzt. Seine Zeit ist die Gegenwart. Wieder werden wie ein Kind heißt demnach: wieder fähig werden, im Hier und Jetzt zu leben, die Gegenwart als die uns gegebene Zeit zu begreifen, was übrigens einen guten theologischen Grund hat. Denn »Gott umarmt uns« – so hat jemand einmal gesagt – »durch die Gegenwart«. Wieder wie ein Kind werden heißt darum, bewusst in der Gegenwart zu leben und sich da von Gott umarmen zu lassen.

Ein Kind – das wäre ein zweiter Punkt – wird nicht geliebt für das, was es tut, was es leistet. Es wird einfach dafür geliebt, dass es ist. Wieder werden wie ein Kind heißt demnach, sich als Seine, Gottes, geliebte Söhne und Töchter, sich als Seine Kinder zu begreifen, die wir sind und es auch bleiben, wenn wir längst erwachsen geworden sind, und die wissen dürfen: Sie werden von Gott nicht dafür geliebt, was sie tun, was sie leisten. Sie werden von Gott einfach dafür geliebt, dass sie sind.

Ein Kind – das wäre ein dritter Punkt – verfügt über die Kraft eines großen Vertrauens. Es lebt ganz aus der Kraft eines grenzenlosen Urvertrauens, in väterlichen und mütterlichen Händen behütet und beschützt zu sein. Wieder werden wie ein Kind heißt demnach, in sich wieder die Kraft zu entdecken, Gott grenzenlos zu vertrauen, denn Er, Gott, ist der, wie die Apostelgeschichte sagt, »in dem wir leben, uns bewegen und sind« (Apg 17,28).

Ein Kind – und das wäre ein vierter und letzter Punkt – lebt davon, dass es empfänglich dafür ist, sich das schenken zu lassen, was es zum Leben braucht. Es muss sich geben lassen, und es wird ihm auch gegeben. Wieder werden wie ein Kind heißt demnach, wieder offen dafür zu werden, sich beschenken lassen zu können mit dem, was man selbst nicht machen und selbst nicht kaufen kann: die Gabe der Gnade, in der sich Gott, der Geber alles Guten, selbst gibt.

Das also heißt es: wieder zu werden wie ein Kind:
1. sich durch das Leben in der Gegenwart von Gott umarmen zu lassen,
2. sich von Gott lieben zu lassen einfach dafür, dass man ist,
3. sich darin zu üben, Gott grenzenlos zu vertrauen, und
4. offen zu werden, sich durch die Gabe der Gnade und damit durch Gott selbst beschenken zu lassen.

Einfach (wieder) werden wie Kinder – ja, das müssen wir und das können wir. Gehen wir deshalb bei den Kindern in die Schule.

Lernen wir bei ihnen, den Kindern,
– wie das geht, in den Armen der Gegenwart zu leben, damit uns Gott durch eben diese Gegenwart umarmen kann.

Lernen wir bei ihnen, den Kindern,
– was es heißt, nicht dafür geliebt zu werden, dass ich etwas tue, dass ich etwas leiste, sondern einfach dafür geliebt zu werden, dass ich bin, dass es mich gibt, damit wir entdecken, dass wir auch als Gottes erwachsene Söhne und Töchter Seine geliebten Kinder sind und bleiben. Denn Gott liebt uns ja nicht, weil wir etwas Besonderes tun oder leisten; ER liebt uns, weil wir als Seine Kinder etwas Besonderes sind.

Lernen wir bei ihnen, den Kindern,
– wie es möglich ist, aus der Kraft eines grenzenlosen Urvertrauens zu leben, und trauen wir uns wieder, aus der Haltung eines absoluten und unbedingten Vertrauens Gott gegenüber zu leben und uns in diesem Gottvertrauen als »wunderbar geborgen« zu erleben, wie es der 1945 von den damaligen braunen deutschen Machthabern ermordete evangelische Theologe DIETRICH BONHOEFFER gegen Ende seines Lebens gedichtet hat.

Lernen wir bei ihnen, den Kindern,
– wie wichtig es ist, das, was wir zum Leben brauchen, gratis zu erhalten, damit wir begreifen, dass die Dinge, von denen wir wirklich leben, immer geschenkte Dinge sind und Gott die Gabe Seiner Gnade und damit sich selbst immer gratis [»gratia gratis data«] schenkt.

Jesus Christus, der ja unser eigentlicher Lehrer auch in der Kunst des Betens ist, hat uns wissen lassen. Wir müssen einfach (wieder) werden »wie die Kinder« (Mt 18,3). Wenn uns das gelingt, dann fällt uns auch die »kinderschwere« Kunst des Betens, die eben darum so schwer ist, weil es so schwer ist, als Erwachsener wieder »kindlich« zu sein, in großen Stunden unseres Lebens, die immer Stunden großer Gnade sind, wieder »kinderleicht«.

Beten und handeln – handeln und beten

Es kann keine Frage sein, dass das Gebet, wenn es »große Macht« hat, wie die große Mystikerin MECHTHILD VON MAGDEBURG sagt, es auch Großes mit uns macht. Wo und wann jemand wirklich betet, bleibt dies nicht ohne Wirkungen. Ohne jetzt darüber zu streiten, was die Haupt- und was die Nebenwirkungen des Gebetes sind: Wirkungen des Gebetes gibt es immer, und ganz gleichgültig, ob es Haupt- oder Nebenwirkungen sind, erwünschte Wirkungen sind es in jedem Fall, da es stets gute Wirkungen sind. Eine der spürbarsten Wirkungen des Gebets – jeder, der mag, kann das bei sich überprüfen – ist wohl die, dass der »Hörer« des Wortes Gottes auch zum »Täter« des Wortes Gottes wird.

»Gebete verändern nicht die Welt, doch Gebete verändern den Beter, und Beter verändern die Welt.« So soll einmal der bekannte Theologe, Musiker und Arzt ALBERT SCHWEITZER (1875–1965) gesagt oder geschrieben haben. Etwas Wichtiges und Richtiges ist damit bemerkt und beschrieben (worden). Das Beten dispensiert uns nicht vom Handeln, und einzig die Glaubenspraxis, die das begriffen hat, läuft nicht ins Messer der Religionskritik. Ganz im Gegenteil! Denn gemäß der »Logik«, deren Gesetze ALBERT SCHWEITZER gekonnt aufzeigt, wird ja nicht gebetet, obgleich eigentlich gehandelt werden müsste. Es wird gebetet, damit gehandelt werden kann. Und worauf, wenn nicht darauf, kommt es denn eigentlich an?!

Gebete meinen es ernst mit der Änderung der Welt, da sie die Änderung des Beters betreiben. Tun wir darum also nicht das »Mund-Werk«, tun wir das »Herz-Werk« (RAINER MARIA RILKE) des Betens! Denn Gebete verändern unsere Welt, da sie erst einmal uns Beter und durch uns dann auch die Welt dem Willen Gottes entsprechend verändern. Wieder und wieder ist es so: Wer das »Herz-Werk« des Betens betreibt, betreibt dann bald auch das »Hand-Werk«, den Willen Gottes zu erfüllen, also das zu tun, was Seinem Rat gemäß ist.

Es war der als evangelischer Pfarrerssohn geborene christlich geprägte und engagierte Dichter JOCHEN KLEPPER (1903–1942), der in einem seiner Gedichte einmal auch eine Strophe zu Papier gebracht hat, die deutlich unterstreicht, was gemeint ist, wenn von der immer guten Verbindung zwischen Beten und Handeln die Rede ist. Die Strophe hat den Wortlaut:

> Die Hände, die zum Beten ruhn,
> die macht er stark zur Tat.
> Und was der Beter Hände tun,
> geschieht nach seinem Rat.

Ein reifes Gebet ist immer Gebet, das zur Tat drängt und dann auch zur Tat wird. Es lässt uns wach und bereit sein dafür, wann, wo und wie uns Gott tätig sehen will. Wer recht zu beten weiß, der weiß auch recht zu handeln. War es jemals anders? Dass es uns Mal um Mal gelingt, den Weg vom Beten zum Handeln und vom Handeln auch wieder zum Beten zu finden, das möge unser Gebet füreinander sein. Dazu gebe uns Seinen Segen der dreifaltige Gott: der Vater, der Sohn und der Heilige Geist.

GRUNDGEBETE

DAS KREUZZEICHEN

Im Namen des Vaters
und des Sohnes
und des Heiligen Geistes.
Amen.

DER LOBPREIS DES DREIEINIGEN GOTTES

Ehre sei dem Vater
und dem Sohn
und dem Heiligen Geist.
Wie im Anfang,
so auch jetzt und alle Zeit
und in Ewigkeit.
Amen.

DAS GEBET DES HERRN (VATERUNSER)

Vater unser im Himmel,
geheiligt werde dein Name.
Dein Reiche komme.
Deine Wille geschehe,
wie im Himmel so auf Erden.
Unser tägliches Brot gib uns heute.
Und vergib uns unsere Schuld,
wie auch wir vergeben unsern Schuldigern.
Und führe uns nicht in Versuchung,
sondern erlöse uns von dem Bösen.

Es kann hinzugefügt werden:

Denn dein ist das Reich
und die Kraft und die Herrlichkeit
in Ewigkeit. Amen.

DAS APOSTOLISCHE GLAUBENSBEKENNTNIS

Ich glaube an Gott,
den Vater, den Allmächtigen,
den Schöpfer des Himmels und der Erde.

Und an Jesus Christus,
seinen eingeborenen Sohn, unsern Herrn,
empfangen durch den Heiligen Geist,
geboren von der Jungfrau Maria,
gelitten unter Pontius Pilatus,
gekreuzigt, gestorben und begraben,
hinabgestiegen in das Reich des Todes,
am dritten Tage auferstanden von den Toten,
aufgefahren in den Himmel;
er sitzt zur Rechten Gottes, des allmächtigen Vaters;
von dort wird er kommen, zu richten die Lebenden und die Toten.

Ich glaube an den Heiligen Geist,
die heilige katholische Kirche,
Gemeinschaft der Heiligen,
Vergebung der Sünden,
Auferstehung der Toten
und das ewige Leben.
Amen.

DAS GROSSE GLAUBENSBEKENNTNIS

Wir glauben an den einen Gott,
den Vater, den Allmächtigen,
der alles geschaffen hat,

Himmel und Erde,
die sichtbare und die unsichtbare Welt.

Und an den einen Herrn Jesus Christus,
Gottes eingeborenen Sohn,
aus dem Vater geboren vor aller Zeit:
Gott von Gott, Licht vom Licht,
wahrer Gott vom wahren Gott,
gezeugt, nicht geschaffen,
eines Wesens mit dem Vater;
durch ihn ist alles geschaffen.
Für uns Menschen und zu unserm Heil
ist er vom Himmel gekommen,
hat Fleisch angenommen durch den Heiligen Geist
von der Jungfrau Maria und ist Mensch geworden.
Er wurde für uns gekreuzigt unter Pontius Pilatus,
hat gelitten und ist begraben worden,
ist am dritten Tage auferstanden nach der Schrift
und aufgefahren in den Himmel.
Er sitzt zur Rechten des Vaters
und wird wiederkommen in Herrlichkeit,
zu richten die Lebenden und die Toten;
seiner Herrschaft wird kein Ende sein.

Wir glauben an den Heiligen Geist,
der Herr ist und lebendig macht,
der aus dem Vater und dem Sohn hervorgeht,
der mit dem Vater und dem Sohn angebetet und verherrlicht wird,
der gesprochen hat durch die Propheten,
und die eine, heilige, christliche und apostolische Kirche.
Wir bekennen die eine Taufe zur Vergebung der Sünden.
Wir erwarten die Auferstehung der Toten
und das Leben der kommenden Welt.
Amen.

DAS »GEGRÜSSET SEIST DU, MARIA«

Gegrüßet seist du, Maria,
voll der Gnade,
der Herr ist mit dir.
Du bist gebenedeit unter den Frauen,
und gebenedeit ist die Frucht deines Leibes, Jesus.
Heilige Maria, Mutter Gottes, bitte für uns Sünder
jetzt und in der Stunde unseres Todes.
Amen.

DER »ENGEL DES HERRN« (»ANGELUS«)

v Der Engel des Herrn brachte Maria die Botschaft,
A und sie empfing vom Heiligen Geist.
v Gegrüßet seist du, Maria, …
A Heilige Maria …
v Maria sprach: Siehe, ich bin die Magd des Herrn;
A mir geschehe nach deinem Wort.
   Gegrüßet seist du, Maria …
A Heilige Maria …
v Und das Wort ist Fleisch geworden
A und hat unter uns gewohnt.
v Gegrüßet seist du, Maria …
A Heilige Maria …
v Bitte für uns, heilige Gottesmutter,
A dass wir würdig werden der Verheißung Christi.
v Lasset uns beten.
   Allmächtiger Gott, gieße deine Gnade in unsere Herzen ein. Durch die
   Botschaft des Engels haben wir die Menschwerdung Christi, deines Soh-
   nes, erkannt. Laß uns durch sein Leiden und Kreuz zur Herrlichkeit der
   Auferstehung gelangen. Darum bitten wir durch Christus, unsern Herrn.

»FREU DICH, DU HIMMELSKÖNIGIN« (»REGINA CAELI«)

V Freu dich, du Himmelskönigin,
    Halleluja.
A Den du zu tragen würdig warst, Halleluja,
V er ist auferstanden, wie er gesagt hat,
    Halleluja.
A Bitt Gott für uns, Halleluja.
V Freu dich und frohlocke, Jungfrau Maria,
    Halleluja.
A Denn der Herr ist wahrhaft auferstanden,
    Halleluja.
V Lasset uns beten.
    Allmächtiger Gott, durch die Auferstehung deines Sohnes, unseres Herrn
    Jesus Christus, hast du die Welt mit Jubel erfüllt. Lass uns durch seine
    jungfräuliche Mutter Maria zur unvergänglichen Osterfreude gelangen.
    Darum bitten wir durch Christus, unsern Herrn.
A Amen.

In der Osterzeit wird statt des »Engel des Herrn« (»Angelus«)
das »Regina Caeli« gebetet.

»NUNC DIMITTIS« – LOBGESANG DES SIMEON

Nun lässt du, Herr, deinen Knecht,
wie du gesagt hast, in Frieden scheiden.
Denn meine Augen haben das Heil gesehen,
das du vor allen Völkern bereitet hast,
ein Licht, das die Heiden erleuchtet,
und Herrlichkeit für dein Volk Israel.

LK 2,29–32

BENEDICTUS – LOBGESANG DES ZACHARIAS

Gepriesen sei der Herr, der Gott Israels!
Denn er hat sein Volk besucht und ihm Erlösung geschaffen;
er hat uns einen starken Retter erweckt
im Hause seines Knechtes David.
So hat er verheißen von alters her
durch den Mund seiner heiligen Propheten.
Er hat uns errettet vor unsern Feinden
und aus der Hand aller, die uns hassen;
er hat das Erbarmen mit den Vätern an uns vollendet
und an seinen heiligen Bund gedacht,
an den Eid, den er unserm Vater Abraham geschworen hat;
er hat uns geschenkt, dass wir, aus Feindeshand befreit,
ihm furchtlos dienen in Heiligkeit und Gerechtigkeit
vor seinem Angesicht all unsre Tage.
Und du, Kind, wirst Prophet des Höchsten heißen;
denn du wirst dem Herrn vorangehn
und ihm den Weg bereiten.
Du wirst sein Volk mit der Erfahrung des Heils beschenken
in der Vergebung der Sünden.
Durch die barmherzige Liebe unseres Gottes
wird uns besuchen das aufstrahlende Licht aus der Höhe,
um allen zu leuchten,
die in Finsternis sitzen und im Schatten des Todes,
und unsre Schritte zu lenken auf den Weg des Friedens.

LK 1,68–79

ROTTWEILER MEISTER
Die Verehrung der Monstranz durch Engel (um 1440)
Aus einer Serie von vier Tafeln des ehemaligen Hochaltars
des Heilig-Kreuz-Münsters zu Rottweil
Mischtechnik auf Nadelholz, 132 × 120 cm
Rottweil, Heilig-Kreuz-Münster

GABE UND GNADE DES GEBETS

ES SPRECHEN MANCHE ...

»Es sprechen manche: Sie hätten's nicht!
Da erwidere ich: Das ist mir Leid!
Ersehnst du es aber auch nicht,
das ist mir noch leider.
Könnt ihr es denn nicht haben,
so habt doch ein Sehnen danach.
Mag man aber auch das Sehnen nicht haben,
so sehne man sich doch wenigstens nach einer
Sehnsucht.«

(Eckehart: Von der Stille)

Gott,
immer besser verstehe ich den großen Meister
der Gottessehnsucht Eckehart.
Manchmal taucht sie ja auf
aus den Tiefen meiner Seele,
die Sehnsucht nach Dir.
Doch dann gibt es lange Zeiten,
wo sie wie gestorben erscheint.
Dann bleibt mir nur noch die Sehnsucht nach der
Sehnsucht nach Dir.
Gott, lass diese Sehnsucht nicht ganz sterben.
Wecke sie dann und wann auf,
und öffne die Ohren meiner Seele,
dass ich sie dann nicht überhöre.

PAUL M. ZULEHNER

Siehe, Herr, vor Dir ist mein Herz. Es nimmt einen Anlauf, aber es bringt nichts aus sich selber fertig. Leiste Du, was es selber nicht kann! Laß mich ein in das Gemach Deiner Liebe! Ich bitte, suche, klopfe an. Du läßt mich bitten, laß mich empfangen! Du schenkst das Suchen, gib das Finden! Du lehrst anklopfen, öffne dem Pochenden. Wem wolltest Du geben, wenn Du dem Bittenden weigerst? Wer findet, wenn der Suchende in der Erwartung enttäuscht wird? Wem öffnest Du, wenn Du vor dem Klopfenden zuschließest? Was wolltest Du dem geben, der nicht bittet, wenn Du Deine Liebe dem Bittsteller versagst? Von Dir habe ich die Sehnsucht, von Dir möchte ich auch die Erfüllung. Meine Seele, hange Ihm an, hange Ihm ungestüm an! Guter, guter Herr, weise sie nicht ab! Sie ermattet vor Hunger nach Deiner Liebe: erquicke sie! Deine Hingabe sättige sie, Deine Zuneigung nähre sie, Deine Liebe erfülle sie! Sie möge mich ganz ausfüllen, mich ganz besitzen, da Du mit dem Vater und dem Heiligen Geiste der Gott bist, der allein gepriesen wird in alle Ewigkeit. Amen.

ANSELM VON CANTERBURY (UM 1030–1109)

SCHENKE MIR DIE GNADE DES RECHTEN BETENS

Heiliger Geist,
ich will nicht mehr in mir selbst verschlossen leben.
Die Tage, die mir noch bleiben, sollen dazu dienen,
Dich zu lieben und zu Deinem Wohlgefallen zu leben.
Darum meine große Bitte an Dich:
Gib mir das Geschenk des rechten Betens.
Komm in mein Herz und lehre mich zu beten,
wie es sich geziemt.
Schenk mir die Kraft,
das Gebet auch in Zeiten der Trockenheit
nie zu vernachlässigen.
Schenke mir den Geist des Betens:
die Gnade des Gebets immer von Dir zu erbitten
und Dich um das zu bitten,
was Deine Liebe mir am liebsten schenken möchte.

ALFONS VON LIGUORI (1696–1787)

BETENDE HÄNDE

Mit gefalteten Händen
kann ich beten, um so
gesammelt mein Innerstes
Gott anzuvertrauen.

Mit offenen Händen
kann ich beten, um so
bereit zu sein, alles von
Gott zu empfangen.

Mit erhobenen Händen
kann ich beten, um so
mein banges Herz
zum Himmel zu erheben.

Mit ausgestreckten Händen
kann ich beten, um so
mit allen verbunden zu sein,
deren Anliegen ich mittrage.

Mit schmutzigen Händen
kann ich beten, um so
auszudrücken, dass Gott auch
ungewaschene Gebete erhört.

Mit leeren Händen
kann ich beten, um so
zu verdeutlichen, dass ich
alles Gott überlasse.

PAUL WEISMANTEL

BITTET, UND IHR WERDET EMPFANGEN
(JOH 16,24)

Herr und Gott, unsere Welt ist voll von unerhörten Gebeten. Menschen zu allen Zeiten haben sich in ihrer Not an dich gewendet. Sie haben auf dein Wirken gehofft, mit Wundern gerechnet. Dein Ratschluss zeigt sich oft aber anders als unser menschliches Wunschdenken.

Ich denke an die Mutter, die für ihr krankes Kind um Gesundung betet, aber nicht erhört wird. Da ist die Ehe, in der ein Partner meint, ausbrechen zu müssen, um sein Glück zu finden; Tränen und Verzweiflung bleiben als Ergebnis. Viele sprechen ihre Gebete, damit ein Angehöriger von seinem falschen Weg zurückkehrt. Doch sein Leben ändert sich nicht. Ungezählte hungern und dürsten nach Gerechtigkeit, möchten ihren Glauben frei ausüben können. Doch sie werden weiterhin unterdrückt. Das Heer der Beter ist unübersehbar, die um Bekehrung der Welt zu dir bitten, um Frieden und Verständigung zwischen den Völkern. Doch die Sünde bleibt eine schlimme Wirklichkeit. Echter Friede ist ferner denn je.

Herr, angesichts dieser vielen unerhörten Gebete frage ich mich, wie ich das Wort Jesu Christi verstehen kann: »Bittet, und ihr werdet empfangen.« Eines ist mir klar: Deine Weisheit ist größer als meine. Auch wenn für uns Unfassbares geschieht, du lässt es zu und verbindest damit eine Botschaft an uns. So haben viele Menschen erst in ihrer Not zu beten gelernt. So wurde aus manchen Krankheiten Segen, weil erst dann eine Existenz dich finden konnte. So ist aus tiefer Trauer neue Zuversicht auf das Leben bei dir gewachsen.

Lass mich nicht aufhören zu beten. Am Anfang meines Gebets sollen Dank und Lobpreis für dich, den großen Gott, stehen. Jesus verheißt uns nicht die Erhörung eines jeden Anliegens. Vielmehr sollen wir in seinem Namen beten, dann werden unsere Bitten erhört. In seinem Namen zu beten heißt auch mit seinen Worten zu sprechen: »Doch Vater, nicht mein Wille geschehe, sondern der deine.« So seien alle meine Bitten an dich eine Frage nach deinem größeren Willen. Wenn ich meine Nöte vor dich hintrage, so lass mich dabei immer wissen, dass deine Wege nicht unsere Wege und deine Gedanken nicht unsere Gedanken sind. Hilf mir, Herr, dass ich mich im Gebet deines Willens versichere. Wenn ich deine Wege einsehe und verstehe, werden meine Nöte kleiner. Dann werde ich Erhörung empfangen, auch wenn mein eigener Wunsch nicht erfüllt wurde. Deinen Willen zu verstehen ist der größte Trost, den wir erhalten können, damit unsere Freude vollkommen werde.

WOLFGANG OBERRÖDER

GEBET EINES BERUFSBETERS

Beten gehört zu meinem Beruf.
Ich habe zu beten von Amts wegen.
Auch dann, wenn mir nicht ums Beten ist.
Zugegeben: Der Zwang ist mitunter heilsam.
Plötzlich erwache ich in der Mechanik der Worte.
Plötzlich bist auch du vielleicht da.
Dennoch: Amts-Beten droht den Charakter zu krümmen.
Unvermerkt werde ich unaufrichtig.
Ich denke: Die Leute wünschen es, ich helfe ihnen damit.
Zuweilen mag das sein.
Doch warum nicht einmal auch zugeben: Liebe Leute, verzeiht,
heute kann ich nicht beten.
Es ist zum Lachen, aber ich hatte noch nie den Mut dazu.
Ja bitte, lach mich aus, aber gib, was mir fehlte
bis jetzt: fröhliche Unbefangenheit.

KURT MARTI (1921–2017)

EINSICHT UND BEREITSCHAFT ZUM GEBET

Jesus Christus, einst sind Deine Jünger zu Dir gekommen und haben verlangt: »Herr, lehre uns beten.« Du hast ihnen willfahrt und sie das Gebet gelehrt, dessen heilige Worte seitdem nie mehr auf den Lippen der Menschen verstummt sind und weiterhin aufsteigen werden bis an das Ende der Welt. Diese Lehre hast Du einmal gegeben für Alle und für immer; von ihr wird nichts weggenommen, noch wird ihr etwas zugefügt. Aber sie nützt nichts, wenn Du sie nicht immer neu gibst, jedem von uns und zu jeder Stunde. So sprechen denn auch wir: »Herr, lehre uns beten.«

Lehre mich einsehen, dass ohne Gebet mein Inneres verkümmert und mein Leben Halt und Kraft verliert. Nimm das Gerede von Erlebnis und Bedürfnis weg, hinter welchem sich Trägheit und Auflehnung verbirgt. Gib mir Ernst und festen Entschluss und hilf mir, durch Überwindung zu lernen, was zum Heil Not tut. Führe mich aber auch in Deine heilige Gegenwart. Lehre mich zu Dir zu sprechen im Ernst der Wahrheit und in der Innigkeit der Liebe. Bei Dir steht es, mir die innere Fülle des Gebetes zu gewähren, und ich bitte Dich, gib sie mir zur rechten Zeit. Zuerst aber ist das Gebet Gehorsam und Dienst: Erleuchte mich, dass ich den Gehorsam verstehe, und stärke mich, dass ich den Dienst in Treue tue. Amen.

Romano Guardini (1885–1968)

DAS ABER-GEBET

Gott, eigentlich wollte ich beten,
aber ich hatte Wichtigeres zu tun.
Gott, eigentlich wollte ich Dich loben,
aber es gibt Tage, an denen mir ein Lob im Hals stecken bleibt.
Gott, eigentlich wollte ich fasten,
aber mein Hunger hat gesiegt.
Gott, eigentlich wollte ich meinen Nächsten lieben,
aber ich habe ihn nicht gesehen.
Gott, eigentlich wollte ich mich für etwas einsetzen,
aber ich hatte es mir gerade bequem gemacht.
Gott, eigentlich wollte ich aufstehen – den Aufstand proben,
aber ich saß irgendwie fest.
Gott, eigentlich wollte ich ...,
aber ...
Gott, eigentlich wollte ich das Aber nicht,
aber was soll ich tun?
Gott, hilf Du meinem Aber.

ELKE UHL

ICH WILL HÖREN

Mit betenden Ohren will ich hören,
was du mir sagst in den vielfältigen Lockrufen
und Einladungen eines Tages.

Mit betenden Ohren will ich hören,
was du mir zu sagen hast
in den unterschiedlichsten Stimmen unserer Zeit.

Mit betenden Ohren will ich hören,
was du mir sagen willst in den beruhigenden
Worten und bedrängenden Fragen.

Mit betenden Ohren will ich hören,
was du mir sagst in den Begegnungen
und Gesprächen dieses Tages.

Mit betenden Ohren will ich hören,
was du mir zu sagen hast in den zaghaften
und schüchternen Tönen in mir selbst.

Mit betenden Ohren will ich hören,
was du mir sagen willst in dem,
was zwischen den Zeilen und Worten zu lesen ist.

Mit betenden Ohren will ich hören,
wie du, mein Gott, zu mir sprichst
in allem, was geschieht.

PAUL WEISMANTEL

BEGEGNUNG MIT DEM DREIFALTIGEN GOTT

Wer bist Du, wo bist Du, wie bist Du, Gott?

DIE FRAGE IST OFT DAS LETZTE GEBET

»Die Frage ist oft das letzte Gebet, das Gott uns gibt«, sagt Max Frisch.

Gott, ob mir mein Leben
oder ich selbst zur Frage werde,
ich weiß es nicht.
Ich habe gelernt, den Dingen auf den Grund zu gehen,
ich will suchen und sinnen,
bis ich verstehe.
Ich will meinen Geist beweglich halten,
meine Gedanken konzentrieren.
Aber sie fliegen mir immer wieder davon.
Ich weiß nicht, warum andere mich meiden.
Ich verstehe nicht, warum sie sich mir verschließen.
Ich kämpfe mit mir, will mich öffnen.
Aber ich bin festgelegt.
Immer dann, wenn ich freundlich und offen war,
haben sie mich ausgenutzt.
Ich fühle mich verraten, einsam und gestraft.
Mein Ich ist mir zum Gefängnis geworden.
Warum, o Gott, warum?
Du bist mir zur Frage geworden.
Sie lastet auf mir.
Halte mich fest in meinem Fragen.
Lass es umschlossen sein von deiner Nähe.
Damit ich weiß:
Ich bleibe in Kontakt mit mir und mit dir.
Auch im antwortlosen Fragen.

Lass mich verstehen, dass mein bohrendes Fragen
ein Gebet ist,
das du mir gibst
und das von dir gehört wird.

HELGE ADOLPHSEN

DU BIST EIN GOTT DES WEGES

Gott
Du bist ein Gott des Weges
Beweg uns
Du bist der Anfang
Beginn mit uns
Du bist das Ende
Vollende uns
Du bist die Mitte
Sammle uns
Du bist der Boden
Trag uns
Du bist der Himmel
Lock uns
Du bist alles in allem
Erfüll uns
Darum bitten wir
Durch Christus unseren Herrn

ANTON ROTZETTER OFMCAP (1939–2016)

WER BIST DU, GOTT?

Du bist da für mich,
du Gott meiner Sehnsucht.

Du wartest auf mich,
du Gott meiner Ungeduld.

Du bist, wo ich bin,
du Gott meiner Wege.

Du bist für mich,
du Gott meiner Selbstzweifel.

Du bist größer als ich,
du Gott meiner Grenzen.

Du bist in mir,
du Gott meiner Tiefe.

Du bist neben mir,
du Gott meiner Nähe.

Du bist über mir,
du Gott meiner Ferne.

Du bist unter mir,
du Gott meiner Angst.

Du bist vor mir,
du Gott meiner Zukunft.

Du bist hinter mir,
du Gott meiner Geschichte.

Du kommst zu mir,
du Gott meiner Hoffnung.

Du gehst mit mir,
du Gott meiner Treue.

Du atmest in mir,
du Gott meines Geistes.

Du bleibst bei mir,
du Gott meiner Zeit und
Ewigkeit.

PAUL WEISMANTEL

WENN ES DICH GIBT …

Mein Gott, wie gut bist du! So hast du selbst an mir gehandelt! In meiner
Jugend lief ich von dir weg, weg von deinem Haus, in ein fernes Land, das
Land der Weltlichkeit, der geschaffenen Güter, des Unglaubens, der Gleichgültigkeit, der irdischen Leidenschaften. Lange blieb ich dort, 13 Jahre, und
vergeudete meine Jugend in Sünde und Sinnlosigkeit. Zum ersten Mal
berührte mich deine Gnade …, als du mich Hunger verspüren ließest …
Du hast mich materielle und geistige Not verspüren lassen und wecktest
dadurch in meinem Inneren Sehnsucht nach einem besseren Leben,
Geschmack an der Tugend, Wunsch nach rechtem Handeln. Zögernd und
tastend wandte ich mich zu dir mit dem seltsamen Gebet: »Mein Gott,
wenn es dich gibt, dann lass es mich erkennen.«

CHARLES DE FOUCAULD (1858–1916)

Gott der Väter und Herr des Erbarmens, du hast das All durch dein Wort gemacht.

Den Menschen hast du durch deine Weisheit bereitet, damit er über deine Geschöpfe herrscht.

Er soll die Welt in Heiligkeit und Gerechtigkeit leiten und Gericht halten in rechter Gesinnung.

Gib mir die Weisheit, die an deiner Seite thront, und verstoß mich nicht aus der Schar deiner Kinder!

Ich bin ja dein Knecht, der Sohn deiner Magd, ein schwacher Mensch, dessen Leben nur kurz ist und zu gering an Einsicht in Recht und Gesetz.

Wäre einer auch vollkommen unter den Menschen, er wird kein Ansehen genießen, wenn ihm deine Weisheit fehlt.

Du bist es, der mich zum König deines Volkes und zum Richter deiner Söhne und Töchter erwählt hat.

Du hast befohlen, einen Tempel auf deinem heiligen Berg zu bauen und einen Altar in der Stadt deiner Wohnung, ein Abbild des heiligen Zeltes, das du von Anfang an entworfen hast.

Mit dir ist die Weisheit, die deine Werke kennt und die zugegen war, als du die Welt erschufst. Sie weiß, was wohlgefällig ist in deinen Augen und was recht ist nach deinen Geboten.

Sende sie vom heiligen Himmel und schick sie vom Thron deiner Herrlichkeit, damit sie bei mir sei und alle Mühe mit mir teile und ich erkenne, was wohlgefällig ist bei dir!

Denn sie weiß und versteht alles; sie wird mich in meinem Tun besonnen leiten und mich in ihrem Lichtglanz schützen.

Dann wird dir mein Handeln gefallen; ich werde dein Volk gerecht richten und des Throns meines Vaters würdig sein.

WEISHEIT 9,1–12

Du hast mit allen Erbarmen, weil du alles vermagst, und siehst über die
Sünden der Menschen hinweg, damit sie umkehren.
Du liebst alles, was ist, und verabscheust nichts von dem, was du gemacht
hast; denn hättest du etwas gehasst, so hättest du es nicht geschaffen.
Wie könnte etwas ohne deinen Willen Bestand haben oder wie könnte
etwas erhalten bleiben, das nicht von dir ins Dasein gerufen wäre?
Du schonst alles, weil es dein Eigentum ist, Herr, du Freund des Lebens.

WEISHEIT 11,23–26

FRAGE DES WEGWERFERS

Wäre es möglich, Gott, bei dir (wie es früher so hieß) wieder Hoffnung zu
schöpfen, einfach zu glauben, dass du alles zum Guten wendest, vielleicht
auch nur, dass du da bist? Mich langweilt, ich gebe es zu, die Resignation, die
rasch ermüdete Kraft, dich festzuhalten, mich schreckt die Aussicht, wir
könnten, da wir doch Wegwerfer sind, bei leeren Flaschen und Plastikbeu-
teln, bei »Bild am Sonntag« im Müll dich wiederfinden, plötzlich allein auf
einem verglühenden Stern, in sprachloser Mondwelt – ach, nimm doch den
Staub des Wohlstands von unseren Stirnen, lass uns im Blech nicht verkommen, nicht auf den rasanteren Autostraßen, öffne die Kübel, darin wir
uns selber verstecken, zerknülltes Papier, darauf sonst dein Name gedruckt
war – wäre es möglich, Gott, dass wir, die Weggeworfenen, ihn wieder
lesen?

RUDOLF OTTO WIEMER (1905–1998)

VERSCHÜTTET DU

Verschüttet du,
begraben unter der Last der Fragen,
die ohne Antwort bleiben.
Keinen Namen mehr
weiß ich für dich,
keinen, der wärmt und heilt,
keinen, der aus Verlassenheit befreit.
Ich höre sie reden von dir,
als kennten sie dich
wie ihren Nachbarn nebenan
(Heinz hat gesagt ..., Heinz will mit dir ...).
Ich höre sie beten,
als gäbe es keinen Zweifel,
Billigtrost liegt griffbereit im Regal.
Draußen stehe ich mit stummen Lippen,
mit leeren Händen,
verletzt von deiner Verborgenheit.
Dennoch Sonntag morgens am Radio
Johann Sebastian Bach.
Das Gespräch mit ihm
hat nicht aufgehört.
Manchmal fällt ein Hoffnungswort.

SABINE NAEGELI

EUER HERZ LASSE SICH NICHT VERWIRREN! (JOH 14,1)

Wo bist du, Gott? Oft frage ich so in einer Welt, die sich immermehr von dir entfernt.

Wo bist du, Gott, wenn ein Drittel der Menschheit in Überfluss lebt und Lebensmittel vernichtet, während zwei Drittel der Erdbevölkerung nicht das Notwendige für ihre Ernährung finden?

Wo bist du, Gott, wenn alle vom Frieden reden, die Konflikte zwischen den Rassen aber größer werden, die Ungerechtigkeiten zum Himmel schreien, die Würde der Menschen mit Füßen getreten wird, Unfriede weit mächtiger ist als Verständigung, wenn Menschen stets neu in Kriege gehetzt werden?

Wo bist du, Gott, wenn das menschliche Leben so wenig zählt, dass ungeborenes Leben massenweise getötet wird, dass das Leben eines Einzelnen nichts mehr gilt, wenn für einen geringen Profit Menschen über den Haufen geschossen werden?

Wo bist du, Gott, wenn wir auf dem besten Wege sind, deine Schöpfung zu zerstören und unbewohnbar zu machen, wenn unsere Waffenarsenale so groß sind, dass sie in vielfacher Weise unsere Erde mit allem Sein auslöschen können?

Wo bist du, Gott, wenn immer mehr Menschen nach dem Sinn ihres Daseins fragen, weil sie keine Arbeit und kein Brot finden, weil sie nicht wissen, wozu sie da sind, weil sie von niemandem angenommen werden, weil sie Schmerzen leiden und Ungerechtigkeiten aushalten müssen?

Wo bist du, Gott – so könnte ich die Fragen unserer Zeit weiterführen ohne Ende. Im Glauben an dich fest zu bleiben fällt angesichts dieser leidvollen Gegebenheiten schwer. Doch ich suche eine Antwort, und ich bin bereit zu hören. Wenn ich still werde und nicht in meiner eigenen Empörung bleibe, höre ich das Wort Jesu: »Euer Herz lasse sich nicht verwirren. Glaubt an Gott und glaubt an mich.« Herr und Gott, ich will daran festhalten, dass du da bist und auch in unserer Zeit wirkst. Du hast mich in diese Zeit gestellt und mir damit einen besonderen Auftrag für mein Leben anvertraut. Aus dieser Zeit der Verwicklungen heraus soll ich dich finden, hinter allem Unrecht deine Gerechtigkeit, nach allem Leid die Freude bei dir, nach den ungelösten Fragen die Antworten von dir, nach der Niederlage den Sieg, hinter dem Sterben das Leben.

WOLFGANG OBERRÖDER

Du anwesend-abwesender Gott!

GOTTESGEGENWART

Bevor du uns geschaffen hast, Ewiger,
hast du uns in dir gesehen.
Bevor unser Herz zu schlagen begann, Einziger,
hast du unsere Stimme gehört.
Bevor sich unsere Lungen mit Atem füllten, Lebendiger,
hast du unsere Tränen gezählt.
Bevor das Licht des Tages und der Nacht unsere Augen berührte, Lichter,
hast du unsere Lust gespürt.
Bevor wir in den Armen unserer Mütter lagen, Liebender,
bist du unseren Tod gestorben.
Deshalb
lass uns nicht allein.

Aurelia Spendel OP

DU SAGST: ICH BIN DA!

Gott
Du sagst: Ich bin da!

Aber wo bist Du?
Wo bist Du,
     wenn es Nacht wird?
Wo bist Du,
     wenn die Erde bebt?

Und bist Du da
     In Not und Tod?
     In Leid und Schmerz?
Bist Du wirklich da
     Wenn die Wasser kommen?
     Wenn die Raketen fliegen?

Wo bist Du,
     Wenn uns der Nachbar plagt?
     Wenn wir nicht mehr weiterwissen?

Zeig uns doch, dass Du da bist.
Darum bitten wir durch Christus unseren Herrn.

Anton Rotzetter OFM Cap

DU BIST GOTT

Gott bist du,
in beglückender Nähe
und bedrückender
Ferne.

Gott bist du,
in guten Worten
und in ewigem
Schweigen.

Gott bist du,
in unzugänglichem
Licht und abgrundtiefer
Finsternis.

Gott bist du,
in unbegreiflicher
Größe und schmerzlicher
Armseligkeit.

Gott bist du,
in spürbarer Gegenwart
und tiefster Verborgenheit.

Gott bist du,
in unergründlichem
Glanz und menschlicher
Trübsal.

Gott bist du,
für uns,
mit uns,
in allem,
heute
und immer.

PAUL WEISMANTEL

WIRF EIN AUGE AUF MICH

Du
Herr
warst nah
unendlich
nah
Kurz aber nur
von ferne
und doch
so nah
Ferner Herr
lass
deinen Blick
nicht
von mir
Wirf
ein Auge
auf mich
sei mir nah

MICHAEL ALBUS

Gott, Du unser großes »ewiges Du«!

DU

Du öffnest Augen,
wo jetzt noch Blindheit lastet.

Du schaffst Schweigen,
wo jetzt noch Lautstärke erschlägt.

Du begründest Hoffnung,
wo jetzt noch Verzweiflung um sich greift.

Du bahnst den Weg,
wo jetzt noch Enttäuschung lähmt.

Du wendest das Los,
wo jetzt noch Unterdrückung quält.

Du spendest Trost,
wo jetzt noch Trauer schmerzt.

Du heilst Herzen,
wo jetzt noch Wunden offen sind.

Du bringst den Frieden,
wo jetzt noch Zwietracht herrscht.

Du schenkst Versöhnung,
wo jetzt noch Gewalt zuschlägt.

Du kommst zu uns Menschen,
damit wir das Leben in Fülle finden
und in allem dich,
den ewigen Gott!

PAUL WEISMANTEL

DU

Du –
keine der Antworten,
die wir uns selbst geben könnten,
Du –
keine der Erfindungen,
auf die wir noch kommen müssten.
Du –
keiner der Wege,
in die der Fortschritt mündet.
Du –
keine der Befreiungen,
die wir uns eigenhändig verschaffen könnten.
Du Kind,
das der Vater uns erfunden hat
als Antwort, als Weg,
als Befreiung.

BERNHARD MEUSER

Du, o Gott, der uns mit Seiner Liebe zuvorgekommen ist – ach, wir reden davon wie von etwas Vergangenem, als ob Du uns nur ein einziges Mal mit Deiner Liebe zuvorgekommen wärest! – und Du tust es doch stets, viele Male, jeden Tag, unser ganzes Leben hindurch, immer kommst Du uns mit Deiner Liebe zuvor!

Wenn wir am Morgen erwachen und dann unsere Gedanken Dir zuwenden – Du warst schon da, Du bist uns mit Deiner Liebe zuvorgekommen!

Wenn ich beim Morgengrauen aufstehe und im gleichen Augenblick meine Gedanken betend Dir zuwende – Du bist mir zuvorgekommen, Du hast mich schon früher geliebt! Wenn ich meinen Sinn der Zerstreuung entreiße und an Dich denke, so bist Du mir schon zuvorgekommen!

Und so ist es immer. – Und dann reden wir undankbar, als ob es nur ein einziges Mal geschehen wäre, dass Du uns so mit Deiner Liebe zuvorgekommen bist!

SÖREN KIERKEGAARD (1813–1855)

Gott, Du in mir und ich in Dir

AUF DER HOFFNUNGSLEITER

wenn stille ist,
sich nichts regt als mein herz
mit regelmäßigem schlag ...
wenn ich die augen schließe,
um zu spüren,
was es schlagen und mich leben lässt ...
dann bin ich mit Dir, mein Gott
und Du mir herzschlagnah,
lebendig für Deine hoffnungsleiter,
die mich auf stufen aus nichts
zu Dir führt ...
mit jedem schlag und jedem puls
zu Dir – mitten im leben ...

THOMAS VAN VUGT

KEINE SEKUNDE, O GOTT

Keine Sekunde, o Gott,
gibt es in meinem Leben,
in der Du mir nicht näher gewesen wärest,
als ich mir selber bin.
Denn ich bin oft in der Fremde,
bin fern von Dir und mir.
Lass mich heimkehren in den Punkt,
an dem alles zusammenfällt.
Lass mich wohnen bei Dir,
der Du wohnst in mir.

BERNHARD MEUSER

GEBET

Was können wir anders, Herr,
als dich zulassen.
Dich in unser Herz,
dich in unsere Worte,
dich in unsere Hände.

Was können wir anders, Herr,
als uns loslassen.
Uns in dein Herz,
uns in deine Worte,
uns in deine Hände.

Was wollen wir anders, Herr,
als tief eins werden.
Eins mit dem Quell,
eins mit unserem Ursprung,
eins mit unserer Zukunft.

Was wollen wir anders, Herr,
als ganz neu werden.
Neu aus dem Quell,
neu aus unserem Ursprung,
neu aus unserer Zukunft.

ALOIS ALBRECHT

Du, o Gott, bist die Wahrheit und das Urbild. Und jene Kraft des Samens, welche verschränkt ist, ist die Kraft der Natur der Eigengestalt, welche zur Eigengestalt verschränkt ist und ihr gleichsam als verschränkter Ursprung innewohnt. Aber DU, mein Gott, bist die absolute Kraft und darum die Natur aller Naturen. Mein Gott, Du hast mich dahin geführt zu sehen, dass Dein absolutes Aussehen das natürliche Aussehen jeder Natur ist; dass es das Angesicht ist, das die absolute Seiendheit jedes Seins ist; dass es die Kunst und Wissenschaft alles Wissbaren ist. Wem es also vergönnt ist, Dein Angesicht zu schauen, sieht alles offen, und nichts bleibt ihm verborgen. Er weiß alles. Alles hat jener, o Herr, der Dich hat, und alles hat der, der Dich sieht. Denn niemand sieht Dich als nur derjenige, der Dich besitzt; niemand vermag sich Dir zu nahen, da Du unnahbar bist. Niemand also wird Dich erfassen, außer Du schenkst Dich ihm.

Wie aber habe ich Dich, o Herr, der ich nicht wert bin, vor Deinem Angesicht zu erscheinen? Wie gelangt mein Gebet zu Dir, der Du auf keine Weise erreichbar bist? Wie soll ich Dich bitten? Denn was ist sinnloser, als zu bitten, Du mögest Dich mir schenken, da Du doch alles in allem bist. Und wie wirst Du Dich mir geben, wenn Du mir nicht zugleich Himmel und Erde gibst und alles, was in ihnen ist? Ja, noch mehr: wie wirst Du Dich mir geben, wenn Du mich nicht mir selbst gibst? Und wenn ich so im Schweigen der Betrachtung verstumme, antwortest Du mir, Herr, tief in meinem Herzen und sagst: Sei du dein und ich werde dein sein.

O Herr, Du Wonne aller Süßigkeit, Du hast es in meine Freiheit gelegt, dass ich mein sein kann, wenn ich es nur will. Gehöre ich darum nicht mir selbst, so gehörst du auch nicht mir. Du machst die Freiheit notwendig, da Du nicht mein sein kannst, wenn ich nicht mein bin. Und weil Du das in meine freie Entscheidung gelegt hast, zwingst Du mich nicht, sondern erwartest, dass ich mein eigenes Sein erwähle. Es steht also bei mir und nicht bei Dir, Herr, der Du Deine übergroße Güte nicht einschränkst, sondern reichlich ausgießt in alle, die aufnehmen können. Du aber, o Herr, bist Deine Güte. Wie aber soll ich mir selbst gehören, wenn nicht Du, Herr, es mich lehrst? Du lehrst mich, dass der Sinn dem Verstand gehorchen und der Verstand herrschen soll. Wenn also die Sinnlichkeit dem Verstand dient, dann gehöre ich mir selbst. Der Verstand aber hat nichts, das ihn leitet, es sei denn Dich, o Herr, der Du das Wort und der Verstand des Verstandes bist.

Daraus ersehe ich nun, dass ich, wenn ich Dein Wort, das unaufhörlich in mir spricht und ständig in meinem Verstand leuchtet, höre, mir selbst als Freier und nicht als Sklave der Sünde gehöre. Und Du wirst mein sein und mich Dein Angesicht schauen lassen. Dann werde ich gerettet sein.

Sei darum gepriesen, o Gott, in Deinen Gaben, der Du allein mächtig bist, meine Seele zu trösten und aufzurichten, sodass sie hofft, Dich zu erreichen und sich Deiner als des ihr bestimmten Geschenkes und des unendlichen Schatzes allen dessen, was wir nur ersehnen können, lebendig zu erfreuen.

NIKOLAUS VON KUES (1401–1464)

Herr, beruhige die Wogen in dieser Brust, besänftige die Stürme! Sei ruhig, meine Seele, damit Gott in dir wirken kann! Sei ruhig, meine Seele, damit Gott in dir weilen, Sein Friede dich überschatten kann! – Ja, Vater im Himmel, oft genug haben wir erfahren, dass die Welt uns den Frieden nicht geben kann; oh, so lass uns fühlen, dass Du den Frieden geben kannst; lass uns erkennen, dass die Verheißung zutrifft: dass nichts in der Welt imstande ist, Deinen Frieden von uns zu nehmen.

SÖREN KIERKEGAARD (1813–1855)

Beheimatet in Deinem Geheimnis, Gott

GOTTES HEILIGKEIT

Du bist der Heilige, o Gott. Du bist das lebendige Geheimnis. Alles hast Du erschaffen und alle Dinge erfüllest Du. Alle Gestalten sind Gleichnisse Deiner Herrlichkeit, und was überall Sinn und Wert hat, hat ihn als wie einen Abglanz Deines Lichtes. So bist Du der wahrhaft Gegenwärtige und Offenbare. Und dennoch bist Du verhüllt, denn unser Blick ist gehalten und unser Herz verwirrt. Du entschwindest unseren Augen, und Dein Licht wird zur Unzugänglichkeit, in die wir nicht eintreten können, Du entziehst Dich unseren Gedanken, und zu allem, was wir von Dir sagen mögen, sprichst Du: Das bin ich nicht.

Aber wir ahnen Dich überall, o Herr. In Dir ist die Antwort auf alle Fragen. Du bist uns vertrauter als der nächste Mensch. Und wenn Du das Herz berührst, weiß es: wahrhaft wissen kann es nur um Dich.

Du bist der Heilige, o Gott, Reinheit, und Gutheit, und Gerechtigkeit, und Adel sind Namen, die in Dein Wesen deuten. Nichts Unlauteres kommt in Deine Nähe. Auf das Böse antwortet Dein Zorn, und es ist ein Geheimnis Deiner Großmut, dass die böse Tat den, der sie vollbringt, nicht vernichtet. Wenn ich Deine Heiligkeit empfinde, muss ich wie Petrus sprechen: »Herr, geh weg von mir, denn ich bin ein sündiger Mensch.« Sofort aber fügt mein Herz hinzu: Tu es nicht, o Herr, denn was sollte aus mir werden, wenn Du weggingest? Ich bin Deiner Nähe nicht würdig; aber »zu wem sollte ich gehen«, wenn nicht zu Dir? Denn Du bist mein Heil und meine Heimat.

So bitte ich Dich, lehre mich, mit Dir umzugehen. Lehre mich die Ehrfurcht und das Vertrauen, die Reue und die Liebe, die Furcht und das Verlangen. Lehre mich, Dich zu suchen und im Suchen auszuharren – und lass es nicht zu lange währen, o Herr, bis ich Dich finde.

Amen.

ROMANO GUARDINI

EWIGES GEHEIMNIS

Ewiges Geheimnis, du bist verborgen und
unergründlich
unsichtbar und dennoch vernehmbar
im Herzen eines jeden Menschen.

Ewiges Geheimnis, du bist so nahe und unerreichbar,
unfassbar und zugleich sichtbar
in der Liebe zweier Menschen.

Ewiges Geheimnis,
du bist so wirksam und übersehbar
unscheinbar und dennoch erfahrbar
als Zeichen der Hoffnung unter den Menschen.

Ewiges Geheimnis,
du bist so wunderbar und verwundbar
unbeirrbar und unendlich treu
wie ein guter Freund für die Menschen.

Ewiges Geheimnis
göttlicher Liebe
Gott und Mensch:
Jesus Christus

PAUL WEISMANTEL

Fra Angelico (1387–1455)
Engel zur Rechten der Madonna (nach 1447)
Ausschnitt aus Thronende Madonna mit sechs Heiligen und Engeln
Auf Holz, 171 × 172 cm
Museo di San Marco, Florenz
© akg-images, Orsi Battaglini

Geborgen in Deiner Liebe, Gott

WESSOBRUNNER GEBET

Das habe ich bei den Menschen als größtes Wunder erfahren: dass es die Erde nicht gab und nicht den Himmel, und es gab nicht den Baum und auch nicht den Berg, es schien nicht ein einziger Stern, nicht die Sonne, es leuchtete weder der Mond noch die glänzende See. Als es also nichts gab, was man als Anfang und als Ende hätte verstehen können, gab es schon lange den einen allmächtigen Gott, den reichsten an Gnade. Bei ihm waren auch viele Geister von Herrlichkeit, früher (als sie aber war) der heilige Gott. Allmächtiger Gott, du hast Himmel und Erde erschaffen und den Menschen so manches Gut verliehen. Verliehe mir den rechten Glauben an deine Gnade und guten Willen, Weisheit, Klugheit und Kraft, den Teufeln zu widerstehen und das Böse zu meiden und deinen Willen zu tun.

ENTSTANDEN UM 800

GOTT IN DIR RUHT MEIN LEBEN.

Gott alles Unvollendete und Unausgesprochene
lege ich dir ans Herz.

Gott alles Misslungene und Zerstörte
lege ich dir ans Herz.

Gott alle Verletzungen und Verwundungen
lege ich dir ans Herz.

Gott alle Konflikte und Auseinandersetzungen
lege ich dir ans Herz.

Gott alle Aggressionen und Depressionen
lege ich dir ans Herz.

Gott alle Sorgen, Nöte und Ängste
lege ich dir ans Herz.

Gott alle Traurigkeiten und jede Sehnsucht
lege ich dir ans Herz.

Gott alle Schuld und jedes Versagen
lege ich dir ans Herz.

Gott alle Freude, Hoffnung und Zuversicht
lege ich dir ans Herz.

Gott alle guten und wertvollen menschlichen Begegnungen
lege ich dir ans Herz.

Gott alle geschenkten Zeichen menschlicher Verbundenheit
lege ich dir ans Herz.

Gott nimm alles auf in Dein Herz –
jeden Schatten und jedes Licht.

Segne alles Gute und heile alles Dunkle –
verwandle mich. Amen.

CARITAS-KONFERENZEN IM ERZBISTUM PADERBORN E.V.

Wenn ich durchs Wasser schreite, bist Du bei mir,
wenn ich durch Ströme wate,
dann reißen sie mich nicht fort.
Wenn ich durchs Feuer gehe, werde ich nicht versengt,
keine Flamme wird mich verbrennen.

Denn DU, HERR, bist mein Gott,
Du bist mein Retter,
weil ich in Deinen Augen teuer und wertvoll bin,
und weil du mich doch liebst.

Ich brauche mich nicht zu fürchten,
denn DU bist bei mir!
Jeden, der nach Deinem Namen benannt ist,
hast Du zu Deiner Ehre erschaffen und geformt.

PETER KÖSTER, NACH JES 43,1–7

Mein Himmel, Gott,
ist Deine Hand.
Sie schützt mich vor allem –
sogar vor mir selbst.
Sie birgt mich in allem –
sogar im Tod.
Sie trägt mich über alles –
sogar zu Dir.
Mein Himmel, Gott,
ist Deine Hand.

BERNHARD MEUSER

DU MEINE FRÜHLINGSSONNE

Du hast mir Hoffnung
ins Herz gelegt

jetzt lebe ich auf
beschenkt mit Deinen
strahlenden Blicken
und tanze
voller Freude
im Spiegel der Zeit

CHRISTIAN HIES

Gott, Du bist da

Vater im Himmel! Auf viel Arten sprichst Du zu dem Menschen. Du, dem allein Weisheit und Verstand gehören, Du willst Dich doch ihm verständlich machen. Ach, und auch wenn Du schweigst, sprichst Du ja doch noch mit ihm; denn auch der redet, der schweigt, um den Geliebten zu prüfen; auch der redet, der schweigt, damit die Stunde des Verstehens, wenn sie kommt, desto inniger werde.

Vater im Himmel! Ist es nicht so?

Oh, in der Zeit des Schweigens, wenn der Mensch allein und verlassen dasteht; wenn er Deine Stimme nicht hört, wenn es den Anschein hat, als sollte er für immer von Dir getrennt sein ... Oh, in der Zeit des Schweigens, wenn der Mensch in der Wüste verschmachtet, weil er Deine Stimme nicht hört, da ist es ihm wohl so, als sei er ganz ausgelöscht.

Vater im Himmel! Das ist ja doch nur ein Augenblick des Schweigens im innigen Gespräch. So lass auch dieses Schweigen gesegnet sein, wie jedes Wort, das Du dem Menschen sagst! Lass ihn nie vergessen, dass Du auch redest, wenn Du schweigst! Schenke ihm den Trost, dass Du aus Liebe schweigst, wie Du aus Liebe redest; dass Du, ob Du nun schweigst oder redest, doch der gleiche Vater bist; und dass Du ihn mit der gleichen Vatergüte durch Deine Stimme leitest oder durch Dein Schweigen belehrst!

Sören Kierkegaard

DU, HERR, BIST DAS GROSSE SCHWEIGEN

Du, Herr,
bist das große Schweigen,
Du bist so still, dass ich mich erst daran gewöhnen muss,
weil es so laut ist um mich herum und in mir.
Wenn ich aber aufmerksam geworden bin,
dann spüre ich Deinen Atem aus Ruhe,
er glättet die Wogen meiner Unrast
und bietet einen Schutzwall gegen den anbrandenden Lärm.
Allmählich werden die Abgründe der Zerrissenheit überbrückt
und ich werde umfangen von heilenden Strömen.
Behutsam schaffst Du das Versehrte um
und ordnest das Verworrene.
Ich sehne mich nach einem neuen Ohr für Dein geheimes Wort,
damit ich in den Kraftbereich Deines Schweigens gezogen werde.
Voller Staunen entdecke ich in mir unbekannte Zonen,
es gibt noch Tiefen in meinem Innern, die mir unzugänglich sind.
Hol mich heim in das Reich Deines Schweigens,
lass mich die Botschaft Deiner Stille hören,
Du süßer Abgrund des Lichts.

OTTO BETZ

Du sprichst zu uns in allen Dingen. Wir wollen immer nur unsere eigenen Reden hören. Selbst wenn wir dich zu hören versuchen, fangen wir selbst an zu reden. Lehre uns, dich zu hören. Lehre uns, deine einfachen Worte zu hören. Zeig dich in der Freude und in der Bedrückung, in der Mühe und in der Leichtigkeit, in der Überraschung und im lange Vorausgeplanten. Nicht an den Dingen vorbei komm zu uns, sondern sprich zu uns in allen Dingen. Antworte uns. Zeig uns, dass du immer schon dabei bist, uns zu antworten. Zeig uns, dass wir in allem von dir umfangen sind und dass es in der Welt nichts gibt, vor dem wir angesichts deiner Angst haben müssten.

NORBERT LOHFINK SJ

Wir danken Dir, Herr, dass Du kein stummer Gott bist, sondern mit uns redest. Wir danken Dir, dass Du kein verborgener Gott bist, sondern als ein Mensch unter Menschen bei uns warst und bei uns bleiben willst. Wir danken Dir, dass Du kein tauber Gott bist, sondern von uns hören willst, was uns Freude und was uns Kummer macht, was uns begeistert und was uns empört, was wir uns wünschen und wovor wir uns fürchten. Wir bitten Dich: Gib uns den Geist, der alles neu macht, damit wir lernen, neu zu hören, was Dein Wort uns zu sagen hat; und neu zu sehen, was wir zu tun haben; und aufs Neue vor Dich zu bringen, was uns bewegt …
Herr, Du hast uns gehört. Nun rede mit uns. Amen.

EBERHARD JÜNGEL (1934–2021)

UNAUSGESPROCHEN: GOTT

Wenn ich müde bin,
sei die Schulter,
an der ich mich ausruhen kann!

Wenn ich traurig bin,
sei das Wort,
das mich tröstet!

Wenn ich kraftlos bin,
sei der Tritt,
der mir Beine macht!

CLAUDIA SCHÄBLE

Gott, da bin ich! Wo bist du?

Du bist, wo ich bin? Sagst du.
Ich will darauf vertrauen.
Und darum sage ich:
Da bin ich mit meinen Freuden.
Da bin ich mit meinen engen Grenzen.
Da bin ich mit den Menschen, die mir lieb sind.
Da bin ich mit den Menschen, die für mich so schwierig sind.
Da bin ich mit allem, was mich bewegt.
Da bin ich – mit dir.
Öffne meine Augen dafür, dass du in allem bist.
Wandle mein Leben durch deinen Geist,
damit ich in dir leben und atmen und lieben kann.
Amen.

WILLI LAMBERT SJ

Jesus Christus –
Mensch gewordener Gott

SEELE CHRISTI (ANIMA CHRISTI)

Seele Christi, heilige mich!
Leib Christi, rette mich!
Blut Christi, tränke mich!
Wasser der Seite Christi, wasche mich!
Leiden Christi, stärke mich!
O guter Jesus, erhöre mich!
Birg in deinen Wunden mich!
Von dir lass nimmer scheiden mich!
Vor dem bösen Feind beschütze mich!
In meiner Todesstunde rufe mich!
Zu dir zu kommen, heiße mich,
mit deinen Heiligen zu loben dich
in deinem Reiche ewiglich!

Amen.

EIN SEIT DEM 14. JAHRHUNDERT BEZEUGTES GEBET;
VERFASSER IST MÖGLICHERWEISE PAPST JOHANNES XXII.

Christus, göttlicher Herr,
dich liebet, wer nur Kraft hat zu lieben:
unbewusst, wer dich nicht kennt;
sehnsuchtsvoll, wer um dich weiß.

Christus, du bist meine Hoffnung,
mein Friede, mein Glück, all mein Leben:
Christus, dir neigt sich mein Geist;
Christus, dich bete ich an.

Christus, an dir halt' ich fest
Mit der ganzen Kraft meiner Seele:
Dich, Herr, lieb' ich allein –
Suche dich, folge dir nach.

ALPHANUS († 1085)

Dieses dreistrophige Anrufung Christi geht auf ein längeres, in Dialogform
gehaltenes Christusgebet zurück. Dessen Verfasser ALPHANUS, Benedikti-
ner und hoch gebildeter Theologe, war zunächst Mönch in Montecassino,
später Abt und dann Erzbischof von Salerno in Süditalien.

Jesus ich bin gekommen,
mein Herz, meine Seele,
mich ganz und gar Dir hinzuhalten mit
meinen Fähigkeiten, meinem Unvermögen,
meinem Gelingen und meinem Versagen,
meiner Liebe, meinem Hass,
meinem Interesse und meiner Gleichgültigkeit,
meinem Bemühen, meiner Bequemlichkeit,
meinem Glauben und meinem Zweifel,
meinem ... und meinem ....

Heile Du mein Herz:
mein gebrochenes, zerbrochenes Herz,
meine Herzlosigkeit!

Heile Du meine Seele!
Beseele mich,
lass mich beseelt sein
von Deiner Liebe,
von Deinem Wort,
von Deiner Gegenwart.

Erfülle Du mich mit der Sehnsucht nach Dir
und erhebe mein Herz und meine Seele zu Dir.

ELKE UHL

LITANEI VOM HEILIGSTEN HERZEN JESU
HERZ-JESU-LITANEI

V/A Herr, erbarme Dich.

V/A Christus, erbarme Dich.

V/A Herr, erbarme Dich unser

V Christus höre uns A Christus erhöre uns

V Gott Vater im Himmel, A erbarme Dich unser.
  Gott Sohn, Erlöser der Welt
  Gott Heiliger Geist
  Heiligster dreifaltiger Gott

V Du Herz des Sohnes A erbarme Dich unser
  Herz Jesu, im Schoß der Jungfrau Maria vom Heiligen Geiste gebildet
  Herz Jesu, mit dem Worte Gottes wesenhaft vereinigt
  Herz Jesu, unendlich erhaben
  Herz Jesu, du heiliger Tempel Gottes
  Herz Jesu, du Zelt des Allerhöchsten
  Herz Jesu, du Haus Gottes und Pforte des Himmels
  Herz Jesu, du Feuerherd der Liebe
  Herz Jesu, du Wohnstatt der Gerechtigkeit und Liebe

  Du Herz voll Güte und Liebe
  Herz Jesu, Du Abgrund aller Tugenden
  Herz Jesu, würdig allen Lobes
  Herz Jesu, Du König und Mitte aller Herzen
  Herz Jesu, in dem alle Schätze der Weisheit und Erkenntnis sind
  Herz Jesu, in dem die ganze Fülle der Gottheit wohnt

  Herz Jesu, das dem Vater wohlgefällt
  Herz Jesu, aus dessen Gnade wir alle empfangen
  Herz Jesu, du Sehnsucht der Schöpfung von Anbeginn

Du Herz, geduldig und voll Erbarmen
Herz Jesu, reich für alle, die dich anrufen
Herz Jesu, du Quell des Lebens und der Heiligkeit
Herz Jesu, du Sühne für unsere Sünden
Herz Jesu, mit Schmach gesättigt
Herz Jesu, wegen unserer Missetaten zerschlagen
Herz Jesu, bis zum Tode gehorsam

Du Herz, durchbohrt von der Lanze
Herz Jesu, du Quell allen Trostes
Herz Jesu, unsere Auferstehung und unser Leben
Herz Jesu, unser Friede und unsere Versöhnung
Herz Jesu, du Opferlamm für die Sünder
Herz Jesu, du Rettung aller, die auf dich hoffen
Herz Jesu, du Hoffnung aller, die in dir sterben
Herz Jesu, du Freude aller Heiligen

V Lamm Gottes, Du nimmst hinweg die Sünde der Welt:
A Herr, verschone uns.
V Lamm Gottes, Du nimmst hinweg die Sünden der Welt,
A Herr, erhöre uns.
V Lamm Gottes, Du nimmst hinweg die Sünden der Welt,
A Herr, erbarme Dich.

V Jesus, gütig und selbstlos von Herzen
A bilde unser Herz nach Deinem Herzen

V Lasset uns beten. – Gütiger Gott, aus dem geöffneten Herzen Deines
    Sohnes kommt die Fülle des Erbarmens. Hilf uns, dass wir
    seine Liebe nicht ohne Antwort lassen. Darum bitten wir durch ihn,
    Christus, unsern Herrn.
A Amen

KOMMT UND SEHT!
(JOH 1,39)

Herr Jesus Christus, du hast uns die Nähe deines Vaters vermittelt. Mit dir ist das Reich Gottes zu uns gekommen. Es ist schon da, wenn auch noch nicht vollendet.

Als die ersten Jünger dir nachfolgen wollten, fragten sie nicht nach deiner Lehre, sondern: »Meister, wo wohnst du?« Deine Antwort war zugleich eine Einladung: »Kommt und seht!« Dieses Wort gilt auch uns. Wir sollen kommen und sehen, wie du bist, wie du auf die Menschen zugehst, wie du glaubst und betest, wie die Nähe zu dir gesund und heil macht.

Jesus, mein Freund und Bruder, ich will in deiner Nähe wohnen. Ich darf sehen, wie du dich gerade der Kleinen, Schwachen und Benachteiligten angenommen hast. Auch mich führst du heraus aus meiner Verlorenheit, weil dein Wort auch mir gilt: »Nicht die Gesunden brauchen den Arzt, sondern die Kranken.« Von mir nimmst du die Lähmung meiner Glaubensträgheit, wenn du zu mir sprechen kannst: »Steh auf und geh, dein Glaube hat dir geholfen.« Du wirst auch bei mir zu Gast sein, wenn ich bereit bin, mein Leben mehr nach dir auszurichten, weil du auch mir zusagst: »Diesem Hause ist heute Heil widerfahren.« Du öffnest auch mir die Augen zum Sehen des Wichtigen und Entscheidenden, so wie du damals Blinde geheilt hast. Auch mich führst du heraus aus meinen Zukunftsängsten, wenn du zu mir sprichst: »Im Hause meines Vaters gibt es viele Wohnungen.«

Herr Jesus Christus, deine Worte und Taten sind Wegweisung für mich. Ich darf kommen und sehen, was du Großes auch an mir wirken willst. Ich danke dir für die Worte des Lebens. Ich danke dir für das Beispiel deines Dienens, dafür, dass wir einander annehmen sollen, wie du uns angenommen hast. Dank dir für die Vergebung, die du gewährt hast und die wir üben sollen nach deiner Weisung: »Wie ihr einander vergebt, so wird auch euch vergeben werden.« Dank dir, dass ich nicht alleine bin im Tragen der schweren Lasten dieses Lebens. Auch du hast darum gebetet, dass der Kelch des

Leidens an dir vorübergehen solle. Doch du hast dein ganzes Leben unter den Willen des Vaters gestellt. Deshalb danke ich besonders für dein Beispiel des Gebetes der Hingabe: »Doch, Vater, nicht mein Wille geschehe, sondern der deine.«

Wenn ich bereit bin, in deine Nähe zu kommen und deine großen Taten zu sehen, dann darf ich Anteil haben an dem, was kein Auge gesehen, was kein Ohr gehört hat und was in keines Menschen Herz gedrungen ist.

WOLFGANG OBERRÖDER

DU WASSER DES EWIGEN LEBENS

sprudle in mir
wie eine erfrischende Quelle

die das leuchten meiner Augen
klar macht wie Kristall

die meinen blick schärft
für das wesentliche

Du Wasser des ewigen Lebens
stille meinen Durst

CHRISTIAN HIES

BIST DU EIN KÖNIG?

Du kommst als Diener aller,
lebst als Mensch unter Menschen
und wirst durch deine wehrlos-verwundbare
Liebe ein verlassener letzter Mensch.

Du wählst die Karriere nach unten,
durchbrichst das uralte Schema
von Herren und Knechten,
erntest dafür Spott und Hohn,
bis zum bitteren Ende.

Du trägst die Dornen,
die Schläge ins Gesicht
das Unrecht, das Kreuz,
damit für uns Unerträgliches
und Unsägliches
tragbar werden.

Du gehst den Weg des Verlierers,
des Verrats, des Scheiterns,
der gebundenen Hände,
des schweigenden Leidens,
den Kreuzweg als Königsweg.

Du erlöst die Menschen
zwischen der überheblichen
Verachtung des einen
und der reuigen Bitte
des anderen Schächers.
Du versöhnst die Welt
im Kampf auf Leben und Tod,
zwischen Erbarmen und Härte
durch den Sieg der Auferstehung.

Du ziehst alle an dich
als der Erhöhte,
der durch die Erniedrigung gegangen
und dessen Herrschaft
nicht von dieser Welt ist.

Du wirst wiederkommen
in deiner Macht als König,
damit wir dort sind,
wo auch du bist,
für eine ganze Ewigkeit
in königlicher Würde.

PAUL WEISMANTEL

CHRISTUS-RUFE

Kv Christus Sieger, Christus König. Christus Herr in Ewigkeit.

K   König des Weltalls, A Wir huldigen dir.
    König des Friedens, A ...
    König der Völker, A ...
    König der Zeiten, A ...
    König der Herrlichkeit, A ...

Kv Christus Sieger, Christus König. Christus Herr in Ewigkeit.

K   Abglanz des Vaters, A Wir huldigen dir.
    Urbild der Schöpfung, A ...
    Sohn der Jungfrau Maria, A ...
    Zeuge der Wahrheit, A ...
    Lehrer und Meister, A ...

Kv Christus Sieger, Christus König. Christus Herr in Ewigkeit.

K   Helfer der Armen, A Wir huldigen dir.
    Heiland der Kranken, A ...
    Retter der Sünder, A ...
    Bruder der Menschen, A ...
    Hoffnung der Erde, A ...

Kv Christus Sieger, Christus König. Christus Herr in Ewigkeit.

K   Lamm, für uns geopfert, A Wir huldigen dir.
    Mann aller Schmerzen, A Wir huldigen dir.
    Mittler des Bundes, A Wir huldigen dir.
    Erlöser und Heiland, A Wir huldigen dir.
    Herr des neuen Lebens, A Wir huldigen dir.

Kv Christus Sieger, Christus König. Christus Herr in Ewigkeit

K   Licht für die Menschen, A Wir huldigen dir.
    Brot ewigen Lebens, A …
    Quell der Gnade, A …
    Haupt deiner Kirche, A …
    Weg zum menschlichen Vater, A …

Kv Christus Sieger, Christus König. Christus Herr in Ewigkeit.

GOTTESLOB 560

K   Jesus, du Sohn des lebendigen Gottes:
A   Kyrie, eleison.

K   Jesus, du unser Heiland
    Jesus, du unsere Hoffnung
    Jesus, du unser Erlöser
    Jesus, du Bruder der Menschen
    Jesus, du Freund der Sünder
    Jesus, du Hilfe der Kranken
    Jesus, du guter Hirte
    Jesus, du Stifter des Friedens
    Jesus, du Trost der Trauernden
    Jesus, du Zuflucht der Verfolgten
    Jesus, du Brot, von dem wir leben
    Jesus, du Licht, durch das wir sehen
    Jesus, du Weg auf dem wir gehen

GOTTESLOB 561

Heiliger Geist –
Geschenk der Gegenwart Gottes

Wer bist du, Heiliger Geist? Du, Gottes Schöpferkraft;
du, meines Betens Innerlichkeit;
du, Geist Jesu Christi, unseres Herrn,
der uns die Liebe des Vaters geoffenbart hat;
du, das Geheimnis, das tröstet und beseligt,
weil es mir Gottes liebendes Du schenkt!

JOSEF SUDBRACK SJ (1925–2010)

lebendiger geist hervorgegangen aus dem lebendigen vater
und seinem lebendigen sohn jesus
lebendiger geist voller sinne sinn-voll sinnlich

du siehst meinen weg auch dort wo keine spuren sind
du hörst was ich sage auch dort wo mir die worte fehlen
du kannst mich dennoch riechen auch wenn mir so manches stinkt
du hast geschmack an mir gefunden auch dann
wenn ich ausgebrannt bin
du spürst was mich bewegt und was mich bremst

alles ist voll sinn sinn-voller sinnlicher lebendiger geist
der mich erfüllt und mich umgreift

ABT BEDA M. SONNENBERG OSB

Geist Gottes, wir suchen Dich
in der Einsamkeit.
In die Stille hinein rufen wir Deinen Namen.
Du gibst keine Antwort.
Bist Du nur ein flüchtiger Schatten,
ein Geist wie die vielen Geister, die Zeitgeister?
Hast Du Dich davongeschlichen?

Vielleicht sind wir auf der Flucht vor Dir,
einem zeitweise unbequemen Geist,
der uns keine Ruhe lässt.
Rüttle uns auf!
Setze uns in Bewegung!

Geist Gottes, wir suchen Dich,
der Du so verschiedene Gesichter hast:
Sturm, Feuerzungen,
gewaltig und stark;
ein Hauch,
sanft und leise,
kaum wahrnehmbar
Lass Dich wahrnehmen
in Deinen Gesichtern.

Geist Gottes, wir suchen Dich,
der Du Himmel und Erde verbindest,
Gott und Mensch.
Du bist die Brücke.
Durch Dich wird Begegnung möglich.
Bring Du uns in die Nähe Gottes,
uns Gott nahe.

Geist Gottes, wir suchen Dich.

ELKE UHL

VENI, SANCTE SPIRITUS

Komm herab, o Heiliger Geist,
der die finstre Nacht zerreißt,
strahle Licht in diese Welt.

Komm, der alle Armen liebt,
komm, der gute Gaben gibt,
komm, der jedes Herz erhellt.

Höchster Tröster in der Zeit,
Gast, der Herz und Sinn erfreut,
köstlich Labsal in der Not,

in der Unrast schenkst du Ruh,
hauchst in Hitze Kühlung zu,
spendest Trost in Leid und Tod.

Komm, o du glückselig Licht,
fülle Herz und Angesicht,
dring bis auf der Seele Grund.

Ohne dein lebendig Wehn
kann im Menschen nichts bestehn,
kann nichts heil sein noch gesund.

Was befleckt ist, wasche rein,
Dürrem gieße Leben ein,
heile du, wo Krankheit quält.

Wärme du, was kalt und hart,
löse, was in sich erstarrt,
lenke, was den Weg verfehlt.

Gib dem Volk, das dir vertraut,
das auf deine Hilfe baut,
deine Gaben zum Geleit.

Lass es in der Zeit bestehn,
deines Heils Vollendung sehn
und der Freuden Ewigkeit.

Amen. Halleluja.

STEPHAN LANGTON († 1228)
ÜBERTRAGUNG INS DEUTSCHE:
MARIA LUISE THURMAIR UND MARKUS JENNY (1971)
© Verlag Herder, Freiburg

Komm, Heiliger Geist,
erleuchte unser Denken
und entzünde in uns
das Feuer deiner Liebe.
Führe uns in deinem Licht,
damit der Wille
des Vaters geschehe
und sein Reich komme
durch Christus,
unseren Herrn.
Amen.

LUCIDA SCHMIEDER OSB

VENI CREATOR SPIRITUS

Komm, Heilger Geist, der Leben schafft,
erfülle uns mit deiner Kraft.
Dein Schöpferwort rief uns zum Sein:
nun hauch uns Gottes Odem ein.

Komm, Tröster, der die Herzen lenkt,
du Beistand, den der Vater schenkt;
aus dir strömt Leben, Licht und Glut,
du gibst uns Schwachen Kraft und Mut.

Dich sendet Gottes Allmacht aus
im Feuer und in Sturmes Braus;
du öffnest uns den stummen Mund
und machst der Welt die Wahrheit kund.

Entflamme Sinne und Gemüt,
dass Liebe unser Herz durchglüht
und unser schwaches Fleisch und Blut
in deiner Kraft das Gute tut.

Die Macht des Bösen banne weit,
schenk deinen Frieden allezeit.
Erhalte uns auf rechter Bahn,
dass Unheil uns nicht schaden kann.

Lass gläubig uns den Vater sehn,
sein Ebenbild, den Sohn, verstehn
und dir vertraun, der uns durchdringt
und uns das Leben Gottes bringt.

Den Vater auf dem ewgen Thron
und seinen auferstandnen Sohn,
dich, Odem Gottes, Heilger Geist,
auf ewig Erd und Himmel preist. Amen.

HRABANUS MAURUS († 856)
ÜBERTRAGUNG INS DEUTSCHE: © FRIEDRICH DÖRR (1969)
RECHTSNACHFOLGE

Eine Schale will ich sein,
empfänglich für Gedanken des Friedens,
eine Schale für dich, Heiliger Geist.

Meine leeren Hände will ich hinhalten,
offen für die Fülle des Lebens,
leere Hände für dich, Heiliger Geist.

Mein Herz will ich öffnen,
bereit für die Kraft der Liebe,
ein Herz für dich, Heiliger Geist.

Gute Erde will ich sein,
gelockert für den Samen der Gerechtigkeit,
gute Erde für dich, Heiliger Geist.

Ein Flussbett will ich sein,
empfänglich für das Wasser der Güte,
ein Flussbett für dich, Heiliger Geist.

CHRISTINE ROTH

Ja, komm, Herr Heiliger Geist! Komm zu uns, Du Wohltat Gottes des Vaters, und bring zu uns die herrliche Kraft Jesu Christi, der den himmlischen Vater zu sich zog in den Tod, auf dass er uns zu sich ziehe ins Leben.

Komm, Heiliger Geist, und störe uns auf! Mit heiliger Unruhe störe uns auf aus unserer Trägheit. Setz uns in Bewegung zum Dienst Deiner Kirche, zum Nutzen des Nächsten, zum Wohle der Welt.

Komm, Heiliger Geist, und rühre uns an! Mit Kraft aus der Höhe rühre uns an. Gib Deinem Wort Leuchtkraft in unseren Worten, dass es zum Glauben erweckt, zur Hoffnung ermuntert und zur Liebe verlockt alle Deine Kinder. Gib Leuchtkraft Deinem Wort in unserem Gewissen, dass die Wahrheit aufstrahlt und die Lüge verblasst, dass der Friede an Kraft gewinnt und der Hass sich verzehrt, dass die Freiheit zum Siege kommt und zum Versiegen das Unrecht!

Komm, Heiliger Geist, und rüste uns aus! Mit Frieden und Mut, Herr, rüste uns aus! Gib dem Werk, das ein jeder ausrichten soll, einen guten Ausgang und zum neuen Werk einen mutigen Anfang: dass die Regierenden weise entscheiden und dann entschieden regieren; dass die Mächtigen über ihre Macht barmherzig verfügen und die Ohnmächtigen Barmherzigkeit finden. Gib den Einsamen Freunde, den Verlotterten Halt und den Versteinerten gib ein Lächeln zurück.

Komm, Heiliger Geist! Bei uns bist Du nötig. Wir brauchen Dich. Auf den Höhen der Macht, im traurigen Abgrund und auf alltäglichen Wegen – überall brauchen wir Deinen Impuls. Wir brauchen Deinen Mut zum Leben und wir brauchen Deinen Frieden zum Sterben.

Wir brauchen Dich an allen Enden. Komm, Heiliger Geist!

Eberhard Jüngel

Komm, Heiliger Geist, bekehre uns, reinige und heilige uns, dass wir fähig werden, das Rechte zu sehen und zu tun. Befreie uns von Oberflächlichkeit und Zerstreutheit, die zu allzu vielen unbedachten Worten und Handlungen führen. Weite unseren Blick, dass wir die Nöte der anderen und die Erfordernisse des Gemeinwohls sehen und spüren. Zeige uns, wie wir unsere Fähigkeiten und die uns anvertrauten Güter am sinnvollsten einsetzen können. Schenke uns die Gnade, wachsam und feinfühlig zu werden für das Angebot des Hier und Heute, bereit zu werden, es weise und hochherzig zu nutzen.

Erleuchte alle, die in Kirche, Staat, Politik, Kultur und Wirtschaft hohe Verantwortung tragen. Steh vor allem jenen bei, die sich ganz der Sache des Friedens geweiht haben. Hilf allen, die Zeichen der Zeit richtig zu deuten, auf dem Guten weiterzubauen, sich von den alarmierenden Zeichen der Zeit wachrütteln zu lassen und weise nach Heilmitteln zu suchen.

Ohne dich vermögen wir nichts, fallen in tausend Torheiten und werden mitschuldig an den Dummheiten vieler anderer. Darum beten wir von ganzem Herzen: Schenke uns die Gaben der Weisheit und der Klugheit.

BERNHARD HÄRING CSsR

Atme in mir,
Du Heiliger Geist,
dass ich Heiliges denke!

Treibe mich,
Du Heiliger Geist,
dass ich Heiliges tue!

Locke mich,
Du Heiliger Geist,
dass ich Heiliges liebe!

Stärke mich,
Du Heiliger Geist,
dass ich Heiliges hüte!

Hüte mich,
Du Heiliger Geist,
dass ich das Heilige nimmer verliere!

DEM HEILIGEN AURELIUS AUGUSTINUS (354–430)
ZUGESCHRIEBEN

In jenen Tagen tat Stephanus voll Gnade und Kraft Wunder und
große Zeichen unter dem Volk. Erfüllt vom heiligen Geist …
Apg 6,8.55

Atme in uns, du Geist des lebendigen Gottes,
dass alles in uns von Seinem Leben pulsiere.
Durchglühe uns, du Geist der Liebe,
dass unsere Herzen entzündet werden.
Belebe uns, du Kraft des Auferstandenen,
dass unsere Angst und Schwäche
zur weithin leuchtenden Hoffnung werden.
Ziehe uns an dich, du Geist Gottes,
dass dein Leben auch unser Leben werde!
Komm und schließe auf die Mauern unseres Herzens,
mache weit unser Denken und Fühlen.
Komm und treibe uns aus unserem Kleinmut hinaus.
Komm und belebe uns mit deinem göttlichen Atem,
schaffe uns neu und lass uns in deinem Namen
Feuer und Flamme sein.
Du Geist unseres Herrn Jesus Christus,
höre nicht auf dich auszugießen über uns!

GEBET AUS DER NEUBAUGEMEINDE BALDHAM,
MARTIN THURNER (HRSG.)

HEILIG-GEIST-LITANEI

K/A Herr, erbarme dich.
K/A Christus, erbarme dich.
K/A Herr, erbarme dich.

K   Christus, höre uns.
V   Christus, erhöre uns.

K   Gott Vater im Himmel, A erbarme dich unser.
K   Gott Sohn, Erlöser der Welt
     Heiliger dreifaltiger Gott
     Erbarme dich unser
     Geist vom Vater und vom Sohn
     Geist, mit Vater und Sohn angebetet und verherrlicht
     Geist, der gesprochen hat durch die Propheten
     Geist, der auf Jesus Christus ruht
     Geist, der in der Kirche lebt

     Du Gabe Gottes
     Du Hauch des Lebens
     Du Feuer vom Himmel
     Du Beistand der Christen
     Du Helfer im Gebet
     Du Unterpfand der Erlösung

     Geist der Wahrheit und der Einsicht
     Geist des Rates und der Stärke
     Geist der Erkenntnis und der Frömmigkeit
     Geist der Gottesfurcht
     Geist des Glaubens und der Hoffnung
     Geist der Liebe

Du Trost der Verlassenen
Du lebendiger Quell in der Wüste
Du verborgene Kraft in den Schwachen
Du stille Macht in den Geduldigen
Du Freude der Kinder Gottes
Du Gast der Freunde Jesu

Geist, der die Herzen wandelt
Geist der uns sehend macht
Geist, der die Ohren öffnet
Geist, der die Zungen löst
Geist, in dem wir gesalbt sind
Geist, in dem wir gesandt sind

Du Läuterung der Sünder
Du Hilfe der Bekenner
Du Lehrer der Boten Christi
Du Kraft der Nächstenliebe
Du Stärke der Märtyrer
Du Wonne der Heiligen

Du Geist der Wahrheit
Du Geist der Barmherzigkeit
Du Geist der Freiheit
Du Geist der Einheit
Du Geist der Heiligkeit

K/V Befreie uns, Heiliger Geist.
A   Von allem Bösen.

K   Von allem Bösen A befreie uns, Heiliger Geist.
    Von aller Sünde
    Von Aberglauben und Unglauben.
    Von Vermessenheit und Verzweiflung
    Von Lieblosigkeit und Hass
    Von Neid und Stolz

Von Selbsttäuschung und Irrtum
Von Ungerechtigkeit und Maßlosigkeit
Von Angst und Kleinglauben
Von Streit und Spaltung
Von der Enge des Herzens

K/V   Komm, Heiliger Geist.

K   Schaffe neu das Antlitz der Erde.   A Komm, Heiliger Geist.
       Wohne in unseren Herzen
       Entzünde in uns das Feuer deiner Liebe
       Lehre uns beten
       Hilf unserer Schwachheit auf
       Tröste uns mit deiner Gegenwart
       Gib uns ein reines und lauteres Herz
       Steh uns bei in aller Bedrängnis
       Leite uns auf Gottes Wegen
       Zeige uns, wozu wir gesandt sind
       Stärke den Eifer für Gottes Reich
       Führe uns zur Freiheit der Kinder Gottes
       Einige die Christenheit
       Heilige die Kirche
       Vollende, was du in uns gewirkt hast

V   Komm, heiliger Geist, erfülle die Herzen deiner Gläubigen.
A   Und entzünde in ihnen das Feuer deiner Liebe.

V   Lasset uns beten. – Gott, du hast die Herzen deiner Gläubigen durch die
       Erleuchtung des Heiligen Geistes gelehrt. Gib, dass wir in diesem Geist
       erkennen, was recht ist, und allezeit seinen Trost und seine Hilfe erfah-
       ren. Darum bitten wir durch Christus, unseren Herrn.
A   Amen.

GOTTESLOB 565
© Verlag Herder, Freiburg

LOB, DANK,
BITTE, KLAGE

Lobgebete

DAS GROSSE HALLELUJA

Halleluja!
Lobt Gott in seinem Heiligtum,
lobt ihn in seiner mächtigen Feste!
Lobt ihn wegen seiner machtvollen Taten,
lobt ihn nach der Fülle seiner Größe!
Lobt ihn mit dem Schall des Widderhorns,
lobt ihn mit Harfe und Leier!
Lobt ihn mit Trommel und Reigentanz,
lobt ihn mit Saiten und Flöte!
Lobt ihn mit tönenden Zimbeln,
lobt ihn mit schallenden Zimbeln!
Alles, was atmet, lobe den HERRN.
Halleluja!

PSALM 150

LOBGESANG DER DREI JUNGEN MÄNNER

Gepriesen bist du, HERR, du Gott unserer Väter, gelobt und gerühmt in Ewigkeit.

Gepriesen ist dein heiliger, herrlicher Name, hochgelobt und verherrlicht in Ewigkeit.

Gepriesen bist du im Tempel deiner heiligen Herrlichkeit, hoch gerühmt und verherrlicht in Ewigkeit.

Gepriesen bist du, der in die Tiefen schaut und auf Kerubim thront, gelobt und gerühmt in Ewigkeit.

Gepriesen bist du auf dem Thron deiner Herrschaft, hoch gerühmt und gefeiert in Ewigkeit.

Gepriesen bist du am Gewölbe des Himmels, gerühmt und verherrlicht in Ewigkeit.

Preist den HERRN, all ihr Werke des HERRN; lobt und rühmt ihn in Ewigkeit!

Preist den HERRN, ihr Himmel; lobt und rühmt ihn in Ewigkeit!

Preist den HERRN, ihr Engel des HERRN; lobt und rühmt ihn in Ewigkeit!

Preist den HERRN, all ihr Wasser über dem Himmel; lobt und rühmt ihn in Ewigkeit!

Preist den HERRN, all ihr Mächte des HERRN; lobt und rühmt ihn in Ewigkeit!

Preist den HERRN, Sonne und Mond; lobt und rühmt ihn in Ewigkeit!

Preist den HERRN, ihr Sterne am Himmel; lobt und rühmt ihn in Ewigkeit!

Preist den HERRN, aller Regen und Tau; lobt und rühmt ihn in Ewigkeit!

Preist den HERRN, all ihr Winde; lobt und rühmt ihn in Ewigkeit!

Preist den HERRN, Feuer und Glut; lobt und rühmt ihn in Ewigkeit!

Preist den HERRN, Frost und Hitze; lobt und rühmt ihn in Ewigkeit!

Preist den HERRN, Tau und Schnee; lobt und rühmt ihn in Ewigkeit!

Preist den HERRN, Eis und Kälte; lobt und rühmt ihn in Ewigkeit!

Preist den HERRN, Raureif und Schnee; lobt und rühmt ihn in Ewigkeit!

Preist den HERRN, ihr Nächte und Tage; lobt und rühmt ihn in Ewigkeit!

Preist den HERRN, Licht und Dunkel; lobt und rühmt ihn in Ewigkeit!

Preist den HERRN, ihr Blitze und Wolken; lobt und rühmt ihn in Ewigkeit!

Die Erde preise den HERRN; sie lobe und rühme ihn in Ewigkeit.

Preist den HERRN, ihr Berge und Hügel; lobt und rühmt ihn in Ewigkeit!

Preist den HERRN, all ihr Gewächse auf Erden; lobt und rühmt ihn in Ewigkeit!

Preist den HERRN, ihr Quellen; lobt und rühmt ihn in Ewigkeit!

Preist den HERRN, ihr Meere und Flüsse; lobt und rühmt ihn in Ewigkeit!

Preist den HERRN, ihr Tiere des Meeres und alles, was sich regt im Wasser; lobt und rühmt ihn in Ewigkeit!

Preist den HERRN, all ihr Vögel am Himmel; lobt und rühmt ihn in Ewigkeit!

Preist den HERRN, all ihr Tiere, wilde und zahme; lobt und rühmt ihn in Ewigkeit!

Preist den HERRN, ihr Menschen; lobt und rühmt ihn in Ewigkeit!

Preist den HERRN, ihr Israeliten; lobt und rühmt ihn in Ewigkeit!

Preist den HERRN, ihr seine Priester; lobt und rühmt ihn in Ewigkeit!

Preist den HERRN, ihr seine Knechte; lobt und rühmt ihn in Ewigkeit!

Preist den HERRN, ihr Geister und Seelen der Gerechten; lobt und rühmt ihn in Ewigkeit!

Preist den HERRN, ihr Demütigen und Frommen; lobt und rühmt ihn in Ewigkeit!

Preist den HERRN, Hananja, Asarja und Mischaël; lobt und rühmt ihn in Ewigkeit! Denn er hat uns der Unterwelt entrissen und aus der Gewalt des Todes errettet. Er hat uns aus dem lodernden Ofen befreit, uns mitten aus dem Feuer erlöst.

Dankt dem HERRN, denn er ist gütig; denn seine Huld währt ewig!

Preist alle den HERRN, ihr seine Verehrer, preist den Gott der Götter; singt ihm Lob und Dank; denn ewig währt seine Güte!

DANIEL 3,51–90

AUS DER FERNE ZUR MITTE

Ich lobe und preise meinen Gott,
der aus der Ferne mich holt
und zur Mitte führt.
Der von weitem mich ruft
um mir ganz nahe zu sein.
Der mich vom Unverbindlichen löst
und das Wesentliche zeigt.

Ich lobe und preise meinen Gott,
der aus der Mitte mir
Kraft und Leidenschaft gibt.
Der mich aus der Enge meines Ichs
zum Du und zum Nächsten befreit.
Und der den kleinen Kreis meines Lebens
in weiten Bahnen nach außen geleitet.

Ich lobe und preise meinen Gott,
weil er Mitte und Weite ist,
Liebe und Freiheit.

FRANK GREUBEL

DICH LOBE ICH

Mit allen, die sich freuen über das
neu erklingende Gezwitscher
der aus ihren südlichen Winterquartieren
zurück gekehrten Zugvögel,

lobe ich dich.

Für die aufbrechenden Knospen
an Sträuchern und Bäumen,
für das Hoffnungskleid des Frühlings
samt der erwachenden Farbenpracht,

lobe ich dich.

Mit Gärtnern und Bauern,
die wieder ans Werk gehen,
um ihre Felder neu zu bestellen und
den Samen zur Aussaat zu bringen,

lobe ich dich.

Für jeden wärmenden Sonnenstrahl
auf der eigenen Haut und im Herzen,
die sich nach erfrischender Luft und
neuer Lebensfreude sehnen,

lobe ich dich.
Mit allen Klängen, die rund um die Erde
ertönen und sogar Wolken durchdringen,
soll Gottes Lob erschallen!

PAUL WEISMANTEL

Dankgebete

DIR DANKE ICH

Beim Aufstehen,
beim Empfang des neuen Tages,
im Angesicht der aufgehenden Sonne,
während des Morgengebets,

danke ich dir.

Für das Geschenk der Familie
im gewöhnlichen Alltag, für
gemeinsam gefeierte Feste
in glücklicher Gemeinschaft,

danke ich dir.

Beim Denken an wahrlich
gute Freunde nah und fern,
im Rückblick auf kostbare,
unbeschwerte Stunden,

danke ich dir.

Für so viel unerwartete Hilfe,
gewährte Unterstützung,
gegenseitiges Verstehen
auch über Entfernungen hinweg,

danke ich dir.

Beim abendlichen Tagesrückblick
für die Augenblicke der Gnade,
durch die ich so viel Erstaunliches
wahrnehmen konnte,

danke ich dir.

PAUL WEISMANTEL

DU
lebst freundschaftlich in mir
besonders erfahrbar
in der wohlwollenden Begegnung mit mir
um das Leben in seiner ganzen
Faszination und Widersprüchlichkeit zu vertiefen

DU
lebst freundschaftlich in mir
besonders spürbar
im Annehmen und Weiterschenken von Freundschaft
nicht nur in meinem kleinen Kreis
sondern weltweit will ich
die Kraft der Solidarität pflegen

Wenn ich umringt und umkreist bin
von Ansprüchen und Erwartungen
die mich immer mehr von meiner Mitte entfernen
dann versuche ich tief durchzuatmen
um nicht gelebt zu werden
sondern um deinen Namen zu erfahren:
ICH BIN DA

Wenn ich mich verliere im Dschungel des Alltags
und meine es komme nur noch auf mich an
dann eröffne du mir das Vertrauen
in die Kraft der Verbündeten
die vor dem Engagement zuerst den Zugang
zu ihren Ressourcen suchen
um mit mehr Rückgrat
Widerstand wagen zu können

Wenn meine Empörung und meine Wut
über all die Ungerechtigkeit und Ausbeutung
mich gefangen hält in der Ohnmacht

dann erinnere du mich
dass du mitschreist
und mit uns dem Morgen der Befreiung entgegengehst

So danke ich dir
dass du uns aufrufst lebendiger zu werden
damit deine Freundschaft Tag für Tag
sich neu ereignet

Nach Psalm 118

PIERRE STUTZ

AUS DANKBARKEIT

du sonnenaufgang
in meinen augen

du sonnenstrahl
im fließenden sein

du frühlingssonne
aus meinem herzen

CHRISTIAN HIES

MEIN GLÜCK?!

Wann bin ich glücklich?
Manchmal bemerke ich mein Glück erst im Blick zurück.
Manchmal suche ich es und finde es gerade dann nicht.
Was soll das sein – ein Glück, mein Glück?

Mein Glück
und dass ich immer wieder
beglückt sein durfte,
entdecke ich nur mit Dir, mein Gott.
Das vergesse ich viel zu oft …
… mein Leben, meine Freude und meine Tränen,
sind aufgehoben bei Dir, in Dir geborgen,
finden Heimat in unseren gemeinsamen Herzkammern.

Wenn ich dafür Dank sagen kann, mein Gott,
dann erfüllt mich ein Schauer,
dann erkenne ich mein Glück nicht nur,
dann erfüllt es mich, macht mich ganz aus
und schenkt mir einen Augen-Blick
mit Dir, mein Gott.
DANKE

THOMAS VAN VUGT

Danken will ich dir, mein Gott,
denn dann spüre ich deine Nähe.
Danken will ich,
denn dann nehme ich wahr,
dass ich so viel empfange, was mich staunen läßt.
Ich bin es leid, alles hinzunehmen,
als sei es selbstverständlich,
ohne dass es mich in meinem Innersten berührt.
Bewahren möchte ich mir die Augenblicke
höchster Wonne,
überwältigender Glückseligkeit
und meines geöffneten Herzens.
Die Umarmung nach einem guten Gespräch
möchte ich nicht vergessen,
nicht die dargebotene Hand nach langem Streit,
nicht den neuen Anfang nach einer Krankheit.
Ich will nicht mehr flüchtig leben.
Zeige mir Orte, an denen ich
meine Dankbarkeit festmachen kann,
auch wenn ich weitergehen muss.

HELGE ADOLPHSEN

Bittgebete

DREI BITTEN

Gott,
ich möchte gar keine Heilige sein –
aber ein wenig Glaube ab und zu
kann mich durchs Leben tragen.

Gott,
ich möchte keine Siegerin sein –
aber ein wenig Mut ab und zu
tut mir schon gut.

Gott,
ich möchte keine Heldin sein –
aber ein wenig Rückgrat ab und zu
kann ich schon gebrauchen.

Glaube, Mut und Rückgrat –
meinst du, wir schaffen das?

CLAUDIA SCHÄBLE

GEBET UM HEILUNG

Und nun, Herr, heile mich,
heile alle noch offenen Wunden
und schmerzlichen Erinnerungen!
Heile auch die Wunden, die ich
meinen Mitmenschen geschlagen habe.
Du allein kennst mich, weißt um die Motive meiner Handlungen,
um die Quellen meiner Gefühle.
Du bist mein Freund und hast auf diesen Tag
schon immer gewartet.
Jetzt übergebe ich Dir alles,
was mich bewegt und was mich gehindert hat,
ganz Dir zu gehören.
Ich danke Dir, Vater,
dass Du mich erschaffen hast.
Ich danke Dir, Herr Jesus Christus,
dass Du mich in Liebe erlöst hast.
Und ich danke Dir, Heiliger Geist,
dass Du mich in Liebe
heilen und heiligen willst.
Amen.

SR. LUCIDA SCHMIEDER OSB

GOTTES VERSÖHNENDE LIEBE EMPFANGEN

Wenn ich taub bin, hilf mir, Herr, zu hören.
Wenn ich blind bin, öffne mir die Augen.
Wenn ich stumm bin, gib mir Mut zum Reden.
Wenn ich eng bin, mach du mich weit.
Wenn ich unversöhnt bin, löse mich, versöhne mich und mach mich frei.
Wenn ich schwach bin, gib mir deinen stärkenden Geist.
Wenn ich stolz bin, hilf mir, mich der Wahrheit zu beugen.
Wenn ich begehrlich bin, hilf mir widerstehen.
Wenn ich treulos bin, gib mir neue Liebe.
Wenn ich hart bin, mach du mich gütig.
Wenn ich lau bin, hilf mir, mich zu entscheiden, dir zu folgen.
Wenn ich kleinlich bin, hilf mir, an dir zu wachsen.
Wenn ich mutlos bin, hilf mir, Herr, dir zu vertrauen.
Wenn ich leiden muss, hilf mir, Herr, mit dir das Kreuz zu tragen.
Wenn ich am Ende bin, lass mich mit dir auferstehen.
Setze du den neuen Anfang der Liebe und liebe du durch mich. Amen.

LUCIDA SCHMIEDER OSB

Klagegebete

VERZWEIFELTES GEBET

Dich
suche ich, Gott,
in meiner Verzweiflung
in meiner Einsamkeit
in meinem Schrei nach Zuwendung

Euch
suche ich, Freunde,
zum gemeinsamen Durchwachen der Nacht
zum gemeinsamen Aushalten von Dunkelheit
zum gemeinsamen Hoffen in aller Hoffnungslosigkeit

Dich
suche ich, Gott,
in meinem Schmerz
in meiner Verwundbarkeit
in meinem Kampf für Versöhnung

Euch
suche ich, Väter,
damit ihr eure Söhne nicht mehr für Kriege opfert
damit ihr Nähe und Verletzlichkeit wagt
damit ihr Verunsicherungen nicht mehr überspielt

Dich suche ich
in all meinem Ringen und Hoffen

PIERRE STUTZ

DIR KLAGE ICH ...

... wie die Beterinnen
und Beter an der Klagemauer
des Tempels in Jerusalem und
vielen Orten der Welt mein Leid.

Dir klage ich

die heftigen Vorurteile,
die vorschnell Verurteilten,
die »frommen« Selbstgerechten,
die selbstherrlich Ungerechten.

Dir klage ich

die unseligen Rückschläge,
die unzähligen Tiefschläge,
die brutalen Nackenschläge,
die grausamen Schicksalsschläge.

Dir klage ich

die vergeblichen Mühen,
die vergossenen Tränen,
die verhallten Hilferufe,
die verstummten Notschreie.

Dir klage ich mein Leid.

Paul Weismantel

GEBETE DER HEILIGEN

Aurelius Augustinus (354–430)

»Groß bist Du, Herr, und hoch zu preisen«, »und groß ist Deine Macht und Deine Weisheit unermesslich«.

Und preisen will Dich der Mensch, ein kümmerlicher Abriss Deiner Schöpfung, ja der Mensch, der umherschleppt sein Sterbewesen, herumschleppt das Zeugnis seiner Sünde und das Zeugnis, dass Du »den Hochfährigen widerstehst«.

Und dennoch preisen will Dich der Mensch, ein kümmerlicher Abriss Deiner Schöpfung.

Du selber reizest an, dass Dich zu preisen Freude ist; denn geschaffen hast Du uns zu Dir, und ruhelos ist unser Herz, bis dass es seine Ruhe hat in Dir.

Was bist du mir? Erbarm Dich, dass ich reden kann! Und ich, was bin ich Dir, dass Du von mir geliebt sein willst und, tu ich's nicht, in Deinem Zorn mit Elend drohest ohne Maß? Als ob es dann nur kleines Elend wäre, wenn ich Dich nicht liebte! O, ich Armer! Bei Deinen Erbarmungen, Herr, mein Gott, sag es mir, was Du mir bist! »Sag meiner Seele: Dein Heil bin ich.« Und also sag es, dass ich's höre. Siehe, Herr, meines Herzens Ohr ist bei Dir; tu es auf und sag meiner Seele: »Dein Heil bin ich.« Ich will nachlaufen dieser Stimme, bis ich Dich fassen kann. Verbirg nicht Dein Angesicht vor mir: Ja sterben will ich daran, um nicht zu sterben – auf dass ich es schaue.

Gott der Güte, was geht da doch im Menschen vor, dass er mehr sich über die Rettung einer Seele freut, wenn er schon an ihr verzweifelt war und sie aus übergroßer Gefahr befreit worden ist, als wenn ihm immer noch Hoffnung geblieben oder weniger Gefahr für sie gewesen wäre? Freust doch auch Du Dich mehr, barmherziger Vater, »über einen, der Buße tut, als über neunundneunzig Gerechte, die der Buße nicht bedürfen«. Und wir hören es mit innigem Gefallen, wenn wir hören, wie auf des Hirten jubelnden Schultern das Schaf wird heimgetragen, das in die Irre gegangen war, und wie unter der Freude der Nachbarn allzusammen das Weib ihre Drachme, die es wiedergefunden hat, zu Deinem Schatze bringt. Und Tränen treibt uns die Freudenfeier »Deines Hauses« in die Augen, wenn man da vorliest in Deinem Hause [das Gleichnis] von Deinem jüngeren Sohn, »weil er ein Toter war und wieder zum Leben kam, verloren war und gefunden wurde«. Du freust Dich ja eben in uns und in Deinen Engeln, die heilig sind, weil sie heilig lieben; denn Du bist immer der Gleiche: das, was nicht immer und nicht in einerlei Weise ist, das weißt Du ewig in der gleichen Weise.

Spät habe ich Dich geliebt, Du Schönheit, ewig alt und ewig neu, spät habe ich Dich geliebt. Und siehe, Du warst innen und ich war draußen, und da suchte ich nach Dir, und auf das Schöngestalte, das Du geschaffen, warf ich mich, selber eine Missgestalt. Du warst bei mir, ich war nicht bei Dir. Was doch nicht wäre, wäre es nicht in Dir: Das eben zog mich weit von Dir. Du hast gerufen und geschrien und meine Taubheit zerrissen; Du hast geblitzt, geleuchtet und meine Blindheit verscheucht; Du hast Duft verbreitet, und ich zog den Hauch und schnaube jetzt nach Dir; ich habe gekostet, nun hungere ich und dürste; Du hast mich berührt, und ich brenne nach dem Frieden in Dir.

Gib Dich mir, mein Gott, und gib Dich mir zurück! Ja, ich liebe, und ist es zu wenig, ich möchte lieben aus vollerer Kraft. Messen kann ich's nicht, dass ich wüsste, wie viel an Liebe mir noch fehlt, bis ihrer genug wäre, dass mein Leben sich in deine Arme wirft und nimmer sich lösen lässt, bis es »geborgen ist« »in der Heimlichkeit Deines Angesichts«; nur das eine weiß ich, dass ich, wenn ich Dich nicht habe, im Untrost bin, nicht allein bei allem außer mir, auch in mir selbst, und dass mir jegliche Fülle, die nicht mein Gott ist, tiefe Armut ist.

Bernhard von Clairvaux (1091–1153)

Voll Güte bist Du, Herr,
für die Seele, die Dich sucht.
Doch was erst bist Du für die,
welche Dich finden?
Doch darin besteht das Wunderbare,
dass niemand Dich suchen kann,
der Dich nicht schon gefunden hat.
Du willst also gefunden werden,
damit man Dich sucht,
und gesucht werden,
damit man Dich findet.
Du kannst also gesucht
und gefunden werden,
aber niemand kann Dir zuvorkommen.
Wenn wir auch sagen, »früh am Morgen
tritt mein Gebet vor Dich hin«,
so gibt es trotzdem keinen Zweifel,
dass jedes Gebet lau ist,
dem nicht Dein göttlicher Antrieb
zuvorkam.

Gerne, Herr Jesus,
will auch ich mich, wenn ich kann,
meiner Schwachheit rühmen,
der Lähmung meiner Sehne,
damit Deine Kraft, die Demut,
in mir vollkommen werde.
Denn Deine Gnade genügt mir,
wenn meine Kraft versagt.
Indem ich den Fuß der Gnade
fest aufsetze
und meinen Fuß, der schwach ist,
langsam nachziehe,
werde ich getrost
auf der Leiter der Demut
emporsteigen,
bis ich, mich fest
mit der Wahrheit verbindend,
zur Weite der Liebe gelange.
Dann will ich dankend singen und sprechen.
»Du hast meine Füße auf weiten Raum gestellt.«

Von welch großer Bitterkeit, guter Jesus,
hast Du mich doch oft durch Dein Kommen befreit!
Wie oft hast Du nach kummervollen Tränen,
nach unsäglichen Seufzern und Klagen
mein verwundetes Gewissen
mit dem Salböl Deines Erbarmens bestrichen
und mit dem Öl der Freude übergossen!
Wie oft hat mich das Gebet
fast verzweifelt gefunden,
und wie oft hat es mich dann
über die erlangte Verzeihung frohlocken
und darin Trost finden lassen!

»Heile mich, Herr,
und ich werde geheilt werden;
rette mich,
und ich werde gerettet sein«,
verherrliche mich,
und ich werde verherrlicht sein.
Denn so wird meine Seele
den Herrn preisen,
und alles, was in mir ist,
seinen heiligen Namen,
wenn Du, o Herr,
mir alle meine Schuld vergibst,
wenn Du alle meine Gebrechen heilst,
wenn Du mein Verlangen mit Gütern stillst.

Beides bist Du für mich, Herr Jesus:
Leidensvorbild und Leidenslohn.
Beides ist ein mächtiger Ansporn
und ein starker Anreiz.
Du lehrst meine Hände zu kämpfen
durch das Beispiel Deiner Stärke,
Du krönst mein Haupt nach dem Sieg
durch die Gegenwart Deiner Größe.
Ob ich auf Dich im Kampfe schaue
oder ob ich nach Dir ausschaue,
der Du nicht nur krönst,
sondern selbst die Krone bist,
Du lockst mich in beiden Fällen
wunderbar zu Dir hin,
bist bei beidem das stärkste Zugseil.
»Zieh mich her hinter Dir«,
es ist mir lieb, Dir zu folgen,
noch lieber, Dich zu genießen.
Wenn Du so gut bist, Herr,
zu denen, die Dir nachfolgen,
wie gut wirst Du dann erst zu denen sein,
die Dich erlangen?

Wohin soll ich mich wenden,
um mich Dir zuzuwenden,
mein Herr und Gott?
»Stiege ich zum Himmel empor,
so bist Du da;
stiege ich in die Unterwelt hinab,
so bist Du da.«
Was befiehlst Du?
Wohin soll ich mich wenden,
um zu Dir zu gelangen?
Nach oben oder nach unten?
Nach rechts oder nach links?

Handle nun, Herr,
suche, den Du liebst,
damit Du auch ihn
zu einem Liebenden machst
und zu einem Suchenden.
»Gut bist Du, Herr,
zur Seele, die Dich sucht.«
Wenn Du schon zu der gut bist,
die Dich sucht,
wie viel mehr dann zu der,
die Dich findet?
Wenn schon der Gedanke an Dich
so süß ist,
wie wird dann erst
Deine Gegenwart sein?

»Du, o Herr, bist meine Hoffnung.«
Was immer zu tun, was immer zu meiden ist,
was immer man ertragen,
was immer man wünschen soll:
»Du, o Herr, bist meine Hoffnung.«
Das allein erscheint mir
als die Grundlage aller Verheißungen,
das der ganze Beweggrund für meine Erwartung.
Mag ein anderer sein Verdienst hervorheben,
mag er sich brüsten, dass er
der Last des Tages und der Hitze standhält,
mag er verkünden, dass er
zweimal in der Woche fastet,
mag er sich rühmen, nicht so zu sein
wie die anderen Menschen:
»Für mich aber ist es gut, Gott anzuhängen,
auf Gott, den Herrn, meine Hoffnung zu setzen.«
Andere mögen auf anderes hoffen;
dieser etwa auf seine Beschlagenheit
in den Wissenschaften,
dieser auf die Klugheit dieser Welt,
jener mag sein Vertrauen
auf irgendeine andere Torheit setzen;
um Deinetwillen habe ich alles aufgegeben
und halte es für Unrat,
»denn Du, o Herr, bist meine Hoffnung.«
Wer will, soll seine Hoffnung
auf den unsicheren Reichtum setzen;
ich aber erhoffe selbst das Nötigste
für meinen Lebensunterhalt nur von Dir,
denn ich vertraue auf Dein Wort,
auf das hin ich alles von mir geworfen habe:
»Sucht zuerst das Reich Gottes
und seine Gerechtigkeit,
und alles wird euch hinzugegeben werden.«

Denn »Dir ist der Arme anheim gegeben,
Du wirst Helfer sein für die Waisen«.
Wenn mir Lohn verheißen wird,
will ich hoffen, ihn durch Dich zu erlangen;
wenn sich Kämpfe gegen mich erheben,
wenn die Welt wütet, wenn der Böse tobt,
wenn das Fleisch selbst
gegen den Geist aufbegehrt:
ich will auf Dich hoffen.

Wann, o Herr, werde ich
durch das Erscheinen Deiner Herrlichkeit
gesättigt werden?
Wann werde ich mich berauschen
am Überfluss Deines Hauses?
Wann wirst Du mich
mit dem Strom Deiner Wonne tränken?

Gut ist es für mich,
o Herr, betrübt zu sein,
wenn nur Du bei mir bist,
besser, als zu herrschen
ohne Dich,
Mahl zu halten
ohne Dich,
verherrlicht zu werden
ohne Dich.
Besser ist es für mich,
Dich in der Trübsal zu umfassen,
im Feuerofen Dich bei mir zu haben,
als ohne Dich sogar im Himmel zu sein.
»Denn was habe ich im Himmel,
und was will ich,
von Dir getrennt, auf Erden?«
»Das Gold prüft der Brennofen,
die gerechten Menschen aber
die Versuchung der Trübsal.«
Dort, ja dort
bist Du mit ihnen, Herr;
dort stehst Du in der Mitte derer,
die in Deinem Namen
versammelt sind.

Franz von Assisi (1181/82–1226)

Wir beten dich an, Herr Jesus Christus,
hier und in allen deinen Kirchen auf der ganzen Welt,
und wir preisen dich,
denn durch dein heiliges Kreuz hast du die Welt erlöst.

Wo Liebe ist und Weisheit,
da ist nicht Furcht noch Unwissenheit.

Wo Geduld ist und Demut,
da ist nicht Zorn noch Verwirrung.

Wo Armut ist mit Fröhlichkeit,
da ist nicht Habsucht noch Geiz.

Wo Ruhe ist und Betrachtung,
da ist nicht Aufregung und unsteter Geist.

Wo die Furcht des Herrn ist,
das Haus zu bewachen,
da kann der Feind keinen Ort zum Eindringen finden.

Wo Erbarmen ist und Besonnenheit,
da ist nicht Übermaß noch Verhärtung.

SONNENGESANG

Höchster, allmächtiger, guter Herr,
dein sind Lobpreis, Herrlichkeit,
Ehre und jegliche Benedeiung.
Dir allein, Höchster, gebühren sie,
und kein Mensch ist würdig, dich zu nennen.

Gelobt seist du, mein Herr,
mit allen deinen Geschöpfen,
zumal der Herrin, Schwester Sonne,
denn sie ist der Tag
und spendet das Licht uns durch sich.
Und sie ist schön und strahlend in großem Glanz.
Dein Sinnbild trägt sie, du Höchster.

Gelobt seist du, mein Herr,
durch Bruder Mond und die Sterne,
am Himmel hast du sie gebildet,
hell leuchtend und kostbar und schön.
Gelobt seist du, mein Herr,
durch Bruder Wind und durch Luft und Wolken
und heiteren Himmel und jegliches Wetter,
durch das du deinen Geschöpfen den Unterhalt gibst.

Gelobt seist du, mein Herr,
durch Schwester Wasser,
gar nützlich ist es
und demütig und kostbar und keusch.

Gelobt seist du, mein Herr,
durch Bruder Feuer,
durch das du die Nacht erleuchtest;
und es ist schön und liebenswürdig
und kraftvoll und stark.

Gelobt seist du, mein Herr,
durch unsere Schwester, Mutter Erde,
die uns ernährt und lenkt
und mannigfaltige Frucht hervorbringt
und bunte Blumen und Kräuter.

Gelobt seist du, mein Herr,
durch jene, die verzeihen um deiner Liebe willen
und Krankheit ertragen und Drangsal.
Selig jene, die solches ertragen in Frieden,
denn von dir, Höchster, werden sie gekrönt.

Gelobt seist du, mein Herr,
durch unseren Bruder, den leiblichen Tod;
ihm kann kein Mensch lebend entrinnen.
Wehe jenen, die in schwerer Sünde sterben.
Selig jene, die sich in deinem allheiligen Willen finden,
denn der zweite Tod wird ihnen kein Leid antun.

Lobet und preiset meinen Herrn
und erweist ihm Dank
und dient ihm mit großer Demut.

Höchster, glorreicher Gott,
erleuchte die Finsternis meines Herzens
und schenke mir rechten Glauben,
gefestigte Hoffnung und vollendete Liebe.
Gib mir, Herr, das rechte Empfinden und Erkennen,
damit ich deinen heiligen und wahrhaften Auftrag erfülle.
Amen.

Du bist der heilige Herr, der alleinige Gott,
der du Wunderwerke vollbringst.
Du bist der Starke.
Du bist der Große.
Du bist der Höchste.
Du bist der allmächtige König,
du heiliger Vater, König des Himmels und der Erde.
Du bist der dreifaltige und eine Herr, der Gott aller Götter.
Du bist das Gute, jegliches Gut, das höchste Gut, der Herr,
der lebendige und wahre Gott.

Du bist die Liebe, die Minne.
Du bist die Weisheit.
Du bist die Demut.
Du bist die Geduld.
Du bist die Schönheit.
Du bist die Milde.
Du bist die Sicherheit.
Du bist die Ruhe.
Du bist die Freude und Fröhlichkeit.
Du bist unsere Hoffnung.
Du bist die Gerechtigkeit.
Du bist das Maßhalten.
Du bist all unser Reichtum zur Genüge.

Du bist die Schönheit.
Du bist die Milde.
Du bist der Beschützer.
Du bist unser Wächter und Verteidiger.
Du bist die Stärke.
Du bist die Erquickung.
Du bist unsere Hoffnung.
Du bist unser Glaube.
Du bist unsere Liebe.
Du bist unsere ganze Wonne.
Du bist unser ewiges Leben: großer und wunderbarer Herr,
allmächtiger Gott, barmherziger Retter.

Teresa von Ávila (1515–1582)

Unendliche Güte meines Gottes! So erscheinst Du mir und so seh' ich mich. Was für eine Engelswonne! Alles liegt daran, dass Du den erträgst, der Dich erträgt. Ganz gewiss, wer Dich erträgt, den erträgst auch Du. Was für einen guten Freund gibst Du ab, mein Herr, und wie beschenkst und erträgst Du uns. Wie sehr wartest Du darauf, dass wir Deine Art annehmen, während Du so die unsere erträgst. Du zählst die Momente, in denen wir Dich lieben, und wegen ein bisschen Reue vergisst Du alles, wodurch wir Dir wehgetan haben.

Oh, mein Herr, mein Erbarmer und mein Gut! Was erwarte ich noch Größeres in diesem Leben, als bei Dir zu sein, sodass es keine Trennung mehr gibt zwischen Dir und mir? Mit so einem Begleiter, was kann es da noch für Schwierigkeiten geben?
Was kann man nicht alles für Dich wagen, wenn Du so nahe bist? Was kann ich mir selber zugute halten, Herr? Was, als mich vielmals anzuklagen dafür, wo ich Dir nicht diene. Und so bitte ich Dich mit dem Heiligen Augustinus, mit aller Entschlossenheit, dass »Du mir schenkst, was Du mir befiehlst, und mir befiehlst, was Du willst.« Mit Deiner Gnade und Deiner Hilfe werde ich nie wieder davon abgehen.

Du mein Jesus und mein höchstes Gut, stärk erst meine Seele und verfüg über sie und weise sie, wie sie etwas für Dich tun kann. Denn es gibt niemand, der es aushalten kann, so viel zu bekommen und nichts dafür zu geben. Koste es, was es wolle, mein Herr, es sollte Dir nicht gefallen, dass ich vor Dir mit so leeren Händen erscheine, denn entsprechend der Werke muss die Belohnung ausfallen. Hier hast Du mein Leben, meine Ehre, meinen Willen. Alles hab' ich Dir jetzt gegeben, Dein bin ich, verfüg' über mich, wie Du willst. Ich weiß sehr gut, Herr, wie wenig ich vermag. Wenn ich diesen Wachturm erstiegen habe, von dem aus man die Wahrheit schaut, wenn ich einmal zu Dir gekommen bin, wenn nur Du Dich nicht von mir trennst, vermag ich alles. Aber wenn Du dich auch nur ein wenig von mir entfernst, stürze ich wieder dorthin zurück, wo ich war, in die Hölle.

Oh, mein Herr, was für ein großes Geschenk ist es für mich, dass Du es nicht zugelassen hast, das Erfüllen Deines Willens von so einem erbärmlichen Wollen wie dem meinigen abhängig zu machen. Gelobt seist Du auf ewig, und alle Geschöpfe sollen Dich preisen! Dein Name sei für immer verherrlicht. Da wäre ich schön bedient damit, mein Herr, wenn es in meinen Händen läge, ob sich Dein Wille erfüllt oder nicht! Den meinigen gebe ich Dir jetzt aus freiem Willen, obschon zu einem Zeitpunkt, an dem es nicht mehr ganz uneigennützig geschieht, denn ich habe es bereits ausprobiert und eine großartige Erfahrung damit gemacht: Der Gewinn besteht darin, aus freien Stücken meinen eigenen Willen ganz in Deinen zu versenken.

Herr, schau doch, was Du tust! Vergiss nicht so schnell meine große Schlechtigkeit! Wenn Du es schon vergessen hast, um mir zu vergeben, bitte ich Dich wenigstens, dass Du Dich daran erinnerst, um mit Deinen Gnaden recht zu haushalten. Mein Schöpfer, gieß doch keinen so kostbaren Likör in so ein ramponiertes Glas, wenn Du schon bei anderen Gelegenheiten gesehen hast, dass ich ihn wieder und wieder verschütte. Vertrau doch so einen Schatz nicht jemandem an, der noch nicht so damit umgeht, wie es sein soll, sonst vergeudet er ihn und geht wegen der Gier nach den Tröstungen des Lebens ganz verloren. Was gibst Du auch die Sicherheit dieser Stadt und die Schlüssel zur Feste einem so feigen Bürgermeister, der schon beim ersten Kampf die Feinde eindringen lässt? So groß braucht Deine Liebe nun auch wieder nicht zu sein, ewiger König, dass du so kostbare Juwelen aufs Spiel setzt. Es würde so aussehen, mein Herr, als ob Du dazu verführst, dass man sie gering schätzt, wenn Du sie der Hand eines so schlechten, so niedrigen, so schwachen und so elenden Wesens anvertraust. Denn auch wenn ich mich schon anstrenge, sie nicht zu verlieren – mit Deiner Gnade, und davon ist nicht wenig nötig, so wie ich bin – ich kann damit auch niemanden gewinnen. Kurzum, ich bin ein Weib, und kein gutes, sondern ein schlechtes.

Mein Herr, beinahe lässt es mich erschrecken, wie sehr gemeinsam mit Deiner Majestät auch Deine Demut einhergeht und die Liebe, die Du so einer wie mir erweist. Wir können uns über alles mit Dir unterhalten, wie wir wollen, wenn wir einmal das erste Erschrecken und die Furcht vor Deiner großen Majestät verloren haben. Was bleibt, ist die größere Furcht, Dich zu beleidigen. Aber, mein Herr, nicht aus Angst vor Strafe, denn diese ist nichts im Vergleich dazu, Dich zu verlieren.

Oh, mein Jesus, wie groß ist Deine Liebe zu den Menschenkindern, dass der größte Dienst, den man Dir erweisen kann, darin besteht, sich nicht Dir, sondern ihnen in Liebe zuzuwenden, um sie zu gewinnen. Dann ist man mit Dir am meisten verbunden. Denn auch wenn es die eigenen Wünsche nicht sehr befriedigt, die Seele umso mehr, und sie sieht, dass alle Freuden dieser Welt unsicher sind, auch wenn sie von Dir gegeben scheinen. Solange wir in diesem sterblichen Leib leben, ist das so, wenn es nicht von Nächstenliebe begleitet wird. Wer den Nächsten nicht liebt, der liebt auch Dich nicht, mein Herr, denn mit so viel Blut hast Du uns bezeugt, welch' große Liebe Du zu uns Adamskindern hast.

Herr meiner Seele, als Du noch auf Erden wandeltest, verachtetest Du nicht die Frauen, eher schon hast Du sie mit viel Erbarmen bevorzugt. Du fandest bei ihnen ebenso viel Liebe und noch mehr Glauben als bei Männern. Schließlich war ja auch Deine Heilige Mutter, deren Verdienste uns zukommen und deren Kleid wir tragen, unter ihnen, wenngleich wir das wegen unserer Sünden nicht verdienen. Reicht es etwa nicht, mein Herr, dass sie uns einsperren und unfähig halten, dass wir ja nicht irgendetwas von Wert in der Öffentlichkeit für Dich unternehmen und ja nicht wagen, öffentlich wahre Dinge auszusprechen, wegen deren wir im Stillen weinen, als dass Du nicht unsere gerechten Bitten erhören würdest? Herr, das glaub' ich nicht, bei Deiner Güte und Gerechtigkeit! Denn Du bist ein gerechter Richter, und nicht wie die Richter dieser Welt, die alle Söhne Adams sind und kurzum alle Männer, und es gibt nicht eine einzige Tugend einer Frau, die sie nicht für verdächtig halten. Ja, mein König, es muss einen Tag geben, an dem all das offenbar wird. Ich spreche nicht etwa für mich – denn die Welt kennt meine Schlechtigkeit, und es ist mir ganz recht, dass sie bekannt ist –, sondern weil ich die Zeiten so sehe. Es ist einfach nicht recht, starke und tugendhafte Seelen hinauszuwerfen, bloß, weil es sich um Frauen handelt.

Nichts dich verwirre,
nichts dich erschrecke.
Alles vergeht,
Gott ändert sich nicht.
Geduld erreicht alles.
Wer Gott hat, dem wird nichts fehlen.
Gott nur genügt.

Franz von Sales (1567–1622)

FREUDE AM LOB GOTTES

O mein Gott,
während ich dein freundliches Antlitz sehe,
das mir bezeugt,
dass dir der Gesang meiner Liebe gefällt,
ach, wie bin ich da getröstet!
Denn gibt es eine Freude,
die der Freude gleicht, seinem Gott zu gefallen?
Aber wenn du deine Augen von mir abwendest
und wenn ich nicht mehr
das gütig wohlwollende Gefallen wahrnehme,
das du an meinem Liede fandest,
wahrhaftiger Gott,
wie leidet da meine Seele!
Aber sie hört deswegen nicht auf,
dich treu zu lieben
und dir ohne Unterlass
den Hymnus ihrer Liebe zu singen.
Nicht wegen irgendeiner Freude,
die sie daran findet,
denn sie hat keine Freude daran,
sondern sie singt
aus reiner Liebe zu deinem Willen.

MEINE SEELE UNTERWIRFT SICH

Ja, mein Gott,
meine Seele unterwirft sich deinem Willen
und will für immer untrennbar
mit deiner Absicht vereinigt
und ihr unterworfen sein.
Herr, möge ich daher gerettet sein,
weil es so dein Wille ist.
Möge ich immer deinen Willen erfüllen,
nicht den meinen.
Du bist der Gott meines Herzens!
Möge mein Herz für immer
dem deinen ergeben und gehorsam sein,
mein Gott!

ICH GLAUBE, DASS MEIN ERLÖSER LEBT

Ich glaube, dass mein Erlöser lebt
und dass ich am Jüngsten Tag auferstehen werde.
Herr, gib, dass es zum ewigen Leben sei;
diese Hoffnung ruht in meinem Herzen.
Herr, an jenem Tag wirst du mich rufen
und ich werde antworten:
Du wirst deine Rechte
dem Werk deiner Hände reichen,
Du hast alle meine Schritte gezählt;
aber vergib mir meine Sünden.

JESUS, MEIN EIN UND ALLES

O Jesus,
wer wird mir die Gnade schenken,
eines Geistes mit dir zu sein?
Herr, ich will nichts von all den Geschöpfen,
ich will nur mit dir eins sein.
O Gott, du bist der einzig Eine,
du bist der einzig Notwendige für meine Seele.
O treuer Freund meines Herzens,
vereinige meine arme einzige Seele
mit deiner ganz einzigen Güte.
Du bist ganz mein,
wann werde ich ganz dein sein?
Der Magnet zieht das Eisen an und hält es fest.
Herr Jesus, Liebhaber meiner Seele,
ziehe mein Herz an dich!
Drücke, presse und füge auf immer
meine Seele an dein väterliches Herz!
Ich bin doch für dich geschaffen.
Warum bin ich nicht in dir?
Versenke diesen Tropfen Geistes,
den du mir gegeben,
in das Meer deiner Güte,
aus dem er hervorgeht!
Herr, da doch dein Herz mich liebt,
warum reißt es mich nicht an sich,
da ich doch sehr darnach verlange?
Ziehe mich,
und ich werde deinen Lockungen folgen.
Ich werde laufen,
um mich in deine väterlichen Arme zu werfen,
und mich von dort nicht mehr wegrühren
in alle Ewigkeit. Amen.

DANK FÜR DIE SCHÖPFUNG

Mein erhabener und gütiger Schöpfer,
wie viel Dank schulde ich dir,
dass du mich aus dem Nichts gezogen hast,
um mich durch deine Barmherzigkeit
zu dem zu machen, was ich bin.
Was kann ich nur tun,
um deinen Namen würdig zu preisen
und deiner unermesslichen Güte
gebührend zu danken?
Mein Schöpfer, statt dir meine Liebe
und meinen Dienst zu schenken,
habe ich mich gegen dich aufgelehnt.
Ich hing ungeordneten Neigungen an,
trennte und entfernte mich von dir,
um der Sünde nachzulaufen.
So wenig habe ich deine Güte geehrt,
als ob du gar nicht mein Schöpfer wärest.
Meine Seele, preise den Herrn
und mein Herz lobe seinen heiligen Namen,
denn seine Güte hat mich
aus dem Nichts gezogen,
seine Barmherzigkeit hat mich erschaffen.
Mein Gott, ich opfere dir das Sein auf,
das du mir gegeben;
ich schenke und weihe dir mein Herz.
Gott,
stärke meine Empfindungen und Entschlüsse.
Heilige Jungfrau,
empfiehl sie der Barmherzigkeit deines Sohnes,
wie auch alle, für die ich beten soll.

WARUM BIN ICH AUSSERHALB VON DIR?

Mein Gott, ich wundere mich,
dass ich noch immer so voll von mir selbst bin,
da ich doch so oft schon
die heilige Kommunion empfangen habe.
Ach, teurer Jesus,
sei auch das Kind unseres Herzens,
damit wir überall
nur dich atmen und empfinden.
Ach, du bist so oft in mir;
warum bin ich so selten in dir?
Du gehst in mich ein;
warum bin ich so sehr außerhalb von dir?
Du bist in meinem Inneren;
warum bin ich nicht in dem deinen,
um darin diese große Liebe,
die die Herzen berauscht,
zu suchen und zu sammeln?

ICH WILL, WAS DU WILLST

Ich will, was du willst.
Verfahre mit mir nach deinem Willen.
Vereinige mich mit dir!

GEBET UM NÄCHSTENLIEBE

Herr, ewiger Vater,
ich liebe sie, diese meine Nächsten,
weil du sie geliebt hast
und du sie mir
zu Brüdern und Schwestern gegeben hast,
und weil du willst,
dass auch ich sie liebe,
wie du sie liebst.

OHNE DICH LEBEN HEISST STERBEN

Die Liebe zu dir,
die du mir gegeben hast,
ist so groß,
dass ohne dich leben
für mich sterben bedeutet;
deshalb lass mich sterben, Herr,
damit ich nicht sterbe,
denn dich sehen bedeutet für mich leben.
Ja, unser Leben besteht in der Tat darin,
das Angesicht Gottes zu schauen.

DU GOTT MEINES HERZENS

Barmherziger Gott!
Mein gütiger Gott!
Mein lieber, gütiger Jesus!
Du Gott meines Herzens!
Meine Freude, meine Hoffnung!
Geliebter meiner Seele!
Jesus, sei mir Jesus!
Es lebe Jesus,
und meine Seele wird leben.

HERR, ICH BIN DEIN

Herr, ich bin dein, ganz, ganz, ganz dein,
ohne Vorbehalt dein.
Ach Herr, ich bin gewiss dein
und will es immer mehr sein.
Gütiger Jesus,
zieh mich immer tiefer in dein Herz hinein,
damit deine Liebe mich
ganz aufzehre und ich mich
in ihren Wonnen ganz verliere.

DEIN WILLE GESCHEHE

O Herr der Ewigkeit, lass es nicht zu!
Mache vielmehr,
dass niemals mein Wille geschehe,
sondern der deine.
Ach, wir sind nicht auf der Welt,
um unseren Willen zu tun,
sondern den Willen deiner Güte,
die uns in diese Welt gesetzt hat.
Von dir, o Erlöser meiner Seele,
steht geschrieben, dass du den Willen
deines ewigen Vaters getan hast
und mit dem ersten
menschlichen Wollen deiner Seele
im Augenblick deiner Empfängnis
dieses Gesetz des göttlichen Willens
voll Liebe umfangen
und mitten in dein Herz gelegt hast,
damit es dort ewig herrsche und regiere.
Ach, wer wird meiner Seele die Gnade erweisen,
dass sie keinen anderen Willen mehr habe
als den Willen Gottes?

IN ALLEM GESCHEHE DEIN WILLE

»Dein Wille geschehe,
wie im Himmel so auf der Erde.« (Mt 6,10)

Ja, Herr,
dein Wille geschehe auf Erden,
wo es keine Freuden
ohne Beimischung irgendeines Schmerzes gibt,
keine Rosen ohne Dornen,
keinen Tag ohne darauf folgende Nacht,
keinen Frühling ohne vorhergegangenen Winter;
auf Erden, Herr,
wo die Tröstungen selten,
die Mühsale aber unzählbar sind.
O Gott, trotzdem geschehe dein Wille,
nicht nur durch Ausführung deiner Gebote,
Räte und Eingebungen,
die von uns befolgt werden müssen,
sondern auch im Erleiden
der Trübsale und Beschwernisse,
die wir auf uns nehmen sollen,
damit dein Wille
durch uns, für uns, in uns und an uns
alles vollbringe,
was ihm wohlgefällig ist.

ICH MUSS DICH LIEBEN

Herr, ich bin dein und soll nur dir gehören.
Meine Seele ist dein
und soll nur durch dich leben.
Mein Wille ist dein und soll nur für dich lieben.
Meine Liebe ist dein
und soll nur nach dir streben.
Ich muss dich lieben als meinen ersten Ursprung,
denn von dir komme ich;
ich muss dich lieben als mein Ziel
und meine Ruhe,
denn für dich bin ich da.
Ich muss dich lieben mehr als mein eigenes Sein,
denn dieses besteht nur durch dich.
Ich muss dich lieben mehr als mich selbst,
weil ich ganz dir gehöre und in dir bin.

ICH BIN FEST ENTSCHLOSSEN

Herr, ich bin entschlossen,
deine Gebote zu beobachten,
welcher Widerstand oder welche Versuchung
sich auch dem entgegenstellen mag.
Aber, o Herr, verlasse mich nicht ganz.
Ich sorge mich nicht,
wenn du mich einige Zeit verlässt,
um mich zu prüfen,
woferne es nicht so lange geschieht,
dass ich unterliege.
O Gott, du bist meine Hoffnung!
Ich bin recht schwach, aber ganz dein,
gestützt (auf dich)
und in Erwartung deiner Hilfe,
denn du bist ja dem Betrübten nahe.

Therese von Lisieux (1873–1897)

O mein Gott,
ich möchte dich gut verstehen.
Ich flehe dich an, antworte mir,
wenn ich dich demütig frage:
Was ist die Wahrheit?
Gib, dass ich die Dinge so sehe, wie sie sind,
dass ich mir durch nichts
Sand in die Augen streuen lasse.

Gute Mutter Gottes,
ich finde, dass ich glücklicher bin als du.
Denn ich habe dich zur Mutter,
und du hast keine Muttergottes,
die du lieben kannst.
Zwar bist du die Mutter Jesu,
aber diesen Jesus
hast du uns ganz und gar gegeben.
Und er hat am Kreuz dich uns zur Mutter gegeben.
So sind wir reicher als du,
denn wir besitzen Jesus,
und auch du gehörst uns.

Mein Gott, ich weihe dir alles,
was ich heute tue,
in deinen Anliegen
und zur Ehre des Herzens Jesu.
Jeden Schlag meines Herzens,
meine Gedanken und all mein Tun
möchte ich vereinen mit deinen Gaben;
ich möchte meine Fehler wieder gutmachen,
indem ich sie in den Feuerofen
deiner barmherzigen Liebe werfe.
O mein Gott, schenke mir
und denen, die mir nahe stehen, die Gnade,
dass wir aus Liebe zu dir
deinen göttlichen Willen vollkommen erfüllen.
Hilf uns, die Freuden und das Leid
dieses vergänglichen Lebens anzunehmen,
damit wir eines Tages für die ganze Ewigkeit
vereint sind mit dir in den Himmeln.

Mein Gott,
ich wähle alles.
Ich will keine halbe Heilige sein,
mir bangt nicht davor, für dich zu leiden;
nur eines fürchte ich,
meinen Willen zu behalten;
nimm du ihn, denn:
Ich wähle alles, was du willst.

Mein Leben ist wie ein Augenblick, der vergeht,
wie ein Tag, der verfliegt.
Mein Gott, du weißt, um dich auf der Erde
zu lieben, habe ich nur das Heute.

Ich liebe dich, Jesus, ich sehne mich nach dir,
sei für einen einzigen Tag meine Stütze.
Komm, sei der König meines Herzens,
schenke mir dein Lächeln!
Nur für heute.

Es macht mir nichts aus, Herr,
wenn die Zukunft im Dunkel liegt.
Dich für morgen zu bitten,
nein, das kann ich nicht.
Bewahre rein mein Herz,
dein Schatten bedecke mich.
Nur für heute.

Träume ich von morgen,
fürchte ich meine Unbeständigkeit,
fühle ich in mir Langeweile
und Traurigkeit aufkommen.
Doch ich will die Prüfung und das Leid:
nichts anderes für heute.

Ich werde dich bald sehen
an dem Ufer der Ewigkeit;
göttlicher Lenker, führe mich bei der Hand.
Auf bewegten Wogen lenke meinen Kahn,
nur heute.

In deinem Angesicht möchte ich mich verbergen,
dort höre ich nicht mehr den Lärm der Welt.
Gib mir deine Liebe,
bewahre mich in deiner Gnade,
nur für heute.

An deinem göttlichen Herzen
vergesse ich das Vergängliche,
in der Nacht fürchte ich mich nicht mehr.
Gib mir, Jesus, einen Platz in deinem Herzen,
nur für heute.

Lebendiges Himmelsbrot, göttliche Eucharistie,
heiliges Geheimnis deiner Liebe.
Komm, Jesus in der Eucharistie, bleibe in mir,
nur für heute.

Gewähre mir, Maria, mich zu vereinen mit dir,
und der zarte Zweig wird seine Frucht tragen.
So werde ich dir, Herr,
goldene Trauben darbringen
an diesem Heute.

Die Traube der Liebe,
deren Beeren die Menschen sind,
kann reifen nur an diesem vergänglichen Tag.
Gib mir, Jesus, das Feuer eines Apostels,
nur für heute.

Unbefleckte Jungfrau, du bist mein guter Stern,
du schenkst mir Jesus und vereinst mich mit ihm.
Mutter, lass mich Ruhe finden in deinem Schutz,
nur für heute.

Mein Schutzengel, beschütze mich,
erleuchte mit deinem Licht meinen Weg,
lenke meine Schritte, hilf mir, ich bitte dich,
nur für heute.

Herr, ich möchte dich sehen ohne Schleier,
noch bin ich im Exil, fern von dir,
zeige mir dein liebevolles Gesicht,
nur für heute.

Bald komme ich, um dich zu loben,
wenn aufgeht über mir der Tag ohne Ende,
dann will ich singen
und spielen auf der himmlischen Leier,
an jenem immer währenden Heute.

O mein Gott!
Ich liebe ihn, den lieben Gott!
Wenn das der Todeskampf ist,
was ist dann der Tod?!
Ah, guter Gott!
Ja, er ist gut, ich finde ihn sehr gut.

Mein Gott, hab Mitleid
mit deinem armen, kleinen Mädchen!
Hab Mitleid mit ihm!

Ja, mein Gott, alles, was du willst,
aber hab Mitleid mit mir!

Mein Gott, mein Gott!
Du, der du so gut bist!
O ja, du bist gut. Ich weiß es ...

Mein Gott! ... Ich liebe dich!

Ja, mein Gott ... ja!

Edith Stein alias Teresia Benedicta a Cruce OCD (1891–1942)

AN GOTT DEN VATER (1939)

Segne der Leidbedrückten tiefgebeugten Sinn (Mut),
Der tiefen Seelen schwere Einsamkeit,
Das unruhvolle Sein der Menschen
Und Leid, das eine Seele keiner Schwesterseele je vertraut.

Und jenen Zug der nächt'gen Schwärmer segne,
Die unbekannter Wege Spuk nicht scheuen.
Die Not der Menschen segne, die zur Stunde sterben,
Gib ihnen, guter Gott, ein friedlich, selig End.

Segne die Herzen all, die trüben, Herr, vor allen
Den Kranken Lind'rung gib; Gequälten Frieden,
Die ihre Lieb' zu Grabe trugen, lehr' vergessen.
Laß auf der ganzen Erd kein Herz in Sündenpein.

Segne die Frohen, Herr. In Deiner Hut bewahr' sie.
Von mir nahmst Du noch nie der Trauer Kleid.
Es lastet manchmal schwer auf meinen müden Schultern.
Doch gibst Du Kraft, so trag' ich's büßend bis ans Grab.

Dann segne meinen Schlaf, den Schlaf von allen Toten.
Gedenke, was Dein Sohn in Todesangst für mich litt.
Dein groß Barmherzigsein für alle Menschennöte
Gibt allen Toten Ruh' in Deinem ew'gen Frieden.

SIE SAGTEN MIR: DER HERR WILL ZU DIR KOMMEN (9. APRIL 1939)

Sie sagten mir: der Herr will zu dir kommen,
Der Heiland steht vor deines Herzens Tür.
Mit Freuden hab' die Botschaft ich vernommen.
Jetzt naht der Tag – da will's fast bangen mir.

Der große Gott, Er kommt zum armen Kinde.
Ist's möglich, daß es Ihm bei mir gefällt?
Ich fürchte, daß Er gar nichts Schönes bei mir finde:
Ich bin so klein – Er ist der Herr der Welt.

Was soll ich Ihm denn zum Willkommen sagen?
Wer hilft mir nur? Wer gibt mir guten Rat?
Ich will die liebe Muttergottes fragen,
Die weiß gewiß, was Jesus gerne hat.

Maria spricht: »Mein Kind, sei ohne Bangen,
Die Kinder liebt mein Sohn mit Zärtlichkeit,
Sie gut und froh zu sehn, ist sein Verlangen.
Mit großer Freude mach dich nur für Ihn bereit.

Sprich, wenn Er kommt: Nimm hin mein Herz als Gabe,
Und lehre selbst mich, was Dir Freude macht.
Ich schenke gern Dir alles, was ich habe,
Und geb' auf jedes Deiner Worte acht.«

AM STEUER (JANUAR 1940)

Herr, stürmisch sind die Wellen
Und dunkel ist die Nacht,
Willst Du sie nicht erhellen
Für mich, die einsam wacht?

Halt fest die Hand am Steuer
Und sei getrost und still.
Dein Schifflein ist mir teuer,
Zum Ziel ich's lenken will.

Hab nur mit treuen Sinnen
Stets auf den Kompaß acht,
Der hilft das Ziel gewinnen
Durch Stürme und durch Nacht.

Die Nadel zittert leise
Und steht dann wieder still,
Daß Richtung sie Dir weise,
Wohin die Fahrt ich will.

Sei drum getrost und stille:
Es führt durch Sturm und Nacht
Getreu Dich Gottes Wille,
Wenn das Gewissen wacht.

SUB TUTELA MATRIS

O süße Mutter Maria, gib mir ein Herz,
frisch und offen wie das Herz eines Kindes
und durchsichtig wie das Wasser eines klaren Quells.

Gib mir ein edelmütiges Herz,
das über erfahrene Verdrießlichkeiten
nicht nachsinnt und sie nicht nachprüft;
ein unverkümmertes Herz, das sich fröhlich gibt;
ein Herz, das Schwäche kennt
und darum innig fühlt und mitlebt;
ein tiefes und dankbares Herz,
das Kleinigkeiten nicht vernachlässigt.

Gib mir ein sanftes und demütiges Herz,
das liebt ohne Anspruch auf Gegenliebe,
das in einem anderen Herzen voll Freude
den Platz freimacht für Deinen Sohn;
ein adliges und spannkräftiges Herz,
das bei Enttäuschungen nicht niedergeschlagen wird;
das nicht karg wird, nicht Ärgernis nimmt;
das durch Prüfungen nicht gelähmt wird;
das bei Unaufmerksamkeiten nicht verstimmt wird,
das bei Gleichgültigkeit nicht mutlos wird.

Aber gib mir ein Herz, das in seiner Liebe zu Jesus
angetrieben wird durch ein Verlangen
nach Jesu größerer Ehre und Glorie
und darin nicht eher zur Ruhe kommt
als im Himmel. Amen.

GESUCHTER UND GEFÜHRTER WEG

DU GOTT DER ANFÄNGE

Du Gott der Anfänge, segne uns,
wenn wir Deinen Ruf hören,
wenn Deine Stimme uns lockt
zu Aufbruch und Neubeginn.

Du Gott der Anfänge, behüte uns,
wenn wir loslassen und Abschied nehmen,
wenn wir dankbar zurückschauen
auf Segen und Ernte der gemeinsamen Zeit.

Du Gott der Anfänge, lass Dein Angesicht leuchten über uns,
wenn wir in Vertrauen und Zuversicht
einen neuen Schritt wagen
auf dem Weg unseres Glaubens.

Du Gott der Anfänge, sei uns gnädig,
wenn Angst uns befällt
vor dem Tor in ein neues Land,
wenn wir Schutz suchen bei dir
vor den Stürmen der Nacht.

Du Gott der Anfänge, lege dein Angesicht auf uns,
wenn unser Herz sich sehnt
Nach Wärme und Glück,
nach Freundschaft und Begegnung.
Lass den Segen deines Lichtes mit uns sein.

Du Gott der Anfänge, schenke uns Frieden,
wenn der eigene Weg uns aufwärts führt,
wenn wir Lebe-wohl sagen.

Lass Deine Blumen blühen für jeden von uns,
Lass Wind uns den Rücken stärken
und die Sonne warm auf das Gesicht schauen,
wo immer wir gehen.

Du Gott der Anfänge, schenke uns ein gutes Leben.

GEBET AUS DER NEUBAUGEMEINDE BALDHAM,
MARTIN THURNER (HRSG.)

JESUS, ERBARME DICH MEINER

Jesus, Sohn Davids,
erbarme dich meiner.

Erleuchte du meine Augen,
dass ich den Weg zu dir finde.

Mach du meine Schritte fest,
dass ich vom Weg nicht abirre.

Öffne du meinen Mund,
dass ich von dir spreche.

Du willst, dass ich meine Mitmenschen liebe.
Lass mich ihnen so dienen,
dass sie ihr Heil finden
und in deine Herrlichkeit gelangen.

ALKUIN VON TOURS (730/735–804)

UNTERWEGS

Wir gehen, Herr.
Oft wissen wir nicht, wohin.
Wir sind unterwegs, Herr.
Oft wissen wir nicht, wozu.
Wir sind auf der Suche, Herr.
Oft wissen wir nicht, warum.

Wir gehen und schreiten aus.
Unser Leben spult ab wie ein Faden.
Meter um Meter.
Schritt für Schritt.
Nur du kennst das Ende.

Herr, zeige uns die Richtung.
Weise uns den Weg,
den wir gehen müssen.
Bewahre uns vor Umwegen.
Verschone uns vor Irrwegen.

Ermuntere uns, wenn wir müde sind.
Hilf uns auf, wenn wir fallen.
Und sei am Ziel unseres Weges,
Herr, wenn wir ankommen.
Amen.

Hermann Multhaupt

DU BIST BEI MIR

Wenn ich beschwingt
neue Schritte wage,
bist du bei mir.

Wenn ich bedrückt
meine Lasten ertrage,
bist du bei mir.

Wenn ich erfüllt
von Lebensfreude singe,
bist du bei mir.

Wenn ich verzweifelt
nach dem Sinn frage,
bist du bei mir.

Wenn ich dankbar
auf deine Fügungen schaue,
bist du bei mir.

Wenn ich heute Abend
den Tag beschließe,
bist du bei mir, mein Gott.

PAUL WEISMANTEL

ÖSTERLICHE WEG-LITANEI

Gehen, Unterwegssein ist so etwas wie das Wasserzeichen im Pergament unseres christlichen Glaubens. Alle großen Glaubens-Geschichten der Bibel sind Weg-Geschichten: Nur unterwegs stellt sich alles heraus, unter-wegs stellt sich Gott ein.
Im Spiegel der vielleicht schönsten aller Weg-Erzählungen, der so genannten Emmaus-Geschichte (Lk 24,13 ff.), könnte uns betend wieder aufgehen, wer der ist, der uns in seine Nachfolge ruft, und welchen Preis das glaubende Unterwegs-sein im Volk Gottes, von Abraham bis zu uns, kostet.

Vorbeter Göttlicher Weggefährte

Alle Geh mit uns!

Vorbeter Jesus
Du Weggefährte deiner Jünger
Du verborgener Weggefährte
Du unerkannter Weggefährte
Du verstehender Weggefährte
Du besorgter Weggefährte
Du ziel-bewusster Weggefährte
Du geduldiger Weggefährte
Du brüderlicher Weggefährte
Du göttlicher Weggefährte

Wenn wir (von) Gott nicht(s) mehr begreifen
Wenn wir enttäuscht sind von Gottes Wegen
Wenn unser Glaube (an Gott) erstirbt
Wenn unsere Hoffnung (auf Gott) erlischt
Wenn unsere Liebe (zu Gott) verstummt
Wenn der Zweifel an uns nagt
Wenn die Verzweiflung nach uns greift
Wenn es ausweg-los wird
Wenn es hoffnungs-los wird

Wenn es sinn-los wird
Wenn wir rat-los geworden sind
Wenn unsere Augen nicht mehr weiter-sehen
Wenn unsere Füße nicht mehr weiter-gehen
Wenn unsere Herzen ausgebrannt sind
Wenn wir nieder-geschlagen sind
Wenn wir alles aufgeben wollen
Wenn alles zum Davonlaufen ist

Vorbeter Brüderlicher Teiler

Alle Höre uns an!

Vorbeter Herr
Du hast Raum für unsere Not
Du hast Zeit für unsere Not
Du hast ein Ohr für unsere Not
Du gehst ein auf unsere Not
Du fragst uns, was uns rat-los macht
Du fragst uns, was uns hilf-los macht
Du fragst uns, was uns traurig macht
Du hörst dir unser Klagen an
Du hörst dir unser Enttäuschtsein an
Du hörst dir unser Verzagtsein an
Du hörst dir unser Am-Ende-Sein an
Du hörst dir unseren Kleinglauben an
Du nimmst uns an mit unsrer Not
Du hältst uns aus mit unsrer Not

Alle Sprich zu uns, Herr!

Vorbeter Dein Wort holt uns ab in unsrer Not
Dein Wort holt uns aus uns selber heraus
Dein Wort führt uns über uns (selber) hinaus
Dein Wort ist wie ein Licht auf dem Weg

Dein Wort rührt unsre Herzen an
Dein Wort lässt uns nicht stehen bleiben
Dein Wort tut uns die Augen auf
Dein Wort erschließt uns Gottes Plan
Dein Wort erschließt uns Gottes Absicht
Dein Wort erschließt uns Gottes Geduld
Dein Wort erschließt uns Gottes Torheit
Dein Wort erschließt uns Gottes Leiden
Dein Wort erschließt uns Gottes Geheimnis
Dein Wort erschließt uns Gottes (andere) Art
Dein Wort erschließt uns den Sinn der Schriften
Dein Wort erschließt uns des Vaters Herz
Dein Wort erschließt uns den Weg nach vorn
Dein Wort bringt uns ans Ziel unsres Weges

Alle Bleibe bei uns!

Vorbeter Du kommst herein ins Haus unsres Lebens
Du bleibst bei uns, wenn es Abend wird
Du teilst wie ein Bruder alles mit uns
Du teilst mit uns Dach und Haus
Du teilst mit uns Tisch und Brot
Du teilst mit uns Wort und Zeit
Du teilst mit uns Liebe und Leben
In deiner Nähe wird uns warm ums Herz
In deiner Nähe gehn uns die Augen (des Herzens) auf
In deiner Nähe wird unsere Finsternis hell
In deiner Nähe bekommen wir Mut
In deiner Nähe brechen wir auf
In deiner Nähe werden wir (zu) Zeugen
In deiner Nähe wird alles neu

Anführer unseres Glaubens

Geh uns voran!

Vorbeter Du Anführer unserer Tage
Du Anführer unseres Vertrauens
Du Anführer unseres Glaubens
Du Anführer unserer Hoffnung
Du Anführer unserer Liebe
Du Anführer unserer Jüngerschaft
Du Anführer unserer Zeugenschaft
Du Anführer deiner Gemeinde (Kirche)
Du Anführer von vielen Schwestern und Brüdern
Du Anführer des Lebens

Auf dem Weg durch die Wüste(n)
Auf dem Weg in die Freiheit
Auf dem Weg durch die Enge (Ängste)
Auf dem Weg in die Weite
Auf dem Weg durch das Dunkel
Auf dem Weg in das Licht
Auf dem Weg durch das Leiden
Auf dem Weg in die Freude
Auf dem Weg durch das Scheitern
Auf dem Weg in die Herrlichkeit
Auf dem Weg durch unsere vielen Tode
Auf dem Weg in unsere Auferstehung
Auf dem Weg von uns selber weg
Auf dem Weg zu unseren Brüdern
Auf dem Weg zu deinem und unserem Vater

Du Mitgeher auf unseren Wegen
Du Mitgeher auf unseren Abwegen
Du Mitgeher auf unseren Irrwegen
Du Mitgeher auf unseren Umwegen
Du unser einziger Weg zum Ziel

Vorbeter Lasset uns beten. Auferweckter Herr, allezeit bist du mit uns, deinem Volk, unterwegs. Du gehst all unsere Wege mit, aber oft ist unser Herz wie blind: Wir erkennen dich nicht. Nimm uns das alte Gewohnheits-Herz, gib uns ein neues Überraschungs-Herz.Lass uns die leisen Zeichen deiner Gegenwart erspüren: dass du da bist, wenn wir unterwegs miteinander unsere Not ausreden, wenn wir dich suchen in den Schriften, wenn wir einander Gastfreundschaft gewähren und unseren Glauben an dich einander mitteilen. Lob sei dir und Dank, Mit-geher unseres Glaubens, jetzt und in Ewigkeit.

Anmerkung: Einzelne Abschnitte sind, je nach Intention des (der) Betenden, ohne weiteres weglassbar. Die Anrufungen wollen den Beter mitnehmen in die Bewegung Jesu hinein, offen zu werden für das Geheimnis des Vaters und für die Hingabe an die Brüder.

PAUL RINGSEISEN

ICH BIN DER WEG UND DIE WAHRHEIT UND DAS LEBEN (JOH 14,6)

Mein Gott und Vater, viele Wege führen durch mein Leben. Da sind Strecken, die schön für mich waren, einfach und gut zurückzulegen. Du hast mir Gefährten mitgegeben, Menschen, die mich begleitet haben und denen ich Weggeleit sein durfte. Es waren auch mühsame Etappen, schmale und steile Pfade im Laufe meines Lebens. Manchmal stand ich vor Weggabelungen und wusste nicht, wie ich mich zu entscheiden hatte. Dann habe ich Wege eingeschlagen, von denen ich am Anfang oder zumindest später wusste, dass es Irrwege waren. Gelegentlich aber war ich einfach zu müde oder träge, um überhaupt weitergehen zu wollen.

Von den vielen Wegen ist mir bekannt, dass nur einer zu dir führt. Die breite, bequeme Straße führt ins Verderben, der schmale, steile Pfad geht hin zu dir, sagt mir Jesus Christus. Er zeigt mir nicht nur den Weg. Er ist mir nicht nur vorangegangen. Er selber ist der Weg, den ich beschreiten soll, damit ich am Ziel nicht vor verschlossenen Türen stehe.

Mit Hilfe deiner Wahrheit kann ich deine Wege zum Leben gehen. Doch mit Pontius Pilatus und vielen Suchenden aller Jahrhunderte frage ich: Was ist Wahrheit? Die Wahrheit besitzt viele Gesichter. Menschen verdrehen gerne die Wahrheit oder begnügen sich mit Halbwahrheiten. Unwahrheiten und Lügen zählen zu den traurigen Erscheinungen menschlichen Lebens. Es kommt vor, dass ich selber die Augen vor der Wahrheit über mich selber verschließe. Die Wahrheit aber wird mich frei machen. Jesus Christus ist die Wahrheit und Wirklichkeit meines Lebens. Wer sich ihm anvertraut, wird nicht im Dunkel der Lüge und des Trugs leben, sondern frei werden können. Herr und Gott, lass mich dir danken für den, der Weg und Wahrheit und Leben ist. Denn wer den Weg seines Lebens richtig einschlägt, wer nach seiner Wahrheit fragt, der wird Jesus von Nazareth zum Wegbegleiter haben. Er wird nicht allein seiner Wege gehen müssen. Er wird sich nicht verirren. Er wird nicht auf Holzwegen umkehren müssen. Er wird den Weg bis zum Ziel gehen können und das Leben erlangen.

Jesus Christus, mit dem Glaubenszweifler Thomas, der nicht glauben, sondern sehen wollte, frage auch ich: »Herr, wir wissen nicht, wohin du gehst. Wie sollen wir dann den Weg kennen?« Schenke mir aber die gelebte Einsicht aus deiner Antwort: »Ich bin der Weg und die Wahrheit und das Leben. Niemand kommt zum Vater außer durch mich.« An dich will ich mich halten und mit Thomas sprechen: »Mein Herr und mein Gott.«

WOLFGANG OBERRÖDER

GUTER ABSCHIED – GESEGNETE ZUKUNFT
ODER: GEBET UM EINEN GUTEN ABSCHIED

Schreibe mir gott ins herz diese landschaft
die berge und wiesen
das moor und den see
den föhnsturm, den wind
den sonnenuntergang und den regenbogen
und regen und nebel

schreibe mir gott ins herz die menschen
mit denen ich leben geteilt
und begegnung erlebt
mit denen ich lachen und weinen
sprechen und streiten konnte
die mit mir fröhlich gefeiert haben
und schwere wege mitgegangen sind

schreibe mir gott ins herz all die träume
dieser stunden und tage
die begeisterung und die spuren lebendiger kirche
und die glückende gemeinschaft von christen

schreibe mir gott ins herz all die wege
die ich hier gegangen
die umwege und rundwege
die irrwege und umkehrwege
schweigende wege und weite, lange, steinige wege

schreibe mir gott ins herz all die worte
die helfen zu leben
die ich gewechselt, gegeben, empfangen
was ich versprochen, vertan
und die worte
die zur versöhnung mich führten

schreibe mir gott ins herz all die erlebnisse
von fest und feier
begegnung und dank

von nachdenken und hoffen
diskussion und auseinandersetzung

schreibe mir gott ins herz deine nähe
die ich hier erfahren
und die mich begleitet
von dir geliebt
lass mich liebe verschenken
erlöst leben und befreiung bringen

schreibe mir gott ins herz all die sehnsucht nach dir
die ich spüre und die mich zum aufbruch treibt
die mir mut gibt zu gehen
und unterwegs zu bleiben

schreibe mir gott ins herz alles was war
und lass mich gehen
in eine zukunft, die du segnest.

ALMUT HANEBERG

MEIN WUNSCH FÜR DEINE LEBENSREISE

Möge Gott auf dem Weg,
den du gehst,
vor dir hereilen,
das ist mein Wunsch
für deine Lebensreise.
Mögest du die hellen Fußstapfen
des Glücks finden
und ihnen auf dem ganzen Weg folgen.

IRISCHER SEGENSSPRUCH

DU GOTT UNSERER VÄTER

Du Gott unserer Väter,
du hast Jakob in schwierigen Tagen im Traum verheißen:
Ich bin mit dir.
Ich behüte dich, wohin du auch gehst.
Ich verlasse dich nicht.

Wir danken dir,
dass wir auch heute auf dich vertrauen dürfen.
Lass uns mitten in unserem oft harten Alltag
die Verheißung dieses Traumes nicht vergessen.

Bleibe bei uns auf all unseren Wegen:
unserem persönlichen Lebensweg,
dem Weg unseres Bistums und unserer Kirche,
dem Weg der Gesellschaft und der Welt.

Darum bitten wir durch Jesus Christus, unseren Herrn,
in dem du deine Verheißung lebendig erfüllt hast,
heute und für immer. Amen

BISCHOF FRANZ-JOSEF BODE

BESTIMMUNG UND BERUFUNG

VOM SEHEN GOTTES

Alles hat jener, o Herr, der Dich hat, und alles hat der, der Dich sieht. Denn niemand sieht Dich als nur derjenige, der Dich besitzt; niemand vermag sich Dir zu nahen, da Du unnahbar bist. Niemand also wird Dich erfassen, außer Du schenkst Dich ihm.

Wie aber habe ich Dich, o Herr, der ich nicht wert bin, vor Deinem Angesichte zu erscheinen? Wie gelangt mein Gebet zu Dir, der Du auf keine Weise erreichbar bist? Wie soll ich Dich bitten? Denn was ist sinnloser, als zu bitten, Du mögest Dich mir schenken, da Du doch alles in allem bist. Und wie wirst DU Dich mir geben, wenn Du mir nicht zugleich Himmel und Erde gibst und alles, was in ihnen ist.? Und wenn ich so im Schweigen der Betrachtung verstumme, antwortest Du mir, Herr, tief in meinem Herzen und sagst: Sei du dein und ich werde dein sein.

O Herr, Du Wonne aller Süßigkeit. Du hast es in meine Freiheit gelegt. daß ich mein sein kann, wenn ich es nur will. Gehöre ich darum nicht mir selbst, so gehörst auch Du nicht mir. Du machst die Freiheit notwendig, da Du nicht mein sein kannst, wenn ich nicht mein bin. Und weil Du das in meine freie Entscheidung gelegt hast, zwingst Du mich nicht, sondern erwartest, daß ich mein eigenes Sein erwähle. Es steht also bei mir und nicht bei Dir, Herr, der Du Deine übergroße Güte nicht einschränkst, sondern reichlich ausgießt in alle, die sie aufnehmen können. Du aber, o Herr, bst Deine Güte. Wie aber soll ich mir selbst gehören, wenn nicht Du, Herr, es mich lehrst?

NIKOLAUS VON KUES (1401–1464)

BERUFUNG – BEIM NAMEN GERUFEN

Herr Jesus Christus,
du Licht vom Lichte und Abglanz des ewigen Vaters,
in dir leuchtet der Name und die Herrlichkeit Gottes auf:
Immanuel – Gott mit uns!

Du hast uns befreit von den Todesmächten der Finsternis.
Du hast uns herausgeliebt aus dem Sklavenhaus
der Sinnlosigkeit und der Sünde
und uns hineingerufen in die Lebensgemeinschaft mit dir.

Du hast uns begnadet und beim Namen gerufen,
eine einmalige Würde und persönliche Berufung geschenkt.
Du willst uns liebesfähig und fruchtbar machen für viele.

Gieße aus deinen Geist der Weisheit und der Erkenntnis,
den Geist der Wahrheit und des Mutes,
damit wir uns heute neu einlassen auf deinen Ruf.

Gieße aus deinen Geist,
damit wir mit Maria unser persönliches Jawort geben
und ohne Zögern in der Kraft deines Rufes
den Weg der Hingabe gehen.

Gieße aus deinen Geist, damit wir in deinem Licht
zum Lobpreis deiner Herrlichkeit
und zum Heil der Menschen leben. Amen.

Lucida Schmieder OSB

MEIN GEBET

Dreifaltiger Gott
Vater, Sohn und Heiliger Geist

Lass mich im Zentrum deines Willens sein

Ob ich schlafe oder wache
Ob ich arbeite oder ruhe

Lass mich im Zentrum deines Willens sein

Ob ich singe oder spiele
Ob ich bete oder schreibe

Lass mich im Zentrum deines Willens sein

Ob ich weine oder lache
Ob ich klage oder lobe

Lass mich im Zentrum deines Willens sein

Ob ich spreche oder schweige
Ob ich lese oder höre

Lass mich im Zentrum deines Willens sein

Ob ich liebe oder leide
Ob ich danke oder schreie

Lass mich im Zentrum deines Willens sein

Ob ich gebe oder nehme
Ob ich halte oder lasse

Lass mich im Zentrum deines Willens sein

Ob ich liege oder stehe
Ob ich fahre oder gehe

Lass mich im Zentrum deines Willens sein

Ob ich denke oder plane
Ob ich esse oder trinke

Lass mich im Zentrum deines Willens sein

Ob ich hier bin oder dort
Ob im Diesseits oder Jenseits

Lass mich ALLEZEIT im Zentrum deines Willens sein

MARIANNE KAWOHL

UNTERSCHEIDUNG DER GEISTER

wie im Straßengewirr der Großstadt
schreien auf meinem inneren Marktplatz
tausend Stimmen durcheinander

locken mit Sonderangeboten
drohen mit Gesichtsverlust
zerren mich her und hin

wie aber
unter den vielen Parolen
dein Wort noch finden

die Stimmen wollen etwas von mir
Du willst mich

die Stimmen trachten mich zu beherrschen
Du bist das Wort das frei macht

die Stimmen verführen in die Entfremdung
Du führst mich zu Dir und mir zugleich

die Stimmen flüstern mir ein was ich brauche
Du rufst mich dorthin wo ich gebraucht werde

die Stimmen suchen zu überreden
Du überzeugst mich ins Leben

ANDREAS KNAPP

DU HAST MICH GEMACHT

Du hast mich gemacht.
Deine Kunst soll an mir sichtbar werden.
Ganz und vollkommen bin ich
schon in Deinen Gedanken.
Aber halb und unentschieden
noch im Holz der Möglichkeiten.
Schnitze und grabe, Gott,
dass meine Gestalt hervortritt.
Deine Hand ist vollkommen sicher.
Sie bringt mich ans Licht.

BERNHARD MEUSER

AN MEINEM ROTEN FADEN BLEIBEN

Wie schwer ist es, Herr,
an meinem roten Faden zu bleiben;
wie schwer ist es,
der zu bleiben, der ich bin.
Den du erschaffen hast.
Den du täglich von mir erwartest.
Durchschau mich, Herr, wenn ich
mich hinter fremden Berufungen verberge.
Führe mich auf den Weg,
den schmerzlich-schönen, einzig gangbaren
Weg meiner eigenen Berufung.

BERNHARD MEUSER

BEGABT BIN ICH

Geworden bin ich
durch deine Liebe,
mit der du mich
geschaffen hast.

Gewachsen bin ich
durch alles hindurch,
auch den Schmerz,
den du mir nicht erspart hast

Gerufen bin ich
bei meinem Namen,
den du geschrieben hast
in die Fläche deiner Hand

Gehalten bin ich
von deiner Treue,
die du mir bewahrt hast
durch all die Jahre.

Geführt bin ich
von deiner Vorsehung,
die mich begleitet hat
auch in der Gefahr.

Gesegnet bin ich
mit deiner Gnade,
die du mir schenkst
mein Leben lang.

PAUL WEISMANTEL

MEIN LICHT IN DIE MITTE STELLEN

Mein Licht
nicht mehr länger verstecken
es leuchten lassen
wie es die Kinder tun

Mein Licht
in die Mitte stellen
zu meinen Gaben stehen
darin meine Lebensaufgabe erkennen

Mein Licht
hineinscheinen lassen
in dunkle Situationen der Verzweiflung
und Ungerechtigkeit

Mein Licht
einfließen lassen
ins gemeinsame Spiel der Lichter
der weltweiten Verbundenheit

Mein Licht
ist nicht mein Licht
sondern Ausdruck
deines göttlichen Lichtes.

PIERRE STUTZ

VOR DEINEM VERBORGENEN ANTLITZ STEHEND

Vor Deinem verborgenen Antlitz stehend,
von Deinem Atem ins Dasein gerufen,
von Deinem Wohlwollen geschützt,
von Deinen Händen getragen,
von Deinem Auge erkannt,
von Deinem Mund angerufen,
mit Deiner Stimme beim Namen genannt,
von Deiner Liebe gewärmt, wende ich mich Dir zu,
um Deinen Plan, den Du mit mir hast, zu erkennen.

OTTO BETZ

MEIN HERR UND MEIN GOTT

Mein Herr und mein Gott,
nimm alles von mir, was mich hindert zu dir.

Mein Herr und mein Gott,
gib alles mir, was mich fördert zu dir.

Mein Herr und mein Gott,
nimm mich mir und gib mich ganz zu eigen dir.

NIKOLAUS VON FLÜE (1417–1487)

NIMM DIR, HERR

Nimm Dir, Herr, und übernimm meine ganze Freiheit, mein Gedächtnis, meinen Verstand und meinen ganzen Willen, mein ganzes Haben und Besitzen. Du hast es mir gegeben, zu Dir, Herr, wende ich es zurück; das Gesamte ist Dein; verfüge nach Deinem ganzen Willen, gib mir Deine Liebe und Gnade, das ist mir genug.

Ignatius von Loyola (1491–1556)

IN DEINE HÄNDE

Vater, in deine Hände lege ich meinen Geist (Lukas 23,46). Dies ist das letzte Gebet unseres Meisters, unseres Geliebten … Möge es auch unseres sein … Nicht nur das Gebet unserer letzten Stunde, sondern aller unserer Stunden:

Mein Vater, ich überlasse mich dir.
Mach mit mir, was dir gefällt.
Was du auch mit mir tun magst, ich danke dir.
Zu allem bin ich bereit, alles nehme ich an.
Wenn nur dein heiliger Wille sich an mir erfüllt
und an allen deinen Geschöpfen,
so ersehne ich weiter nichts, mein Gott.
In deine Hände lege ich meine Seele.
Ich gebe sie dir, mein Gott,
mit der ganzen Liebe meines Herzens,
weil ich dich liebe
und weil diese Liebe mich treibt,
mich dir hinzugeben,
mich in deine Hände zu legen,
ohne Maß, mit einem grenzenlosen Vertrauen.
Denn du bist mein Vater.

Charles de Foucauld

LEBEN

Gott,
wenn ich aus dir leben will, um wirklich zu leben
und nicht nur gelebt zu werden,
dann muss ich aus deiner Kraft leben,
darf mich nicht in die Dinge der Welt verlieren,
sondern muss in ihr deine Spuren suchen und finden.
Ich muss hören auf das,
was du mir sagst, was du von mir willst,
darf meine Ohren nicht voll stopfen
mit dem Geschwätz von Nichtigkeiten,
muss vielmehr versuchen zu hören und zu sehen,
ob du in Worten, Gesten, Bildern
etwas zu mir sagen willst.
Schenke mir dann die Kraft,
deine Zeichen zu erkennen und zu befolgen.

IRMELA MIES-SUERMANN

BERUFUNGSGEBET

Guter Gott, immer wieder rufst du Menschen in deinen Dienst.
Jede Berufung ist dein Geschenk.
Wir brauchen so nötig Menschen, die unsere Gesellschaft im Geist des
Evangeliums prägen und unsere Kirche mitgestalten. Berufe Männer und
Frauen, die – begeistert vom Glauben an dich – dein Leben weiterschenken:
in den Familien, als Priester, Diakone, Ordenschristen, als Mitarbeiterinnen
und Mitarbeiter in allen Bereichen der Kirche.
Schenke uns die Berufungen, die wir in dieser Zeit brauchen.
Amen.

BISCHOF FRANZ-JOSEF BODE

SCHAFFE RECHT – FRAUENGEBET

Gott, wir sind deine erbberechtigten Töchter.
Man hält unser Erbe unter Verschluss.
Man will uns um unser Erbe betrügen
und bereichert sich an dem,
was für uns aus deiner Hand kam.

Das ist nicht in Ordnung.
Deshalb beten wir zu dir,
wie es uns die Ordnung der Psalmen lehrt:
»Hilf uns, Gott, durch deinen Namen
und schaffe uns Recht durch deine Kraft.« (Ps 54,3)

Verschaffe uns Recht, so wie du unseren Müttern und Schwestern
Recht geschaffen hast,
Eva, der du Maria zur Seite stelltest,
Sara und Elisabeth, die du aus der Unfruchtbarkeit ihrer Ehe erlöstest,
die gekrümmte Frau, die sich wieder aufrichten konnte,
die Syrophönizierin, von der du deine eigene Ablehnung wieder nahmst,
Maria von Magdala, die alle Apostel
mit ihrer Erstverkündigung deiner Auferstehung überstrahlt.
Wir schreien mit der Witwe, die dem ungerechten Richter
ins Angesicht widerstand:
»Schaffe uns Recht gegen unsere Widersacher!« (Lk 18,3)

Verschaffe uns Recht, unser Gott.
Wie sollen wir sonst zeigen,
dass wir die sind, die wir nach deinem Willen sind,
erbberechtigte Töchter, deinem Sohn gleichgestellt.

SR. AURELIA SPENDEL OP

MIT OFFENEN AUGEN, OHREN, HERZEN UND HÄNDEN

HERR, MACH MICH ZUM WERKZEUG DEINES FRIEDENS

Herr, mach mich zum Werkzeug deines Friedens:
dass ich liebe, wo man hasst,
dass ich verzeihe, wo man beleidigt,
dass ich verbinde, wo Streit ist,
dass ich die Wahrheit sage, wo Irrtum herrscht,
dass ich den Glauben bringe, wo Zweifel ist,
dass ich Hoffnung wecke, wo Verzweiflung quält,
dass ich dein Licht anzünde, wo Finsternis regiert,
dass ich Freude bringe, wo Kummer wohnt.

Herr, lass mich trachten:
nicht dass ich getröstet werde, sondern dass ich tröste,
nicht dass ich verstanden werde, sondern dass ich verstehe,
nicht dass ich geliebt werde, sondern dass ich liebe.

ABBÉ ESTHER AUGUSTE BOUQUEREL (1855–1923)

HERR JESUS CHRISTUS

HERR JESUS CHRISTUS,
Du hast uns beauftragt, weiterzugeben,
was wir empfangen haben,
weiterzusagen, was wir gehört haben.

Wir sind deine Hände.
Mit unseren Händen willst Du
Deine Arbeit in unserer Welt tun.

Wir sind Deine Füße.
Mit unseren Füßen willst Du
den Weg zu den Menschen finden,
die Du suchst.

Wir sind Deine Augen.
Mit unseren Augen willst Du
die Menschen entdecken,
die Du zur Freiheit berufen hast.

Wir sind Dein Mund.
Mit unserem Mund willst Du
Deine frohe Botschaft verkünden.

Du versprichst uns nicht,
dass unsere Arbeit anerkannt wird,
aber Du versprichst uns,
immer bei uns zu sein.

So wollen wir Dich und Deine Botschaft
im Dienst für die Menschen verkünden,
durch Dich,
mit Dir
und in Dir
zur Ehre Gottes, des Vaters.
Amen.

MEDITATION ZU EINEM GEBET AUS DEM 14. JAHRHUNDERT,
SR. MARIA NEUBRAND MC (1955–2020)

VERTRAUENSVOLLES HANDELN

Jeden Tag meine Hände meditieren
im dankbaren Staunen
erkennen wie sich in meinem Handeln
Dein Handeln ereignet

Jeden Tag im gegenseitigen Händedruck
Respekt und Wertschätzung erneuern
mitgestalten an einer Welt
der Toleranz und der Zärtlichkeit

Jeden Tag meinen Handlungsspielraum ausschöpfen
zupacken und loslassen
mich dabei kraftvoll erinnern
dass Du das Werk unserer Hände festigst

Nach Psalm 90,17

PIERRE STUTZ

BRICH AUF IN MIR, O HERR

Brich auf in mir, o Herr,
meine Ängste und Sorgen,
die mir den Weg zu dir versperren.

Brich auf in mir, o Herr,
die Blindheit meiner Augen,
dass ich dein Licht wieder sehe.

Brich auf in mir, o Herr,
die Taubheit meiner Ohren,
dass ich die Botschaft deiner Freude höre.

Brich auf in mir, o Herr,
die Lieblosigkeit meiner Gedanken,
dass ich die Not der anderen mittrage.

Brich auf in mir, o Herr,
die Müdigkeit meines Glaubens,
dass ich voll Hoffnung dir entgegengehe.

Brich auf in mir, o Herr,
mein Herz,
dass ich wach bin für DEIN KOMMEN.

GEBET AUS DER NEUBAUGEMEINDE BALDHAM,
MARTIN THURNER (HRSG.)

»VOM WORT DES LEBENS SPRECHEN WIR«
(1 JOH 1,1)

Gott, du unser Vater,
mitten in Krisen und Verwirrungen,
in Not und Tod,
staunen wir immer wieder
über das neue Leben, das heranwächst.
In jedem Kind schaust du uns ja
mit hellen Augen an.
Gib, dass wir dem Leben trauen,
das du uns schenkst,
und lass es uns mit großer Wachsamkeit und Achtung
bewahren, weitergeben und zur Entfaltung bringen.

Jesus Christus, du unser Herr,
mitten in Lärm und Hektik,
in Sprachlosigkeiten und Wörterfluten
staunen wir immer wieder
über das erlösende Wort, das du selbst bist.
Leben, Liebe und Hingabe bist du,
ganz Gott und ganz Mensch für uns.
Gib, dass wir von dir, dem Wort des Lebens, sprechen
und ihm Hand und Fuß, Gesicht und Herz geben,
damit alle Generationen davon leben können,
heute und morgen – bis an die Grenzen der Erde.

Gott, du Heiliger Geist,
mitten in Angst und Verzweiflung,
in aller Gleichgültigkeit und Beliebigkeit
staunen wir immer wieder
über die Kraft ‚von oben‘,
die uns in Gebet und Tat zuwächst.
In jedem echten Aufbruch und Neuanfang
erkennen wir dein Wirken.

Gib, dass wir zu glaubwürdigen Zeugen und Zeuginnen
deines Lebens und deiner Kraft werden,
und ermutige uns, in der Gemeinschaft unserer Kirche
im Glauben zu wachsen,
in der Hoffnung weiterzugehen
und in der Liebe zu bleiben.

So werden wir immer mehr Menschen,
die als Getaufte zu Recht den Namen Christen tragen
in Demut und Selbstvertrauen,
in Gelassenheit und Leidenschaft,
allen Menschen zur Freude
und dir zur Verherrlichung.

Schenke uns dazu deinen Segen,
DU, der Vater und der Sohn und der Heilige Geist.
Amen.

BISCHOF FRANZ-JOSEF BODE

SOHN DAVIDS, ERBARME DICH MEINER

Erbarme dich meiner Blindheit,
die mich nicht sehen lässt,
was du mir Gutes getan hast.
schielend auf andere, die sorgenfreier leben,
zu leben scheinen.

Erbarme dich meiner Blindheit,
die mich nicht sehen lässt,
wo ich zupacken kann trotz meiner Armut,
wo ich Ohr und Herz schenken kann
dem anderen Bruder, der Schwester in Not.

Erbarme dich meiner Blindheit,
die mich nicht sehen lässt,
worauf es wirklich ankommt im Leben,
dein Licht aufzunehmen und weiterzutragen
in die Dunkelheit der Herzen so vieler.

Erbarme dich meiner Müdigkeit,
mich immer wieder an den Straßenrand zu setzen,
die Hilfe anderer zu erflehen,
mich anzunehmen mit meiner Schwachheit
und alles von dir zu erhoffen.

IRMELA MIES-SUERMANN

LIEBE, EHE, FAMILIE

Band der Liebe – Bund der Ehe

GUTER GOTT, DU GOTT DES LEBENS

Guter Gott,
du Gott des Lebens
und Quelle jeder Liebe!

Wir sehnen uns danach,
dass unsere Liebe lebendig bleibt
auf unserem gemeinsamen Weg.
Auf diesem Weg
wollen wir uns treu bleiben
und den Zauber des Anfangs bewahren
als kostbares Geschenk aus Deiner Hand.

Wirke in uns,
damit wir die Zärtlichkeit nicht vergessen,
dankbar bleiben für die Schönheit des anderen
und das Staunen über seine Einzigartigkeit
nicht verlernen.

denn du
hast ihn wunderbar geschaffen,
und in ihm
begegnen wir dir.
Amen.

MONIKA UND BERNHARD ARNDT

DU HAST UNS AUS LIEBE ERSCHAFFEN

Vater im Himmel,
du hast uns aus Liebe erschaffen
und als Mann und Frau zur Liebe berufen,
Du hast uns zusammengeführt
und uns eins werden lassen.

Dein Sohn, Jesus Christus, hat uns
die eheliche Liebe neu erschlossen.
Er hat die Ehe geheiligt
und zum wirksamen Zeichen seiner Gegenwart
erhoben.

Du willst, dass unsere Ehe glückt
und immer mehr
jener unverbrüchlichen Liebe Raum gibt,
mit der du den Menschen liebst
und in dein Reich führen willst.

Schenke uns die Gnade,
unseren Ehebund so zu leben,
dass auch andere ihn als Heilszeichen entdecken,
als Zeichen und Werkzeug deines Kommens.
Sende deinen Geist
und entzünde in uns das Feuer deiner Liebe.
Amen.

DORIS UND MANFRED GERWING

WIR DANKEN DIR, DASS WIR LIEBEN KÖNNEN

Guter Gott,
wir danken dir, dass wir lieben können,
und einander als Partner begegnen.
Wir sind verschieden.
Hilf uns, wenn wir es schwer haben miteinander,
uns zu öffnen und zu verstehen.
Lass uns in der Spannung
von Einsamkeit und Gemeinsamkeit beide wachsen.
Danke, dass wir aneinander immer etwas Neues entdecken.

Beide werden wir bereichert
und vom anderen beschenkt.
Der Raum zwischen uns ist nicht Leere.
Lass uns in diesem Raum
ein Stück deines Reichtums
und einen Hauch deiner Liebe erfahren.
Amen.

INGEBORG UND ULRICH WALTERS

DU HAST MIR MEINEN PARTNER GEGEBEN

Guter Vater,
du hast mir meinen Partner gegeben.
Ich danke dir, dass wir uns manchmal
ganz nahe sind
und uns dann viele persönliche wichtige Gedanken
und tiefe Gefühle schenken können.

Wir haben erfahren,
dass das Gespräch zwischen uns lebendig bleibt,
wenn du mit uns bist.
Wir wollen uns öffnen,
uns wirklich begegnen,
Ja sagen.

Bleibe bei uns, damit wir uns lieben können,
so wie du uns liebst.
Amen.

INGEBORG UND ULRICH WALTERS

DU HAST JEDEN MENSCHEN
IN SEINER EINZIGARTIGKEIT ERDACHT

Guter Gott,
du hast jeden Menschen
in seiner Einzigartigkeit erdacht
und ins Leben gerufen.
Du liebst ihn so, wie er ist.

Uns fällt es oft schwer,
uns selbst zu lieben.
Wir wären gerne anders,
mutiger, klüger, stärker, begabter.
Und auch unser Ehepartner
und unsere Kinder
sind nicht immer so,
wie wir sie gern hätten.

Hilf du uns zu verstehen,
das du jeden von uns
gerade so willst, wie er ist,
dass er gerade so
liebenswert ist.

Zeige uns Wege und Möglichkeiten,
wie wir einander helfen können,
uns selbst anzunehmen,
unsere Fähigkeiten zu entfalten
und in der Liebe zu wachsen.
Amen.

MONIKA UND BERNHARD ARNDT

AM BEGINN UNSERES GEMEINSAMEN WEGES

Jesus Christus,
am Beginn unseres gemeinsamen Weges
haben wir zueinander Ja gesagt.
Dieses Ja muss sich immer neu zeigen und bewähren.

Manchmal entfernen wir uns voneinander,
manchmal trennt uns Schuld.
Hilf, wenn Probleme uns bedrängen,
wenn wir uns hilflos erleben.

Schenke uns Vertrauen zueinander,
dass wir uns einander neu öffnen,
begegnen und ganz annehmen können.

Vergib uns unsere Schuld,
damit die Liebe in uns weiter wachsen
und reifen kann.
Amen.

INGEBORG UND ULRICH WALTERS

HOCH-ZEIT

Der HERR, der euch zusammengeführt
und in Liebe verbunden hat,
er segne euch.
ER hat eure Herzen und Sinne geöffnet
für den Zauber des Anfangs,
der euch in Liebe vereint.
ER helfe euch, diesen Zauber zu bewahren.

ER stärke euch als lebendige Partner,
die sich im Alltag voller Phantasie begegnen,
immer wieder Glückmomente entdecken
und sich Jahr um Jahr noch überraschen können.

ER schenke euch Verständnis füreinander,
damit euer Zusammenleben reich und sinnlich bleibt.
ER sei mit euch im Streit, damit ihr erfahrt,
dass Streit nicht nur schmerzt,
sondern auch zu verwandelter Gemeinsamkeit führt.
Dann könnt ihr spüren und erleben,
wie gut Versöhnung tut.

Der HERR schenke euch einen Ort,
der euch Heimat werde
und lasse euch miteinander Heimat finden.

ER fülle euren Tisch und erfülle eure Sehnsucht
mit allem, was ihr zum Leben braucht.
Mit Brot und Wein, mit Seelennahrung,
mit dem, was Leib, Herz und Verstand erhält
und lasse euch die anderen nicht vergessen,
die mit euch auf dem Weg sind.

Auf den Durststrecken eures Lebens,
wenn ihr kraftlos und mutlos seid
lasse ER euch immer wieder spüren,
dass ihr nie allein auf euren Lebenswegen seid,
getragen und geliebt von Freunden und von IHM,
in den Freudenstunden und im Dunkel.

ER stärke eure Treue und Verbundenheit,
damit ihr auch in vielen Jahren noch
einander umarmt, haltet und die Hände reicht
und euch gegenseitig den Rücken stärkt.
ER begleite euch auch durch eure Trauer,
wenn der Tod euch scheidet in diesem Leben.

Bleibt gewiss, dass alles Gute
von unserem liebenden Gott geschenkt ist,
der eure Liebe als Mann und Frau segnet
und der bei euch und den euren ist, alle Tage:
Unser Gott und Vater, Schöpfer des Lebens,
Jesus, unser Freund und Begleiter
und der Geist des Lebendigen, der Eure Liebe erhält.
Amen.

CLAUDIA SCHÄBLE UND THOMAS VAN VUGT

SEGEN FÜR EIN EHEPAAR

Gott, der Herr,
der Euch zusammengeführt hat,
der Euch einander zur Antwort und zur Frage gemacht hat,
der Euch begegnen will ineinander,
der Eure Mitte ist, eure Liebe und Freude:
Er sei Eure erfüllte Gegenwart und eure lockende Zukunft.
Er sei die Verheißung auf Eurem Weg und der Freund, der Euch begleitet.
Er sei Eure Kraft und Eure Hoffnung.
Er sei die Quelle unversiegbarer Freude.
Er sei das Verzeihen, das einer dem Anderen schenkt.
Er gebe Euch immer wieder einen neuen Anfang bis hin zu Eurer Vollendung in IHM.
So segne Euch der Vater, der Euch geschaffen hat und Euch täglich das Leben gibt, der Sohn Jesus Christus, der Euch erlöst hat, der Heilige Geist, der Eure Liebe speist. Amen.

GEBET AUS DER NEUBAUGEMEINDE BALDHAM,
MARTIN THURNER (HRSG.)

DANKGEBET ZUR GOLDENEN HOCHZEIT

Wir sagen dir Dank, o Gott am heutigen Festtag!
In Deinem Namen feiern wir Goldene Hochzeit.
Wir freuen uns mit allen, die da sind und allen,
die dran denken und nicht kommen können.

Du hast uns mit diesem Fest reich beschenkt;
50 Jahre mit Glück und Leid, mit Hoffnung und Sorge,
mit Kindern und Enkelkindern, mit Arbeit und Feiern.
50 Jahre, die Du geschenkt hast mit allem, was war.

Du schenkst das Leben und die Liebe.
Bei dir sind wir geborgen alle Augenblicke unseres Lebens.
Du bist unsere Quelle, aus der wir kommen,
und die Heimat, nach der wir uns sehnen.

Du entlässt uns nie aus deiner Liebe,
du legst deine Hand auf uns Tag und Nacht.
Du schenkst uns deine kraftvolle Nähe, die tröstet und heilt.
Du erfüllst uns heute mit Segen und Zuversicht.

Du bist unser Halt und hältst uns zusammen.
Wenn wir uns an dich halten, sind wir immer gut dran.
Du hast uns füreinander zum Segen bestimmt,
dafür sagen wir dir unseren herzlichen Dank. Amen.

GEBET AUS DER NEUBAUGEMEINDE BALDHAM,
MARTIN THURNER (HRSG.)

Geburt und Taufe

EIN NEUES LEBEN

Ein neues Leben
hast du – Herr – uns geschenkt.
Danke für dieses kleine Wesen.
Danke für dieses große Wunder.
Wir haben es wachsen gesehen
und seine Bewegungen gespürt.
Wir haben seinen ersten Schrei gehört
und sein erster Blick galt uns.
Alles, was wir ihm geben können,
wollen wir ihm auch geben.
Die Wärme unserer Haut,
den Rhythmus unserer Herzen,
die zarte Berührung unserer Hände,
die beruhigenden Worte
aus unserem Mund
und den liebenden Blick unserer Augen.
Ein neues Leben
hast du – Herr – uns geschenkt.
Es ist das größte Geschenk unseres Lebens
es ist dein Geschenk an uns.

FRANK GREUBEL

WACHSEN UND REIFEN

Herr,
stärke dieses junge Leben,
lass es wachsen und reifen
und seine Tage meistern.
Gewähre ihm Glück und Erfolg
in den entscheidenden Augenblicken
und sei ihm ein treuer Begleiter
in Not und Gefahr.
Verlass es vor allem nicht,
wenn Rat und Hilfe von Nöten sind,
wenn Angst das Leben schwer macht
und Auswege nur schwer zu finden sind.

Schenke ihm Gesundheit und Zuversicht
und mögest du seine Gebete
immer erhören,
damit die Hoffnung in ihm
niemals erlischt.
Amen.

FRANK GREUBEL

Mutter sein, Vater sein

DANKE FÜR DIE FREUDE

Gott, wir danken dir für die helle Freude,
die unsere Kinder verbreiten, wenn sie
spielend ihre Welt neu entdecken.

Gott, wir danken dir für die Heiterkeit,
die von unseren Kindern ausgeht, wenn
sie lachen und sich am Leben freuen.

Gott, wir danken dir für die Phantasie,
die unsere Kinder entwickeln, wenn sie
in die verschiedensten Rollen schlüpfen.

Gott, wir danken dir für die vielfältigen
Überraschungen, die wir mit unseren
Kindern so oft erleben können.

Gott, wir danken dir für das Leben, das
in unseren Kindern steckt, mit dem sie
uns mitreißen und auf Trapp halten.

PAUL WEISMANTEL

MUTTER SEIN

Danke für mein Kind,
für seine Lebendigkeit,
seine Phantasie,
seine Entdeckerfreude,
seine Lebenslust,
das Zarte und Verletzliche,
das mich so tief anrührt.
Wie reich bin ich,
dass ich seine Mutter bin.
Hilf mir, guter Gott,
es achtsam und liebevoll
auf seinem Weg zu begleiten,
es nicht zu ketten
an meine Vorstellungen und Wünsche,
sondern einen Raum zu schaffen,
in dem es zu sich selber findet.
Um Weisheit und Kraft
bitte ich dich,
um den Mut,
eine unvollkommene Mutter zu sein.
Hilf mir,
gut für mich selber zu sorgen,
damit ich meinem Kind geben kann,
was es braucht.

ANTJE SABINE NAEGELI

DU HAST UNS UNSERE KINDER GESCHENKT

Vater im Himmel,
du hast uns unsere Kinder geschenkt,
damit sie mit uns Familie erfahren.
Wir sollen für sie sorgen,
sie ernähren, sie kleiden, sie erziehen.
Wir danken dir für dieses Vertrauen
und freuen uns über jedes der Kinder.

Hilf uns,
ihre Originalität wahrzunehmen und zu fördern.
Lass uns nie vergessen,
dass die Kinder unsere Zeit
und unsere Zuwendung brauchen,
unseren Mut zur Erziehung.

Unsere herzliche Liebe zu den Kindern soll sie nicht
einengen, sondern sie befähigen,
freie Persönlichkeiten zu werden,
die ihren Weg zu dir und zu den Menschen gehen.

Lege du auch unseren Kindern die Hände auf,
segne sie
und beschütze sie vor dem Einfluss des Bösen.
Amen

DORIS UND MANFRED GERWING

SEGNE DIE KINDER

Segne die Kinder, Herr,
segne ihren Schlaf in dieser Nacht.
Segne ihre Träume, Herr,
die Träume von einem schönen Leben,.
die Träume von Frieden und Eintracht,
die Träume von Geborgenheit und Liebe,
die Träume von einer anderen Welt.
Segne ihr Verlangen, Herr,
ihr Verlangen nach Gerechtigkeit,
ihr Verlangen nach Wohlstand,
ihr Verlangen nach Entwicklung,
ihr Verlangen nach Wissen und Arbeit.
Segne ihren Körper, Herr,
ihren Körper, der reift,
ihren Körper, der sie stolz und auch unsicher macht,
ihre Augen, damit sie das Schöne sehen,
ihre Ohren, damit sie das Richtige hören,
ihren Geist, damit sie sie Recht und Unrecht unterscheiden,
ihre Hände, damit sie das Richtige tun und
zugreifen, wo Hilfe not tut.
Segne ihre Beine, Herr,
damit sie den Weg zu dir gehen und nicht stolpern.
Segne meine Kinder, Herr.

PETER FEICHTINGER

Familie

GEBET FÜR DIE FAMILIE

Gott unseres Lebens, du bist vertraut mit dem Glück und der Not unseres
Miteinanders.
Wir danken dir für den großen Segen, den Kinder in unsere Familien
bringen und dort erfahren durch ihre Eltern.
Wir danken für so viel gelebte Treue und Sorge im Alltag unserer Familien.
Wir bitten dich für unsere Familien:
Stärke sie alle in den täglichen Anforderungen des Zusammenlebens.
Hilf ihnen, die Freude und den Kummer miteinander zu teilen und verant-
wortlich miteinander umzugehen.
Schenke du ihnen ein Klima des Wohlwollens, der gegenseitigen Wert-
schätzung und des Vertrauens, damit sie liebevoll miteinander auskommen
und füreinander da sind.
Lass sie so in der Liebe wachsen und gute Lösungen für die anstehenden
Probleme finden. Erhalte ihre Liebe lebendig, damit sie einander Halt geben,
aber auch lassen können, wenn es Zeit dafür ist.
Segne du unsere Familien, damit sie auch in Zukunft lebenswichtige Räume
bleiben, die es zu achten, zu schätzen und zu schützen gilt. Amen.

PAUL WEISMANTEL

GEBET FÜR TEILFAMILIEN – ALLEINERZIEHENDE

Du Gott unseres Lebens,
die Situation in unseren Familien
ist sehr vielschichtig und vielfältig.
Es wachsen Kinder mit nur einem
Elternteil auf. Mütter oder auch Väter
leben als Alleinerziehende mit ihrem
Kind oder ihren Kindern zusammen.
Durch Trennungen und Scheidungen
bilden sich Familien, in denen Kinder
von verschiedenen Eltern miteinander
zurecht kommen müssen.
Für alle Beteiligten erfordern diese
Situation ein großes Einfühlungsvermögen
und viel Verständnis, Toleranz und Geduld
im Umgang miteinander.
Stärke du ihnen den Rücken, damit sie
all das bewältigen können, was zu ihrer
Situation gehört.
Zeige du ihnen gute Wege zu einem
vertrauensvollen Miteinander und gib
ihnen die Bereitschaft, einander so
anzunehmen, wie sie sind.

PAUL WEISMANTEL

SEGEN FÜR DIE FAMILIEN

Segne, o Gott, unsere Familien, als Orte und Gemeinschaften, in denen die Liebe zuhause ist und die Freude wohnt, aber auch die Sorge und so manche bange Frage.

Segne, o Gott, unsere Kinder, in denen so viel Leben steckt, damit sie stark werden für das Leben, ihre eigenen Schwächen und auch die ihrer Mitmenschen gut annehmen lernen.

Segne, o Gott, die Eltern, die viel Zeit und Kraft aufbringen für die Erziehung ihrer Kinder, schenke ihnen die Zuversicht, dass du ihnen darin beistehst und die Kräfte erneuerst, wenn sie am Ende sind.

Segne, o Gott, die Großeltern, die das Glück ihrer Enkelkinder als großes Geschenk schätzen, sich sehr darüber freuen und dir dafür von Herzen danken.

Segne, o Gott, vor allem die Familien, die ein krankes, ein schwer krankes oder ein Kind mit einer Behinderung haben. Sie brauchen deine Hilfe in ihrer Situation, mit all den vielen Belastungen ganz besonders.

PAUL WEISMANTEL

IM DUNKEL
VON SCHULD,
LEID UND TOD

Schuld und Sünde,
Vergebung und Verzeihung

SÜNDENBEKENNTNIS UND VERGEBUNG

Selig der Mensch, dem der HERR die Schuld nicht zur Last legt
und in dessen Geist keine Falschheit ist.
Solang ich es verschwieg, zerfiel mein Gebein,
den ganzen Tag musste ich stöhnen.
Denn deine Hand liegt schwer auf mir bei Tag und bei Nacht;
meine Lebenskraft war verdorrt wie durch die Glut des Sommers.
Da bekannte ich dir meine Sünde
und verbarg nicht länger meine Schuld vor dir.
Ich sagte: Meine Frevel will ich dem HERRN bekennen.
Und du hast die Schuld meiner Sünde vergeben.
Darum soll jeder Fromme zu dir beten;
solange du dich finden lässt.
Fluten hohe Wasser heran,
ihn werden sie nicht erreichen.
Du bist mein Schutz, du bewahrst mich vor Not
und rettest mich und hüllst mich in Jubel. [Sela]

PSALM 32,2–7

VATER, VERGIB MIR MEINE SCHULD

Vater, vergib mir meine Schuld.
Vergib, auch wenn ich siebenmalsiebzigmal
unfähig bin,
Versagen und Fehler einzugestehen.
Auch wenn ich siebenmalsiebzigmal unfähig bin,
anderen zu vergeben.
Sieh an mein Wollen
und schaue nicht auf meine Unfähigkeit.
Vater, ich will vergeben.
Hilf mir, das nicht nur zum Schein zu tun.
Nicht so, dass ich halbherzig vergesse.
Nicht so, dass ich gequält auf Rache verzichte.
Nicht so, dass ich damit meine Güte beweise.
Sondern so, dass ich offen auf andere zugehe.
Ich will mein vermeintliches Recht aufgeben
und neu mit dem anderen anfangen.
Ich will dorthin gehen, wo er steht und auf mich wartet:
jenseits von seinem Stolz, von seiner Rechthaberei,
von seiner Angst.
Ich will es lernen, zwischen seinen verletzenden Worten
und seiner Person zu unterscheiden.
Ich will nicht mein Misstrauen pflegen,
sondern das hinter mir lassen,
was mich hemmt, anderen zu vertrauen.
Ich will mich auf deine Vergebung verlassen.
Und dann den ersten Schritt tun,
wortlos und ohne Vorwurf.
Und keine Bitterkeit soll übrigbleiben,
nur die Freude des Verstehens
und neu geschenkter Gemeinsamkeit.

HELGE ADOLPHSEN

HERR, SIEH AN MEINE SCHULD

Herr, sieh an meine Schuld,
weil du mir oft so unwichtig bist.
Ich nehme mir zu wenig Zeit,
um dir mein Leben auszubreiten,
meine Wünsche und Sehnsüchte,
meine Nöte und Ängste.
Du könntest so vieles heilen,
wenn ich nur mit dir redete.
Ich aber bin festgebunden
an meine Aufgaben,
an meine Gewohnheiten,
an Menschen –
bin ich noch frei für dich?
Herr, erbarme dich!

Herr, sieh an meine Schuld,
weil ich an meinen Schwestern und Brüdern
so vieles auszusetzen habe.
Ich ärgere mich über ihre
Unzuverlässigkeit und Säumigkeit,
über ihre Gleichgültigkeit und Ungeduld,
über ihre Gewohnheiten
und Besonderheiten.
Und doch bin ich wie sie,
ich überhöre Hilferufe,
sehe an der Not vorbei,
bin träge und kapsele mich ab.
Christus, erbarme dich!

Herr, sieh an meine Schuld,
weil ich deine Geschenke
so selbstverständlich annehme.
Jeder Tag ist ein Geschenk von dir.

Und doch beginne ich viele Tage so lustlos,
sehe nur die Pflichten und Aufgaben,
vergesse den Dank,
den Dank, dass du mir Kraft für alles gibst,
den Dank, dass du mich leben lässt,
den Dank, dass du mir Freunde schenkst
und selbst fähig zur Freundschaft machst.
Herr, erbarme dich!

IRMELA MIES-SUERMANN

AGNUS DEI

Lamm Gottes,
Du nimmst hinweg die Sünden der Welt:
erbarme Dich unser.

Lamm Gottes,
Du nimmst hinweg die Sünden der Welt:
erbarme Dich unser.

Lamm Gottes,
Du nimmst hinweg die Sünden der Welt:
gib uns Deinen Frieden.

BITTE UM VERGEBUNG UND NEUSCHAFFUNG

Gott, sei mir gnädig nach deiner Huld,
tilge meine Frevel nach deinem reichen Erbarmen!
Wasch meine Schuld von mir ab
und mach mich rein von meiner Sünde!
Denn ich erkenne meine bösen Taten,
meine Sünde steht mir immer vor Augen.
Gegen dich allein habe ich gesündigt,
ich habe getan, was böse ist in deinen Augen.
So behältst du recht mit deinem Urteilsspruch,
lauter stehst du da als Richter.
Siehe, in Schuld bin ich geboren
und in Sünde hat mich meine Mutter empfangen.
Siehe, an Treue im Innersten hast du Gefallen,
im Verborgenen lehrst du mich Weisheit.
Entsündige mich mit Ysop, dann werde ich rein;
wasche mich und ich werde weißer als Schnee!
Lass mich Entzücken und Freude hören!
Jubeln sollen die Glieder, die du zerschlagen hast.
ıVerbirg dein Angesicht vor meinen Sünden,
tilge alle Schuld, mit der ich beladen bin!
Erschaffe mir, Gott, ein reines Herz
und einen festen Geist erneuere in meinem Innern!

PSALM 51,3–12

GOTT VERGIB UNS UNSERE SCHULD, SEI UNS GNÄDIG IN GEDULD

Gott wir kommen zu dir,
wir wissen um unsere Verhärtungen im Herzen, im Denken, im Reden und Tun, in Abwendung und Verachtung, im Vergessen und Verdrängen, im üblen Nachreden und Andeuten, im Reden über jemand, der nicht dabei ist. Gott, wir sind da, und du bist in unserer Mitte als der, der unser Herz wieder weit und hellsichtig machen kann, empfänglich und nachdenklich, gütig und bereit zum Verzeihen, offen für Kommendes, erwartungsvoll für Dein Wort und Tun in unserer kleinen und großen Welt; lass uns deine Spuren sehen und erkennen, wie du in unser Leben hineinsprichst.
Oft leiden wir selber darunter, dass unser Herz und unsere Zunge unehrlich sind, dass wir verletzt haben, unser Versprechen nicht gehalten und da und dort angegeben haben, bloß um uns größer zu machen. Wir leiden unter unserer Unfertigkeit und bitten dich: Nimm das Herz aus Stein weg und gib uns ein Herz aus Fleisch.
Unser Herz geht oft in die Irre, wir sehen zu wenig die Menschen um uns. In Gedanken, Worten und Werken versündigen wir uns aneinander, das schadet uns und den anderen auch; jeder böse Gedanke wirkt sich aus in unserem Herzen, das Klima unter uns leidet, deine Gegenwart wird verdunkelt durch unsere Ich-Sucht, deshalb bitten wir dich um dein Erbarmen. Gott, du hast uns geschaffen, jeden von uns ganz einmalig und kostbar. Dein wertschätzender Blick stärkt unsere ganz persönliche Berufung mit all den Gaben, die du uns geschenkt hast. Heute – in dieser Stunde – bitten wir dich: Ermutige unser Herz, dass es von neuem sich aufmacht, die gute Gelegenheit ergreift und sich einlässt auf Dein Wort und all die Möglichkeiten, die uns das Leben gibt. Schenke uns ein bewegliches, liebendes Herz!

GEBET AUS DER NEUBAUGEMEINDE BALDHAM,
MARTIN THURNER (HRSG.)

LOBLIED AUF DEN BARMHERZIGEN
UND GERECHTEN GOTT

Preise den HERRN, meine Seele,
und alles in mir seinen heiligen Namen!
Preise den HERRN, meine Seele,
und vergiss nicht, was er dir Gutes getan hat!
Der dir all deine Schuld vergibt
und all deine Gebrechen heilt,
der dein Leben vor dem Untergang rettet
und dich mit Huld und Erbarmen krönt,
der dich dein Leben lang mit Gaben sättigt,
wie dem Adler wird dir die Jugend erneuert.
Der HERR vollbringt Taten des Heils,
Recht verschafft er allen Bedrängten.
Er hat Mose seine Wege kundgetan,
den Kindern Israels seine Werke.
Der HERR ist barmherzig und gnädig,
langmütig und reich an Huld.
Er wird nicht immer rechten
und nicht ewig trägt er nach.
Er handelt an uns nicht nach unsern Sünden
und vergilt uns nicht nach unsrer Schuld.
Denn so hoch der Himmel über der Erde ist,
so mächtig ist seine Huld über denen, die ihn fürchten.
So weit der Aufgang entfernt ist vom Untergang,
so weit entfernt er von uns unsere Frevel.
Wie ein Vater sich seiner Kinder erbarmt,
so erbarmt sich der HERR über alle, die ihn fürchten.
Denn er weiß, was wir für Gebilde sind,
er bedenkt, dass wir Staub sind.
Wie Gras sind die Tage des Menschen,
er blüht wie die Blume des Feldes.
Fährt der Wind darüber, ist sie dahin;
der Ort, wo sie stand, weiß nichts mehr von ihr.

Doch die Huld des HERRN währt immer und ewig für alle, die ihn fürchten.
Seine Gerechtigkeit erfahren noch Kinder und Enkel,
alle, die seinen Bund bewahren,
die seiner Befehle gedenken und danach handeln.
Der HERR hat seinen Thron errichtet im Himmel,
seine königliche Macht beherrscht das All.
Preist den HERRN, ihr seine Engel,
ihr starken Helden, die sein Wort vollstrecken,
die auf die Stimme seines Wortes hören!
Preist den HERRN, all seine Heerscharen,
seine Diener, die seinen Willen tun!
Preist den HERRN, all seine Werke, an jedem Ort seiner Herrschaft!
Preise den HERRN, meine Seele!

PSALM 103

WIE GUT BIST DU, MEIN GOTT

Wie gut bist du, mein Gott, du bleibst dir treu. Das zerknickte Rohr zerbrichst du nicht, und den glimmenden Docht löschst du nicht aus. Und handelst du nicht bis heute so, jeden Tag? Rufst du uns nicht durch die Stimme deiner Kirche zu: Wie groß unser Verbrechen auch sein mag, wie lange unsere Untreue auch dauern mag, wir brauchen nur zu dir zurückzukehren, zu bereuen, und schon sind wir gerettet; nicht nur vom Bösen befreit, sondern eingesetzt als Erben aller Ehren und allen Glücks. Es gibt keinen noch so großen Sünder, keinen noch so hart gesottenen Verbrecher, dem du nicht – sofern er nur eine einzige Regung des guten Willens zeigt – das Paradies anbietest, wie du es dem guten Schächer verheißen hast.

CHARLES DE FOUCAULD

Leid, Krankheit, Verwundungen, Verletzungen

GOTTVERLASSENHEIT UND RETTUNG DES TODGEWEIHTEN ARMEN

Mein Gott, mein Gott, warum hast du mich verlassen,
bleibst fern meiner Rettung, den Worten meines Schreiens?
Mein Gott, ich rufe bei Tag, doch du gibst keine Antwort;
und bei Nacht, doch ich finde keine Ruhe.
Aber du bist heilig,
du thronst über dem Lobpreis Israels.
Dir haben unsere Väter vertraut,
sie haben vertraut und du hast sie gerettet.
Zu dir riefen sie und wurden befreit,
dir vertrauten sie und wurden nicht zuschanden.
Ich aber bin ein Wurm und kein Mensch,
der Leute Spott, vom Volk verachtet.
Alle, die mich sehen, verlachen mich,
verziehen die Lippen, schütteln den Kopf:
Wälze die Last auf den HERRN! Er soll ihn befreien,
er reiße ihn heraus, wenn er an ihm Gefallen hat!
Du bist es, der mich aus dem Schoß meiner Mutter zog,
der mich anvertraut der Brust meiner Mutter.
Von Geburt an bin ich geworfen auf dich,
vom Mutterleib an bist du mein Gott.
Sei mir nicht fern, denn die Not ist nahe
und kein Helfer ist da!

PSALM 22,2–12

LEIDENSGEBET

Heute beten wir für alle,
die vom zweiten Geheimnis
des schmerzhaften Rosenkranzes
zur Zeit besonders betroffen sind:
– für die Blamierten und Ignorierten
– für jene, die andere verspotten
– für die Schikanierten und Ruinierten
– für jene, die andere schlecht machen
– für die Traumatisierten und Tyrannisierten
– für Opfer und Täter sexualisierter Gewalt
– für alle, die man verdächtigt und verleumdet
– für jene, die andere ausnützen und missbrauchen
– für alle, deren Ehre man beschmutzt
– für jene, die ihrer Würde beraubt sind
– für Gedemütigte und Geschändete
– für Zerbrochene und Verbrecher
– für Wehrlose und Verwahrloste
– für Belogene und Betrogene
– für Verlorene und Verlassene
– für uns, wenn wir falsch urteilen
– für uns, wenn wir weg schauen
– für uns, wenn wir feige schweigen

PAUL WEISMANTEL

»SELIG SIND, DIE DA LEID TRAGEN, DENN SIE SOLLEN GETRÖSTET WERDEN.« (MT 5,4)

Wir hören das Trostversprechen
und bleiben dennoch ungetröstet.
Wir sehen Menschen unter uns,
die zu Boden gedrückt werden
von unerträglicher Last.
Ihre Seele verkümmert,
ihr Körper wird krank.
Viele vereinsamen,
weil nahe Menschen fehlen,
weil sie müde werden,
an die Grenze des Verstehens kommen,
innerlich fortgehen.
Wir erkennen die Not,
dass gebeugte Menschen
wieder und wieder zu Opfern werden
und sich nicht befreien können
aus ihren Verstrickungen.
Wir sehen die Scham in den Augen der Ungeliebten.
Wir spüren die Angst derer,
die ihrer selbst nicht sicher sind.
Wann erfahren wir Verstummten,
wann die zu Tode Erschöpften Trost?
Wir fragen, klagen für alle,
die am Ende sind.
Sie können nicht warten,
haben schon viel zu lange gewartet.
Warum schweigst du?

SABINE NAEGELI

SCHREIEN KÖNNTE ICH

Schreien könnte ich,
klagen, schimpfen und fluchen,
gerade jetzt,
Gott des Himmels und der Erde.

Gerade jetzt
bin ich außer mir
vor Ohnmacht und Zorn,
die mich auf den Weg bringen zu Dir,
Gott des Himmels und der Erde.

Unerträglich hast Du
unser Leben werden lassen,
nur manchmal durchbrochen
von Augenblicken der Liebe, der Schönheit,
der Wahrheit und des Guten,
doch zumeist entsetzlich entstellt
zu einer Ewigkeit
des langsamen Niedergangs.

Schreien könnte ich,
klagen, schimpfen und fluchen,
gerade jetzt,
aber zustande bringe ich nur
ein Gewimmer, ein Gestammel, ein Seufzen.
Reicht es Dir,
damit Du der Gott
des Himmels und der Erde bleibst?

NORBERT COPRAY

WARUM HILFST DU UNS NICHT, GOTT, WARUM?

Würden wir Deine Hilfe überhaupt annehmen können,
wo wir uns doch mit den Gedanken tragen,
alles selber wissen und regeln zu können?

Würden wir nicht Deine Hilfe
binnen Tagesfrist ins Gegenteil verkehren?
Und würdest Du uns helfen können,
ohne andere in Not zu bringen?

Es fragt sich so leicht nach Hilfe von oben,
von daher, wo Macht vermutet wird,
Stärke und Heilung ohne Ende.

Dabei bist Du doch schon
die Innenseite der Hilfe,
die wir einander gewähren,
die Innenseite des Beistands,
mit denen die Bedürftigen und Leidenden
zur Gemeinschaft finden.

Wie gut, dass Du auf unser Drängen hin
nicht einfach als Hilfe von oben herabkommst,
als Rechtfertigung der Hierarchien,
die sich als Dienst von oben
für die da unten ausgeben.

Du kommst von unten,
aus Erde und Boden,
wie Wurzel und Same,
wächst empor,
breitest Dich aus in Millionen von Leben.

Dass wir uns in unserer Liebe zum Leben
Deiner Hilfe, Deiner Weisheit,
Deiner Dynamik von unten nach oben
anvertrauen,
hilf uns!

NORBERT COPRAY

HERR, WIE DU WILLST

HERR, wie du willst, soll mir geschehn,
und wie du willst, so will ich gehn,
hilf deinen Willen nur verstehn.

HERR, wann du willst, dann ist es Zeit,
und wann du willst, bin ich bereit,
heut und in alle Ewigkeit.

HERR, was du willst, das nehm' ich hin,
und was du willst, ist mir Gewinn,
genug, dass ich dein Eigen bin.

HERR, weil du's willst, drum ist es gut,
und weil du's willst, drum hab ich Mut.
Mein Herz in deinen Händen ruht.

LIEBLINGSGEBET DES SELIGEN
PATER RUPERT MAYER SJ (1876–1945)

IN ALLEM

In der Bedrängnis
der vielen offenen Fragen
willst du mich bewahren
und mit mir ertragen, was ich
nicht zu ändern vermag.

In der Schwere
so vieler Belastungen
willst du mich stärken
und mir beistehen,
damit ich standhalten kann.

In der Trübsal
der vielen Traurigkeiten
willst du mich trösten
und bei mir sein,
damit ich nicht verzweifle.

In der Sehnsucht
nach geglücktem Leben
willst du mich ermutigen
und mir helfen, damit ich
das Leben in Fülle finde.

PAUL WEISMANTEL

GEBET IN BESONDERER NOT

Herr Gott,
großes Elend ist über mich gekommen.
Meine Sorgen wollen mich erdrücken.
Ich weiß nicht ein noch aus.
Gott sei gnädig und hilf.
Gib Kraft zu tragen, was Du schickst.
Lass die Furcht nicht über mich herrschen,
sorge Du väterlich für die Meinen,
für Frau und Kinder.

Barmherziger Gott, vergib mir alles,
was ich an Dir
und den Menschen gesündigt habe.
Ich traue Deiner Gnade und gebe mein
Leben ganz in Deine Hand.
Mach Du mit mir, wie es Dir gefällt und
wie es gut für mich ist.
Ob ich lebe oder sterbe, ich bin bei Dir
und Du bist bei mir, mein Gott.
Herr, ich warte auf Dein Heil
und auf Dein Reich.
Amen.

DIETRICH BONHOEFFER (1906–1945)

EUER KUMMER WIRD SICH IN FREUDE WANDELN (JOH 16,20)

Gott, himmlischer Vater, ich denke an die vielen Menschen in Trauer, Sorge, Not und Kummer. Zu Recht haben frühere Zeiten unsere Erde als ein Jammertal bezeichnet. Mich bedrückt die Trauer von Menschen, die den Ehemann, die Ehefrau, das Kind, die Eltern, den Vertrauten und Anvertrauten durch ein schlimmes Schicksal verloren haben. Ich sorge mich mit denen, die keine Grundlage für ihr Leben mehr erkennen. Mein Gedenken gilt den vielen, die bei Verkehrsunfällen und anderen Unglücken für ihr ganzes Leben verstümmelt wurden. Viele unter uns sind es, deren Gemüt schwer ist, die die Sonne am Himmel nicht wahrnehmen und die Freude des Daseins nicht empfinden können. Mein Gedanke geht auch zu denen unter uns, die ihren Tagen selber ein Ende bereiten möchten, weil sie keinen Ausweg für sich mehr sehen. Dann aber werden mir auch jene bewusst, die durch ihr Verhalten und ihre Taten anderen Kummer bringen, deren Leben zerstören.

Gott und Vater, unsere Welt ist voll des Leids. Ich weiß, du hast es nicht geschaffen. Aber du lässt es zu. Du möchtest jedoch auch, dass ich Jesus höre, der mir und allen anderen sagt: »Ihr werdet weinen und klagen, aber die Welt wird sich freuen. Ihr werdet bekümmert sein, aber euer Kummer wird sich in Freude verwandeln.« Jetzt ist unser Weinen und Klagen traurige Wirklichkeit und schlimmer noch deshalb, weil es in einer Welt ohne dich Menschen gibt, die sich darüber noch freuen. Unser Kummer aber soll in Freude verwandelt werden, lautet deine froh machende Botschaft. »Wenn die Frau gebären soll, ist sie bekümmert, weil ihre Stunde da ist; aber wenn sie das Kind geboren hat, denkt sie nicht mehr an ihre Not über der Freude, dass ein Mensch zur Welt gekommen ist.«

Die Hoffnung auf dich, den Gott meines Lebens, möge neu in mir geboren werden. Bei aller Trauer und in jedem Kummer lass mich wissen, dass dein Lohn für alle irdische Plage die unvergängliche Freude bei dir sein wird. Aus diesem Glaubenswissen heraus tröstest du meine Trauer, linderst du meinen Schmerz, erhellst du alles Dunkel, hilfst du meinen Kummer tragen.

Höre jedoch mein Gebet für alle, die deinen Trost nicht verspüren. Mit deinem Beistand lass sie ihr Schicksal bewältigen und einmal erfahren, dass die Botschaft Jesu auch ihnen gilt: »Jetzt seid ihr bekümmert, aber ich werde euch wiedersehen; dann wird euer Herz sich freuen, und niemand nimmt euch eure Freude.«

WOLFGANG OBERRÖDER

VATER IM HIMMEL

Vater im Himmel, ich bitte weder um Gesundheit noch um Krankheit, weder um Leben noch um Tod, sondern darum, dass du über meine Gesundheit und Krankheit, über mein Leben und meinen Tod verfügst zu deiner Ehre und zu meinem Heil. Du allein weißt, was mir dienlich ist. Du allein bist der Herr; tue, was du willst. Gib mir, nimm mir, aber mach meinen Willen dem deinen gleich.

BLAISE PASCAL (1623–1662)

HERR, ICH KENNE DEN MASSSTAB NICHT

Herr, ich kenne
den Maßstab nicht,
nach dem Du die Lasten verteilst.
Ich weiß nicht,
warum Du es zulässt,
dass Kindern die Mütter
und Müttern die Kinder
genommen werden.
Ich habe Fragen, Herr.
Geh an ihnen nicht achtlos vorüber.

BERNHARD MEUSER

GEBET

Herr! schicke, was du willst,
Ein Liebes oder Leides;
Ich bin vergnügt, dass beides
Aus Deinen Händen quillt.

Wollest mit Freuden
Und wollest mit Leiden
Mich nicht überschütten!
Doch in der Mitten
Liegt holdes Bescheiden.

EDUARD MÖRIKE (1804–1875)

Tod, Sterben und Trauer

O Herr, gib jedem seinen eignen Tod.
Das Sterben, das aus jenem Leben geht,
darin er Liebe hatte, Sinn und Not.

RAINER MARIA RILKE (1875–1926)

UM EINE GUTE TODESSTUNDE

Herr über Leben und Tod, Jesus Christus, dem wir leben und sterben, ich
bitte Dich bei Deinem hochheiligen und bitteren Tod am Kreuz, verleih mir,
dass Deine Ankunft bei meinem Tode mich nicht als schlafenden, unvor-
bereiteten und trägen, sondern als wachen und guten Knecht antreffe.
Verleihe mir in jener Stunde lebendigen Glauben, festes Vertrauen, bren-
nende Liebe und große Geduld. Gib, dass ich mich mit vollem Bewusstsein
in Deine Hände empfehle und im heiligen Frieden entschlafe, dass ich sicher
in Dein Reich eingehe, das Du uns um so einen teuren Preis erworben hast.
Du hast dem Schächer selbst bei später Reue Dein Reich verheißen und in
Deiner überaus großen Güte vergeben. Gedenke auch meiner, o Herr.
Amen.

PETRUS CANISIUS SJ (1521–1597)

DER EWIGE GOTT – DER VERGÄNGLICHE MENSCH

Zum Staub zurückkehren lässt du den Menschen,
du sprichst: Ihr Menschenkinder, kehrt zurück!
Denn tausend Jahre sind in deinen Augen wie der Tag,
der gestern vergangen ist,
wie eine Wache in der Nacht.
Du raffst sie dahin, sie werden wie Schlafende.
Sie gleichen dem Gras, das am Morgen wächst:
Am Morgen blüht es auf und wächst empor,
am Abend wird es welk und verdorrt.
Ja, unter deinem Zorn schwinden wir hin,
durch deine Zornesglut werden wir starr vor Schrecken.
Unsere Sünden hast du vor dich hingestellt,
unsere verborgene Schuld in das Licht deines Angesichts.
Ja, unter deinem Grimm gehen all unsere Tage dahin,
wir beenden unsere Jahre wie einen Seufzer.
Die Zeit unseres Lebens währt siebzig Jahre,
wenn es hochkommt, achtzig.
Das Beste daran ist nur Mühsal und Verhängnis,
schnell geht es vorbei, wir fliegen dahin.
Wer erkennt die Macht deines Zorns
und fürchtet deinen Grimm?
Unsere Tage zu zählen, lehre uns!
Dann gewinnen wir ein weises Herz.

PSALM 90,3–12

HERR, LEHRE UNS BEDENKEN, DASS WIR STERBEN MÜSSEN

Herr, lehre uns bedenken, dass wir sterben müssen, auf dass wir klug werden! Du hast uns Lebenszeit gegeben. Lass uns menschlich damit umgehen: dass wir uns Zeit nehmen für die Sorgen des Nächsten, für ein Wort der Liebe, für eine hilfreiche Tat; dass wir uns Zeit nehmen, zuzuhören, nachzudenken und da zu sein, wo es nötig ist. Bewahre uns davor, dass wir unsere Zeit nur für uns selbst verbrauchen, sie anderen stehlen oder unsere Tage zubringen wie ein Geschwätz. Ewiger Gott, Du nimmst Dir Zeit für uns. Gib uns den Mut, dass wir uns Zeit nehmen für die Ewigkeit, indem wir auf Dich hören und Dich anrufen...
Herr, Du hast uns gehört. Nun rede mit uns. Amen.

EBERHARD JÜNGEL

AM ENDE

Wo werde ich letztlich sein
am letzten meiner Tage,
in meiner letzten Stunde,
an meinem letzten Ende?
Was wird letztlich sein,
wenn mich die Kräfte
verlassen, wenn ich alles
zurücklassen und den
letzten Weg gehen muss?
Wo werde ich letztlich sein,
wenn in meiner Sterbestunde
die letzte Stunde schlägt,
mit meinen Gedanken,
mit Leib und Seele?
Was wird letztlich sein,
wenn es um die letzten,
die schrecklichsten oder
sogar besten Dinge geht?
Wo werde ich letztlich sein
im Angesicht des Todes,
wenn mein letztes Ende naht,
in deiner Hand, o Gott?

PAUL WEISMANTEL

DAS UNAUFSCHIEBBARE ENDE

Verdrängen
hat keinen Zweck, Herr.
Wir werden älter.
Es nutzt nichts zu sagen: Ich noch nicht!
Die schwarzumrandeten Traueranzeigen
in den Zeitungen
weisen auf das unaufschiebbare Ende hin.

Die Einschläge kommen näher,
sagt ein Bekannter,
als handle es sich beim Tod
um einen Bombenangriff.

Ja, eines Tages wird es mich treffen.
Eines Tages steht der Tod
vor der Tür.
Komm, es ist Zeit.

Ich habe das Vertrauen, Herr,
dass du deinen Boten
nicht zu einem Zeitpunkt schickst,
an dem er mich
nicht bereit findet,
an dem ich die begonnene Arbeit
abbrechen und aufgeben muss.

Ich möchte den Tod empfangen
wie einen erwarteten Gast.
Mit bestelltem Haus,
mit hochzeitlichem Gewand.

Dazu verhilf mir, Herr.
Das ist die letzte aller meiner Bitten.
Amen.

HERMANN MULTHAUPT

TOD, SCHLEUDERE MICH NICHT IN DEIN FELD

Tod, schleudere mich nicht in dein Feld, damit nicht von dem Unkraut, das in mir wuchert, dein Acker mit Dornen angefüllt werde und das Unkraut darauf überhand nehme! Gewähre mir lieber Aufschub, bis ich guter Weizensame geworden bin, damit dein Feld durch mich gesegnet werde und dein Werk Gott wohl gefalle! (…) Lass mich nicht vor dein Angesicht kommen, bevor ich heilig bin! (…) Gnade, gib mir dein Wort, dass ich wenigstens eine Stunde bußfertig sein möge! Denn von einem Augenblick zum andern werde ich von hundert Winden umgetrieben – Minute für Minute, Stunde für Stunde bin ich bald im Stande der Gerechtigkeit, bald im Stande der Sünde. Einmal bin ich im Himmel, ein andermal krieche ich wieder im tiefsten Abgrund. (…) An einem einzigen Tage ändere ich mich tausendmal und noch öfter; wie ein Rad drehe ich mich unzählige Male herum. Mit meinem Weizen ist Unkraut vermischt und mit dem Unkraut Spreu, und der gute Same ist unter den Dornen auf dem Acker deines Knechtes. Beständig wechsle ich in der Gesinnung des Knechtes und des Herrn, täglich und stündlich spiele ich bald die Rolle des Königs, bald die des Bettlers. Bald bin ich der Herr der Seele, bald der Sklave ihres Gefährten, des Leibes, bald erscheine ich als König mit dem Diadem, dann wieder im tiefsten Elend!

Gott, dem die Lebenden und die Toten in gleicher Weise unterstehen, ich verlange nichts außer Dich, tue mit mir nach Deiner Barmherzigkeit! Niemand anderem außer Dir will ich meine Not erzählen. Durch Deine vollkommene Gabe möge mir das Heil zuteil werden, um das ich Dich bitte! (…) O Herr, verwandle erst meine Ähre in Brot, und dann möge der Schnitter an mich herantreten! Fülle meine Traube mit Wein, dann möge der Winzer sich nahen! Dein Wort ist inhaltsreicher als das Meer; wie wenig vermag die Zunge davon zu schöpfen!

ISAAK VON ANTIOCHIEN († 460)

SEGEN BEIM ABSCHIEDNEHMEN

Angesichts des Sterbens
wünsche ich dir
Hände
die dich zärtlich halten
Ohren
die deine kargen Worte hören
Lippen
die dir erzählen vom Leben
das stärker ist als der Tod
Herzen
die im Puls des Lebens
die göttliche Zuwendung erahnen

Zärtlich-aufrichtende Freundschaftsgesten wünsche ich dir
die du als Segenszeichen Gottes erkennen darfst

Gott
der uns im Leben und Sterben beim Namen ruft
sei unsere verbindende Mitte
über den Tod hinaus

PIERRE STUTZ

TRAUER PACKT KALT MEIN HERZ AN

O Gott.
wüßte der Mensch. ehe er geboren wird,
wie bitter der Tod ist.
er würde sich das Leben nicht wünschen.
Doch wir leben, und wir wissen jeden Tag:
Wir müssen sterben.
Näher kommt das Ende mit jedem Tag.
Herr,
und heute ist der Tod in unser Haus gekommen.
Herr,
der Vater ist gestorben.
Da liegt sein Körper vor uns.
Alles, was er war, liegt da.
Doch wir wissen auch,
daß der Glaube an Dich in ihm war.
Herr.
wir wissen,
daß Du ihn aufnimmst in Dein ewiges Reich,
um des Glaubens willen, den Du in ihn sätest.
Herr.
an dem hält er sich fest, wenn er zu Dir kommt.
Herr,
traurig sind wir und betrübt durch den Tod,
und bis an den Tod.
Herr,
da ist kein Trost in uns.
Herr,
wie soll ich die Leute trösten und die Geschwister,
wenn mir das Herz bricht?
Herr,
Erlöser, Tröster, Auferwecker, tröste uns.
Den Verstand mit Deinem Wort, das Herz mit Deiner Liebe.
Herr,

bitte tröste uns und nimm den Vater auf,
und leite ihn in Deine ewige Wohnung.
Herr Jesus Christus,
Du bist vorausgegangen, um uns die Wohnungen zu bereiten.
Nimm unseren Vater auf, und tröste uns.
Heiliger Geist, tröste uns.
Amen.

GEBET AUS AFRIKA

ANIMA CHRISTI

Seele Christi, heilige mich.
Leib Christi, rette mich.
Blut Christi, tränke mich.
Wasser der Seite Christi, wasche mich.
Leiden Christi, stärke mich.
O guter Jesus, erhöre mich.
Birg in deinen Wunden mich.
Von dir lass nimmer scheiden mich.
Vor dem bösen Feind beschütze mich.
In meiner Todesstunde rufe mich,
zu dir zu kommen heiße mich,
mit deinen Heiligen zu loben dich
in deinem Reiche ewiglich. Amen.

EIN SEIT DEM 14. JAHRHUNDERT BEZEUGTES GEBET.
Sein Verfasser ist eventuell Papst Johannes XXII.
Der heilige Ignatius von Loyola empfiehlt es in seinen Exerzitien.

MEIN GEWISSEN KLAGT MICH AN

Gütiger Gott,
mein Gewissen klagt mich an.
Ich spüre in mir viele Selbstvorwürfe.
Immer wieder werfe ich mir vor.
Ich kann nicht mehr rückgängig machen,
was ich getan oder gesagt habe.
Aber ich will aufhören,
mich selbst zu beschuldigen.
Ich verzichte auch darauf,
mich zu entschuldigen.
Denn ich spüre, dass ich dann
immer wieder neue Gründe brauche,
um mich schuldlos zu fühlen.
Ich halte dir einfach hin, was in mir ist.
Ich überlasse es deinem Urteil.
Doch ich vertraue,
dass du alles in mir annimmst,
auch das, was nicht so gut war,
wo ich schuldig geworden bin.

Ich halte dir mein Herz hin mit all dem,
was jetzt in mir auftaucht.
Auch meine Enttäuschung halte ich dir hin.
Dann bricht sie mich auf für dich.
Dann zeigt sie mir, dass ich nicht auf mich
oder auf meine Gefühle bauen kann,
sondern letztlich nur auf dich
als den wahren Grund meines Lebens.
Denn vor dir darf alles sein.

In deinem liebenden Blick
verliert all das Negative in mir an Macht.
Es ist noch da, aber es hat mich
nicht mehr im Griff.
Wenn ich mich dir schutzlos aussetze,
dann komme ich wirklich zur Ruhe.
Dann hört mein Herz auf,
mich selbst anzuklagen.
Es geht mir auf, was in der Heiligen Schrift
geschrieben steht:
»Wenn das Herz uns auch verurteilt –
Gott ist größer als unser Herz,
und er weiß alles« (Johannesbrief 3,20).
Amen.

Anselm Grün OSB

GEBET BEIM TOD EINES GELIEBTEN MENSCHEN

Herr,
wir legen das Leben von N. N.
ganz in Deine Hände.
Du bist sein/ihr Gott.
Du bist sein/ihr Schöpfer.
Du bist sein/ihr Hirte,
Du bist sein/ihr Freund.
Du bist sein/ihr Leben,
Du bist sein/ihr Himmel.
Lass N. N. daheim sein bei Dir –
in Deinem Reich der Liebe und des Lichtes.

Alle Gedanken und Gefühle,
die uns jetzt bewegen,
mögen zu Dir aufsteigen
und unser Herz weit machen
für Deine tröstende Gegenwart.
Weil Du uns nahe bist, Herr,
sind wir gehalten in allem Schmerz.
Bleibe bei uns, Herr,
und führe unser Denken, Fühlen und Tun
in Deiner Liebe und Deinem Licht.

VERONIKA PABST

JEAN FRANÇOIS MILLET (1814–1875)
Beim Angelusläuten (1858/59)
Öl auf Leinwand, 56 × 66 cm
Paris, Musée d'Orsay

W·BOVGVEREAV   1878

KINDERGEBETE

WIR DÜRFEN MIT ALLEM ZU GOTT KOMMEN

Lieber Gott, wir dürfen mit allem zu dir kommen. Wenn wir uns freuen, wenn wir sauer sind, wenn wir traurig sind. Dir dürfen wir alles sagen, so wie wir Mama und Papa alles sagen können. Du hast uns lieb, wie Mama und Papa uns lieb haben. Darum dürfen wir dich so ansprechen:

Vater unser im Himmel
Namen sind wichtig. Sie sagen uns, wer wer ist. Die Namen der Menschen, die wir lieb haben, sind uns besonders wichtig. Die vergessen wir bestimmt nicht. Lieber Gott, dein Name ist uns auch ganz wichtig, deshalb beten wir:

Geheiligt werde dein Name
Gott, du möchtest, dass die Welt ein Reich des Friedens ist. Wir Menschen sollen in Frieden miteinander leben, ohne Zank und Streit. Lieber Gott, hilf uns und allen Menschen dabei, so zu leben, dass diese Welt Wirklichkeit werden kann. Wir bitten dich:

Dein Reich komme
Gott, du hast uns durch deinen Sohn Jesus gezeigt, wie Leben gelingen kann. Du möchtest, dass wir Jesus nachfolgen und auf das hören, was er uns sagt. Wir bitten darum, dass wir so leben, wie Jesus es uns gezeigt hat und wie du, Gott, es möchtest:

Dein Wille geschehe, wie im Himmel, so auf Erden
Brot ist Lebensmittel, Mittel zum Leben. Viele Menschen leiden Hunger, haben nichts zu essen. Wir bitten um das, was wir zum Leben brauchen: Das tägliche Brot, stellvertretend für das, was uns satt macht:

Unser tägliches Brot gib uns heute
Lieber Gott, du verzeihst uns das, was wir falsch gemacht haben. Du möchtest aber auch, dass wir einander verzeihen, wenn etwas schief gelaufen ist zwischen uns. Deshalb dürfen wir bitten:

Vergib uns unsere Schuld, wie auch wir vergeben unseren Schuldigern
Lieber Gott, mach uns stark, dass wir NEIN sagen, wo wir wissen: Das ist nicht richtig, was wir jetzt tun wollen. Hilf uns, das böse Wort nicht zu sagen und den Streit nicht anzuzetteln.
Lass uns auch an den Gummibären vorbeigehen, wenn Mama verboten hat, davon zu nehmen.

Und führe uns nicht in Versuchung
Auf der Erde gibt es viel Krieg und Terror. Viele Menschen sterben durch Bomben und Terroranschläge. Viele haben kein Zuhause mehr, ihre Häuser sind zerstört, sie sind auf der Flucht. Sie wissen nicht, wie es weitergehen soll. Statt Frieden herrscht Gewalt. Wir bitten dich:

Erlöse uns von dem Bösen
Lass die Verantwortlichen erkennen, dass sie mit Terror und Gewalt nichts erreichen. Zeige ihnen Wege des Friedens. Lass uns alle Schritte des Friedens tun, damit eine Welt des Friedens Wirklichkeit werden kann.

Denn dein ist das Reich und die Kraft und die Herrlichkeit in Ewigkeit. Amen.

PIA BIEHL

SCHENKE UNS AUGEN

Guter Gott!
Schenke uns Augen,
die auch die kleinen Dinge sehen.
Schenke uns Ohren,
die auch die leisen Töne hören.
Schenke uns einen Mund,
der lobt und gute Dinge sagt.
Schenke uns Hände,
die teilen und Gutes tun.
Schenke uns Füße,
die die richtigen Wege gehen.
Schenke uns ein Herz,
das dich und die Menschen liebt.
Schenke uns deinen Segen
und bleib bei uns.
Im Namen des Vaters und des Sohnes
und des Heiligen Geistes. Amen

LIOBA HENKE UND MITARBEITERINNEN IM TEAM
DER KINDERKIRCHE DER DOMPFARREI EICHSTÄTT

ICH WEISS, DU BIST DA

Gott!
Auch wenn ich dich nicht sehe:
Ich weiß doch, du bist da.
Auch wenn ich dich nicht spüre:
Ich weiß doch, du bist da.
Auch wenn ich dich nicht höre:
Ich weiß doch, du bist da.
Gott, ich glaube an dich.
Gott, begleite mich.

LIOBA HENKE UND MITARBEITERINNEN IM TEAM
DER KINDERKIRCHE DER DOMPFARREI EICHSTÄTT

LOBPREIS

Gott, du hast die Welt so wunderbar erschaffen.
Wir loben dich für die Sonne, die heute so warm scheint.
Wir loben dich für die Blumen, die auf unserer Wiese so bunt blühen.
Wir loben dich für die Schmetterlinge, die ganz leise und sacht hin und her
fliegen.
Wir loben dich für den großen Kirschbaum, der uns Schatten gibt.
Wir loben dich für die Erdbeeren, die wir so gerne naschen.
Wir loben dich für den Mond und die Sterne, die am Abend am Himmel
glitzern …
(Kinder und Eltern formulieren eigene Lobpreissätze)
Gott, danke für die Welt.
Lass uns gut mit der Welt umgehen.

LIOBA HENKE UND MITARBEITERINNEN IM TEAM
DER KINDERKIRCHE DER DOMPFARREI EICHSTÄTT

UNSER VATER

Unser Vater, der du bist
im Himmel, auf der Erde.
Kommst zu uns durch Jesus Christ,
damit Frieden werde.

Es sei dein Wille, was geschieht,
denn dein Reich wird kommen,
du mein Gott, der alles sieht,
lass uns nicht verkommen.

Schenk uns täglich Wasser, Brot,
nimm uns Schuld und Sünden,
helfe allen, die in Not,
sollst uns Heil verkünden.

Gib uns Kraft mit deinem Wort,
jenen zu verzeihen,
die, egal an welchem Ort
nach Versöhnung schreien.

Halte Böses von uns fern,
führ nicht in Versuchung.
Christ zu sein und Glaubensstern,
stärke die Berufung.

Dein ist aller Welten Reich,
dir gehören Raum und Zeit.
Vor dir sind wir alle gleich
jetzt und in der Ewigkeit.
Heilig sei mit deinem Namen
ewig alle Schöpfung. Amen.

UWE MARIA NATUS

GEBET MIT EINEM SCHWER KRANKEN KIND

Gott, Du bist mein Vater – bewache mich.
Gott, Du bist meine Mutter – sorge für mich.
Gott, Du bist mein Hirte – führe mich.
Gott, Du bist mein Heiland – heile mich.

Gott, Du bist mein Beschützer – tröste mich.
Gott, Du bist mein Begleiter – steh mir bei.
Gott, Du bist meine Zuflucht – berge mich.
Gott, Du bist meine Quelle – gib mir Kraft.

Gott, Du bist mein Licht – leuchte mir.
Gott, Du bist mein Freund – sei treu bei mir.
Gott, Du bist mein Himmel – umschließe mich.
Gott, Du bist mein Ziel – warte auf mich.

VERONIKA PABST

LIEBER GOTT, ICH MUSS DIR MAL WAS SAGEN

Lieber Gott, ich muss dir mal was sagen!
Ich finde es schön, dass ich mit dir reden kann.
Du hörst mir zu, wenn ich traurig bin,
wenn mich was ärgert und wenn ich mich freue.
Danke, lieber Gott, dass du mir zuhörst
und dass du immer bei mir bist.

PIA BIEHL

ICH BIN GANZ AUFGEREGT, LIEBER GOTT

Ich bin ganz aufgeregt, lieber Gott!
Wir fahren morgen in den Urlaub!
Ich freue mich schon so auf den Strand,
die Wellen, den Wind und die vielen Muscheln.
Mama hat gesagt, wir wollen beten,
dass wir gut ankommen am Urlaubsort.
Lieber Gott, du passt doch immer auf uns auf.
Kannst du morgen besonders gut auf uns und
all die anderen aufpassen, die in Urlaub fahren?
Vielleicht kannst du uns ja einen
Schutzengel mitschicken.
Das wäre toll, lieber Gott!

PIA BIEHL

ES TUT MIR LEID

Lieber Gott,
ich war heute nicht nett.
Meinen Bruder habe ich angelogen,
meine Schwester ausgelacht.
Mit meinen Freunden
habe ich gezankt.
Als Mami schimpfte,
habe ich die Tür zugeknallt.
Es tut mir leid, lieber Gott.
Bitte, verzeih mir!
Morgen soll es besser werden.
Hilf mir dabei!

REINHARD ABELN (1938–2021)

Morgengebete für Kinder

Vom Schlaf bin ich gesund erwacht.
Dir, lieber Gott, sei Dank gebracht.
Lass mich heut' gut und fröhlich sein.
Schütz alle Menschen, groß und klein.

In Gottes Namen steh ich auf.
Herr Jesus, leite meinen Lauf,
begleite mich mit deinem Segen,
behüte mich auf allen Wegen.

Der neue Tag bricht an.
Die Nacht ist nun vergangen.
Herr, alles, was ich kann,
will ich mit dir anfangen.
Den Menschen helfen alle Zeit,
den Frieden lieben, nicht den Streit.
Auf allen guten Wegen,
Herr, hilf mit deinem Segen.

Ich danke, guter Vater, dir
für das Ruhen und das Schlafen.
Segne nun die Hände mir
zum Spielen und zum Schaffen.

Gelobt sei Gott, des Vaters Macht,
Gelobt sei seine Treue.
Er schenkte eine gute Nacht,
er schenkt den Tag aufs Neue.
Lass deinen Segen auf mir ruhn
an allen meinen Tagen.
Und lehre mich das Gute tun,
nach deinem Willen fragen.

Lieber Vater im Himmel mein,
lass mich dir befohlen sein.
Auch diesen Tag, ich bitte dich,
beschütze und bewahre mich.

O Gott, du hast in dieser Nacht
so väterlich für mich gewacht.
Ich lob' und preise dich dafür
und dank' für alles Gute dir.

Bewahre mich auch diesen Tag
vor Sünde, Tod und jeder Plag'
und was ich denke, red' und tu',
das segne, bester Vater, du.

Beschütze auch, ich bitte dich,
o heilger Engel Gottes mich.
Maria bitt' an Gottes Thron
für mich bei Jesus, deinem Sohn,
der hochgelobt sei allezeit
von nun an bis in Ewigkeit.
Amen.

Abendgebete für Kinder

Lieber Gott, kannst alles geben,
gib auch, was ich bitte nun:
schütze diese Nacht mein Leben,
lass mich sanft und sicher ruhn.
Sieh auch von dem Himmel nieder
auf die lieben Eltern mein,
lass uns alle morgen wieder
fröhlich und dir dankbar sein.

NACHTGEBET

Müde bin ich, geh zur Ruh',
schließe beide Äuglein zu:
Vater, lass die Augen dein
über meinem Bette sein.

Hab' ich Unrecht heut getan,
sieh es, lieber Gott, nicht an!
Deine Gnad' und Christi Blut
macht ja allen Schaden gut.

Alle, die mir sind verwandt,
Gott, lass ruhn in deiner Hand!
Alle Menschen, groß und klein,
sollen dir befohlen sein.

Kranken Herzen sende Ruh',
nasse Augen schließe zu.
Lass den Mond am Himmel stehn
und die stille Welt besehn!

LUISE HENSEL (1798–1876)

SCHÖN, DASS ES MICH GIBT

Mein Tag geht nun zu Ende,
ich schließ mein Türchen zu,
falt zum Gebet die Hände,
bevor ich schlaf und ruh.
Du lieber Gott, erhöre
mein kleines Nachtgebet,
dass ich nur dir gehöre,
wohin mein Weg auch geht.
Ich hab gespielt und viel gelacht,
und du hast mich gelenkt,
gib allen eine gute Nacht,
die mich heut reich beschenkt.
Ein Tag wird neu geboren,
ich freue mich so sehr,
du hast mich auserkoren,
ich danke dir, o Herr.

UWE MARIA NATUS

Eh' der Tag zu Ende geht,
spreche ich mein Nachtgebet,
danke Gott für jede Gabe,
die ich heut' empfangen habe,
bitte Gott für diese Nacht,
dass er mich im Schlaf bewacht,
dass kein böser Traum mich weckt
und das Dunkel mich nicht schreckt.
Kommt der helle Morgenschein,
lass mich wieder fröhlich sein.

GEBETE
JUNGER MENSCHEN

KOMM ZU MIR!

Als Jesus am See von Galiläa entlangging, sah er zwei Brüder, Simon, genannt Petrus, und seinen Bruder Andreas; sie warfen gerade ihr Netz in den See, denn sie waren Fischer. Da sagte er zu ihnen: Kommt her, mir nach! Ich werde euch zu Menschenfischern machen. Sofort ließen sie ihre Netze liegen und folgten ihm nach. (Mt 4,18–20)

Jesus,
auch heute rufst du den Menschen zu:
Kommt her! Kommt zu mir!

Komm zu mir – so wie Du bist!
Komm zu mir – ich brauche Dich!
Komm zu mir – lass das Boot des Gewohnten hinter dir zurück!
Komm zu mir – ich werde Dich senden!
Komm zu mir – ich will Dich zu einem Menschenfischer machen!

Und ich? – Ich habe Angst.
Was kommt da auf mich zu?
Was muss ich alles zurücklassen?
Welche Forderungen wirst Du stellen?

Doch dein Blick lässt mich nicht los und ich komme.
Ich lasse alles, weil Du mich nicht lässt.
Hier bin ich.

Hier bin ich – Du hast mich gerufen.
Hier bin ich – bereit, Dir zu folgen.
Hier bin ich – so wie ich bin.
Hier bin ich – in all meiner Freiheit.
Hier bin ich – mit all meinen Fragen.
Hier bin ich – mit all meinen Ängsten.
Hier bin ich – in all meiner Schwachheit. Hier bin ich – voller Vertrauen.
Hier bin ich – weil Du mit mir bist.

Anna Michel

UMKEHR(ER)

Guter allmächtiger Gott,
sind wir würdig,
dass Du eingehst unter unser Dach?
Wir haben Streit,
und Du schlichtest ihn.
Wir sind nachtragend,
und Du versöhnst uns.
Wir sind enttäuscht,
und Du machst uns stolz.
Wir verschließen unsere Ohren,
und Du öffnest sie.
Wir sind kraftlos,
und Du schenkst uns Zuversicht.
Wir sind ängstlich,
und Du machst uns furchtlos.
Verständnisvoll und geduldig
bist Du für uns da
und sprichst nur ein Wort,
und unsere Seele wird gesund.
Amen.

FLORIAN ROSENHAMMER

ICH MÖCHTE DIR DANKEN

Herr,
ich möchte Dir für diesen Tag danken.

Ich möchte Dir dafür danken,
dass ich in einem warmen Bett aufgewacht bin
und mich mit warmem Wasser waschen konnte.

Ich möchte Dir dafür danken,
dass ich meinen Guten-Morgen-Kaffee in Ruhe trinken
und entspannt in den Tag starten konnte.

Ich möchte Dir dafür danken,
dass mir nichts passiert ist heute –
ich bin körperlich gesund.

Ich möchte Dir dafür danken,
dass ich lernen konnte.
Ich kann das studieren,
was mich wirklich interessiert und begeistert,
und es macht mir Spaß.

Ich möchte Dir dafür danken,
dass ich gute Freunde habe,
mit denen ich reden und lachen kann.

Ich möchte Dir dafür danken,
dass ich am Nachmittag ein bisschen faul war
und mir eine kleine Verschnaufpause gegönnt habe.

Ich möchte Dir dafür danken,
dass ich mit meiner Familie telefoniert habe
und es allen gut geht.

Ich möchte Dir dafür danken,
dass ich jetzt vor dem Einschlafen
noch ein Kapitel von meinem Buch zu lesen geschafft habe,
an dem ich schon so lange dran bin.

Ich möchte Dir dafür danken,
dass ich dankbar sein kann.

Herr, wenn ich durch Deine Augen auf mein Leben blicke,
dann blicke ich voller Dankbarkeit auf die Stunden, die Tage,
die Jahre, die Du mir zum Leben geschenkt hast.

Lass mich bitte – so gut es geht – unter dem Blick Deiner gütigen Augen
mein Leben anschauen.

Amen.

LUZIA RIESS

SICH FALLEN LASSEN

Vielleicht zählt nur,
dass Du mich so liebst, wie ich bin.
Vielleicht ist nur eins wichtig:
Das SICH-FALLEN-LASSEN in Deine Arme,
abgrundtiefes Vertrauen darauf,
dass Du mich verwandeln wirst.
Wichtig ist mein JA dazu,
egal, wann und wie Du es tun wirst.

CHRISTINE ROTH

GOTT SEGNE UND BEHÜTE DICH!

Gott segne Dich am Morgen,
wenn der neue Tag vor dir liegt
wie ein unbeschriebenes Blatt Papier.
Gott segne Dich am Mittag,
wenn Du im Trubel des Alltags fleißig dabei bist,
das Buch Deines Lebens zu schreiben.

Gott segne Dich am Abend,
wenn der Tag hinter Dir liegt,
Du Dir Dein beschriebenes Lebensblatt durchliest
und alles noch einmal Revue passieren lässt.
Gott segne und behüte Dich.
Jeden Tag aufs Neue.

LAURA HEINRICH

DU KENNST MICH BEI MEINEM NAMEN.

Den kennen viele – aber da weiß man nicht viel,
es wären auch Sophie oder Angela möglich.

Name.
Das sind Buchstaben.
Du aber kennst mehr.
Du kennst mein Innerstes und mein Äußerstes.
Du kennst meine Gedanken.
Du kennst meine Zweifel.
Was soll ich von mir sagen?
Kennst mich ja!

CORINNA FAHNROTH

SCHWER ZU VERSTEHEN

Du, Gott, bist so schwer zu verstehen.
Nicht einmal mich selbst verstehe ich.
Wie soll ich denn Dich dann verstehen?
Nicht einmal ansatzweise verstehe ich Dich;
so groß,
so unvorstellbar,
so unendlich,
so unfassbar
bist Du.

Und trotzdem meinen wir,
Dich zu verstehen.
Ich verstehe das nicht.
Verstehst Du das?

FRANZISKA MEZGER

DU BIST DA, GOTT.

Du bist da, Gott,
wenn ich alleine bin,
wenn ich einsam und verlassen bin,
wenn ich Angst habe,
wenn ich traurig bin,
wenn ich verletzt wurde,
wenn ich nicht mehr weiterweiß,
wenn alles zu viel ist,
wenn mein Leben aussichtslos erscheint,
wenn nichts mehr so ist, wie es war,
wenn ich verzweifelt bin,
wenn ich keine Hoffnung mehr habe,
wenn ich den Sinn des Lebens nicht mehr sehe,
wenn alles zusammenbricht,
wenn ich alles verloren habe,
wenn ich im Sterben liege.
Du bist da, Gott,
auch in den schwersten Stunden meines Lebens.
Ja, Du sagst sogar:
»Fürchte dich nicht, denn ich bin mit dir;
hab keine Angst, denn ich bin dein Gott!
Ich habe dich stark gemacht,
ja ich habe dir geholfen und dich gehalten mit meiner siegreichen Rechten.«
(Jes 41,10)
Amen.

ISABELLA GROTZ

WAS DIE WELT NOCH NICHT GESEHEN HAT

Jesus, Du hast
Taube hörend,
Blinde sehend,
Gelähmte gehend gemacht.
Auch wir sind zu oft
taub und hören nicht den Anruf unserer Mitmenschen, der Antwort will.
Auch wir sind zu oft
blind und sehen nicht das Leid, das unsere Mitmenschen quält und
bedrückt.
Auch wir sind zu oft
gelähmt und gehen nicht dorthin, wo wir etwas bewegen können.
Jesus, wir bitten Dich:
nimm unsere Taubheit, unsere Blindheit, unsere Gelähmtheit von uns!
Mach uns
da wieder hörend, wo wir nicht hinhören wollen,
da wieder sehend, wo wir nicht hinsehen wollen,
da wieder gehend, wo wir nicht hingehen wollen!

ROMAN SANDERS

MEINEN WEG GEHEN

Herr,
manchmal fällt es mir schwer,
meinen Weg zu gehen und zu sein wie ich bin.
Oft versuche ich herauszufinden,
wie andere mich gerne hätten.
Ich setze vieles ein,
täusche manches vor
und gebe mich dabei auf.

Herr,
ich bitte Dich,
lass mich erkennen,
dass ich einzigartig gedacht und von Dir gewollt bin –
so wie Du mich geschaffen hast.

Herr,
ich danke Dir für die Menschen,
die mich trotz meiner Schwächen und Fehler annehmen
und mir mit Achtung entgegentreten.
Sie helfen mir dabei zu lernen,
mich Stück um Stück annehmen zu können.

KATRIN WEITZL

GOTT, DU GIBST MIR KRAFT

Und staunend fasse ich,
dass Du allezeit mein Alles sein willst
dass Du in mir bist,
selbst wenn ich nicht in mir bin
dass du gar nicht fern von mir sein kannst.

Gott, Du gibst mir Kraft,
Du verstößt mich nicht.
Du kommst, um bei mir zu sein.
Ich bin offen für Dein Kommen, für Deine Gegenwart.

Du umfängst mich,
umhüllst mich,
birgst mich in deinen Händen.

Du bist das Leben,
bei Dir ist die Fülle,
bei Dir ist die Ewigkeit.
Amen

KATHRIN KARBAN-VÖLKL

MORGEN- UND ABENDGEBETE

Gebete am Morgen

IN DER FRÜH

Dein ist der Morgen, mein Gott,
wenn ich nur meinen Sinnen
freien Lauf lasse.
Sie wischen alle Grübeleien der Nacht davon.

Ich ent-decke Dich,
wenn der Nebel in den Bäumen hängt.
Ich schmecke Dich,
wenn ich die Meeresbrise rieche,
mir das Salz von den Lippen lecke.
Ich spüre Dich,
wenn mich ein Wind streichelt,
mir einen Luftzug ins Gesicht weht.
Ich fühle dich,
mein Umarmer, mein Gott.

Dann gibt es keinen Zweifel,
dann erhebt sich
meine Zuversicht
und ich sehe erste Spuren
von Dir für einen Tag,
den Du mir bereitest.

THOMAS VAN VUGT

KOSTBARKEIT DER AUGEN-BLICKE

Ein neuer Tag ist mir geschenkt
Stunden – Minuten – Sekunden
Menschen, denen ich begegne
Bilder, die ich sehe
Gedanken, die mich bewegen
und DU bist bei mir!

Ein neuer Tag ist mir geschenkt
Stunden – Minuten – Sekunden
die Möglichkeit, Begegnungen heilsam zu gestalten,
Kleines und Unscheinbares wahrzunehmen,
von guten Gedanken inspiriert zu werden
und DU bist mit uns!

Ein neuer Tag ist mir geschenkt
Stunden – Minuten – Sekunden
ich will mich aufmachen
und meine Zeit nutzen
jeden kostbaren Augen-Blick genießen
meine Umgebung mit wachen Augen wahrnehmen,
und DU bist überall präsent!

CLAUDIA SCHÄBLE

MORGENS

Gott, deinen Segen erbitte ich für den
heutigen Tag. Du hast ihn geschaffen,
um ihn mir zu schenken. Du wirst ihn
mit mir teilen, in jedem Augenblick.

Gott, deinen Segen willst du mir heute
Morgen geben, als die Zusage deiner
Treue und deiner immerwährenden
Gegenwart, bei und für uns Menschen.

Gott, deinen Segen nehme ich als
innere Stärkung auf den Weg
durch diesen Tag. Du wirst mich
bei allem begleiten und stützen.

Gott, deinen Segen legst du mir als
deine Melodie ins Herz, damit sie
in mir erklingt und mich in aller
Stille beruhigt im Lärm des Tages.

Gott, durch deinen Segen versprichst
du mir heute morgen, dass ich keine
Angst zu haben brauche, weil du doch
bei mir bist, näher als ich mir selbst.

PAUL WEISMANTEL

LOB AUF GOTTES SCHÖPFUNG UND WEISUNG

Die Himmel erzählen die Herrlichkeit Gottes
und das Firmament kündet das Werk seiner Hände.
Ein Tag sagt es dem andern,
eine Nacht tut es der andern kund,
ohne Rede und ohne Worte,
ungehört bleibt ihre Stimme.
Doch ihre Botschaft geht in die ganze Welt hinaus,
ihre Kunde bis zu den Enden der Erde.
Dort hat er der Sonne ein Zelt gebaut.
Sie tritt aus ihrem Gemach hervor wie ein Bräutigam;
sie frohlockt wie ein Held, ihre Bahn zu laufen.
Am einen Ende des Himmels geht sie auf
und läuft bis ans andere Ende;
nichts kann sich vor ihrer Glut verbergen.

PSALM 19,2–7

GEBORGENHEIT IM SCHUTZE GOTTES

Mein Herz ist bereit, Gott, mein Herz ist bereit,
ich will singen und spielen.
Wach auf, meine Herrlichkeit!
Wacht auf, Harfe und Leier!
Ich will das Morgenrot wecken.
Ich will dich preisen, Herr, unter den Völkern,
dir vor den Nationen spielen.
Denn deine Liebe reicht, so weit der Himmel ist,
deine Treue, so weit die Wolken ziehn.
Erhebe dich über den Himmel, Gott!
Deine Herrlichkeit sei über der ganzen Erde!

PSALM 57,8–12

MORGENGEBET

Gott, zu dir rufe ich am frühen Morgen
hilf mir beten und meine Gedanken sammeln;
ich kann es nicht allein.

In mir ist es finster, aber bei dir ist das Licht
ich bin einsam, aber du verlässt mich nicht
ich bin kleinmütig, aber bei dir ist die Hilfe
ich bin unruhig, aber bei dir ist der Friede
in mir ist Bitterkeit, aber bei dir ist die Geduld
ich verstehe deine Wege nicht,
aber du weißt den Weg für mich.

Vater im Himmel,
Lob und Dank sei dir für die Ruhe der Nacht
Lob und Dank sei dir für den neuen Tag
Lob und Dank sei dir für alle deine Güte und Treue
in meinem vergangenen Leben.
Du hast mir viele Gutes erweisen,
lass mich nun auch das Schwere
aus deiner Hand hinnehmen.
Du wirst mir nicht mehr auferlegen, als ich tragen kann.
Du lässt deinen Kindern alle Dinge zum Besten dienen.

Herr Jesus Christus,
du warst arm und elend, gefangen und verlassen wie ich.
Du kennst alle Not der Menschen,
du bleibst bei mir, wenn kein Mensch mir beisteht
du vergisst mich nicht und suchst mich,
du willst, dass ich dich erkennen und mich zu dir kehre
Herr, ich höre deinen Ruf und ich folge.
Hilf mir!

Heiliger Geist,
gib mir den Glauben,
der mich vor Verzweiflung und Laster rettet
Gib mir die Liebe zu Gott und den Menschen,
die allen Hass und alle Bitterkeit vertilgt,
gib mir die Hoffnung,
die mich befreit von Furcht und Verzagtheit.
Lehre mich Jesus Christus erkennen und seinen Willen tun.

Dreieiniger Gott,
mein Schöpfer und mein Heiland,
dir gehört dieser Tag. Meine Zeit steht in deinen Händen.
Heiliger, barmherziger Gott
Mein Schöpfer und mein Heiland,
mein Richter und mein Erretter
du kennst mich und alle meine Wege und Tun.

Du hasst und strafst das Böse in dieser und in jener Welt
ohne Ansehen der Person,
du vergibst Sünden
dem, der dich aufrichtig darum bittet
Und du liebst das Gute und lohnst es
auf dieser Erde mit getrostem Gewissen
Und in der künftigen Welt mit der Krone der Gerechtigkeit.
Vor dir denke ich an all die Meinen,
an die Mitgefangenen und an alle
die in diesem Haus ihren schweren Dienst tun.
Herr, erbarme dich
Schenk mir die Freiheit wieder
Und lass mich derzeit so leben
Wie ich es vor [dir] und den Menschen verantworten kann.

Herr, was dieser Tag auch bringt – dein Name sei gelobt.

»Wenn ich schlafe, wacht sein Segen« (EG 325,7)

DIETRICH BONHOEFFER (1906–1945)

DER EWIGE GOTT – DER VERGÄNGLICHE MENSCH

Kehre doch um, HERR! – Wie lange noch?
Um deiner Knechte willen lass es dich reuen!
Sättige uns am Morgen mit deiner Huld!
Dann wollen wir jubeln und uns freuen all unsre Tage.
Erfreue uns so viele Tage, wie du uns gebeugt hast,
so viele Jahre, wie wir Unheil sahn.
Dein Wirken werde sichtbar an deinen Knechten
und deine Pracht an ihren Kindern.
Güte und Schönheit des Herrn, unseres Gottes, sei über uns!
Lass gedeihen das Werk unserer Hände,
ja, das Werk unserer Hände lass gedeihn!

PSALM 90,13–17

AM BEGINN DIESES TAGES

Gott, am Beginn dieses Tages
reiche ich dir meine Hände
und verspreche dir,
nichts Böses zu tun oder zuzulassen.
Dir weihe ich diesen neuen Tag.
Ich will halten, was ich versprach,
und meine Leidenschaften zügeln.
Ich schäme mich meines Alters,
weil ich immer noch lau bin;
zögernd nur wage ich,
hinzutreten zu deinem Tisch.
Herr, hilf, dass meine Vorsätze
in Erfüllung gehen.

GREGOR VON NAZIANZ (UM 300–390)

MORGENSEGEN

Das walte Gott Vater, Sohn und Heiliger Geist! Amen.

Ich danke dir, mein himmlischer Vater,
durch Jesus Christus, deinen lieben Sohn,
dass du mich diese Nacht
vor allem Schaden und Gefahr behütet hast,
und bitte dich,
du wollest mich diesen Tag auch behüten
vor Sünden und allem Übel,
dass dir all mein Tun und Leben gefalle.
Denn ich befehle mich, meinen Leib und Seele
und alles in deine Hände.
Dein heiliger Engel sei mit mir,
dass der böse Feind keine Macht an mir finde.

Herr, unser Gott, wir danken dir
für die Ruhe der Nacht
und für das Licht dieses neuen Tages.

Lass uns bereit sein, dir zu dienen.
Lass uns wach sein für dein Gebot.
Sei mit uns in allen Stunden dieses Tages.

MARTIN LUTHER (1483–1546)

UNTER DEINEM BLICK

Unter Deinem Blick
dem liebenden
frei werden und atmen

Unter Deinem Blick
dem schützenden
lassen können und vertrauen

Unter Deinem Blick
dem bergenden
Boden finden und wachsen

Unter Deinem Blick
dem zärtlichen
Wärme spüren und geben

Unter Deinem Blick
dem wahrhaftigen
heil werden und wagen

Unter Deinen Blick
mich stellen
in diesem Augenblick
und leben

VERONIKA PABST

HERR, SCHAU HERAB AUF UNS

Herr,
schau herab auf uns und leite uns.
Lass leuchten über uns dein Antlitz.
Lass unserer
Hände Werk gelingen;
ja, lass gelingen, was wir tun.

Lass mich aufstehen
mit deinem Segen
und unter deinem Schutz
meinen Weg gehen.
Christus,
durch mich zeige den Menschen,
was deine Kraft und Güte vermag.
Bleibe mir zur Seite, steh mir bei.

WALTHER VON DER VOGELWEIDE (UM 1170 – UM 1230)

GEBORGENHEIT BEI GOTT

Heitere Strahlen sind dein Wesen,
Herr, wie die Sonne,
wenn der Tag anbricht
und in deinen Augen leuchtet,
was du uns versprichst:
Geborgenheit bei Dir.

CHRISTIAN HIES

MORGENLIED

Der Morgenstrahl steht auf dem Tal,
die Nebel ziehen drunter her.
Und auf der Au liegt still der Tau
wie Perlen in dem weißen Meer.
Wie ich nun alles recht beschaut,
da wird mir's rege im Gemüte,
dass alles nur ein Wort, ein Laut,
o Gott, von deiner Lieb und Güte!

Die Erd' in Pracht hast du gemacht
für mich, dein ungetreues Kind,
und den Azur der Wolkenflur,
für mich den frischen Morgenwind.
Ach, alle Worte sind zu schwach,
um deine Liebe zu verkünden,
und dennoch lässt mein Streben nach,
und jeder Tag sieht mich in Sünden.

Herr, steh mir bei, der du aufs Neu
mir einen jungen Tag verliehn;
der Geist ist wach, das Fleisch ist schwach,
und ohne Frucht ist mein Bemühn.
Doch deine Hand ist stark und fest,
will ich nur willig sie umfassen;
ach, wer nicht selber dich verlässt,
den hast du nimmermehr verlassen.

O Herr, wenn oft und unverhofft
mich kleine Kränkungen bedrohn,
sei mein Gesicht zu dir gericht',
und mein Gedanke sei dein Lohn!
Ach, manches Leiden groß und schwer
gabst du mir Gnade zu besiegen,

und vor der kleinen Sorgen Heer
sollt' meine Stärke unterliegen?

Herr, mich befrei von falscher Scheu,
von Hoffart und von Ungeduld.
Und all mein Sinn sich wende hin
zu deinem Kreuz und meiner Schuld.
Wer diesen Tag mich schmäht und kränkt,
dem lass mich gern und treu verzeihen,
und ihn lass, eh die Nacht sich senkt,
vor dir sein Unrecht still bereuen.

Zu deinem Preis, auf dein Geheiß
will ich an meine Pflichten gehen;
wie auch die Welt sie rings umstellt,
ich will nur deinen Willen sehn.
Mein Wirken über Haus und Kind,
das ruht in deinen weisen Händen,
was sich mit deinem Preis beginnt,
das muss zu deinem Ruhme enden.

ANNETTE VON DROSTE-HÜLSHOFF (1797–1848)

MORGENGEBET

O wunderbares, tiefes Schweigen,
Wie einsam ist's noch auf der Welt!
Die Wälder nur sich leise neigen,
Als ging der Herr durchs stille Feld.

Ich fühl mich recht wie neu geschaffen,
Wo ist die Sorge nun und Not?
Was mich noch gestern wollt' erschlaffen,
Ich schäm mich des im Morgenrot.

Die Welt mit ihrem Gram und Glücke
Will ich, ein Pilger, frohbereit
Betreten nur wie eine Brücke
Zu dir, Herr, übern Strom der Zeit.

Und buhlt mein Lied, auf Weltgunst lauernd,
Um schnöden Sold der Eitelkeit:
Zerschlag mein Saitenspiel, und schauernd
Schweig ich vor dir in Ewigkeit.

JOSEPH VON EICHENDORFF (1788–1857)

MORGEN-SEGEN

Diesen heutigen Tag,
Gott meines Lebens,
darf ich im Vertrauen
auf deinen reichen Segen beginnen,
auch dort, wo ich mir so arm vorkomme,
willst du dich
als der immer noch Liebevollere erweisen.

Diesen heutigen Tag,
Gott meiner kleinen Schritte,
darf ich aus deiner Segenshand empfangen
und bewusst annehmen,
auch wo ich noch unsicher bin
und Angst habe vor dem,
was wohl noch alles auf mich zukommen wird.

Diesen heutigen Tag,
Gott meiner Geschichte,
darf ich dir anvertrauen
mit all seinen Rätseln und Fragen,
mit all seinem Glück und Glanz.

Diesen heutigen Tag,
Gott meiner Zukunft,
darf ich neu wagen, mit gespannter Hoffnung,
weil du mir das heute schenken wirst,
was mich am Leben erhält.

Paul Weismantel

IRISCHES MORGENGEBET

Ich erhebe mich heute
durch eine gewaltige Kraft,
die Anrufung des dreieinigen Gottes,
und bekenne den Schöpfer der Schöpfung.

Ich erhebe mich heute
kraft der Geburt Christi und seiner Taufe,
kraft seiner Kreuzigung und Grablegung,
kraft seiner Auferstehung und Himmelfahrt,
kraft seiner Wiederkunft am Ende der Tage.

Ich erhebe mich heute
kraft der Hoffnung auf die Auferstehung,
kraft der Gebete der Patriarchen,
kraft der Weissagungen der Propheten,
kraft des Glaubens der Bekenner...

Ich erhebe mich heute
durch die Kraft der Himmel:
Licht der Sonne,
Glanz des Mondes,
Leuchten des Feuers,
Eilen des Blitzes,
Sausen des Windes,
Tiefe des Meeres,
Festigkeit der Erde,
Härte der Felsen.

Ich erhebe mich heute
durch die Kraft Gottes, die mich lenkt.
Gottes Macht halte mich aufrecht,
Gottes Weisheit führe mich,
Gottes Auge schaue für mich,

Gottes Ohr höre mich,
Gottes Wort spreche für mich,
Gottes Hand schütze mich,
Gottes Weg liege vor mir,
Gottes Schild schirme mich…
vor jedem, der mir übel will,
nah und fern, allein und in der Menge.

Christus sei mit mir,
Christus vor mir,
Christus hinter mir.
Christus sei in mir,
Christus unter mir,
Christus über mir,

Christus sei mir zur Rechten,
Christus mir zur Linken,

Christus sei, wo ich liege,
Christus, wo ich sitze,
Christus, wo ich stehe,
Christus sei im Herzen eines jeden, der meiner gedenkt,
Christus sei im Munde eines jeden, der von mir spricht,
Christus in jedem Auge, das mich sieht,
Christus in jedem Ohr, das mich hört,
durch eine gewaltige Kraft,
die Anrufung des dreieinigen Gottes,
und bekenne den Schöpfer der Schöpfung.

AUS DEM 8. JAHRHUNDERT

AM MORGEN

So wahr der Herr lebt,
in dessen Dienst ich stehe.
(1 Könige 17,1)

Herr, mein Gott,
auch heute will ich den Tag mit dir beginnen,
auch heute weiß ich, ich stehe vor dir,
du bist gegenwärtig in meinem Leben, du begleitest mich
mit deinem wohlwollenden und barmherzigen Blick,
mit deinem Segen.

Manchmal weiß ich darum,
und dann erfüllt Freude mein Herz.
Ich weiß mich gehalten von dir.
Im Vertrauen darauf,
im Glauben daran kann ich mein Leben gestalten.
Du bist kein toter Götze, du bist lebendig
und nimmst lebendigen Anteil an meinem Leben,
weil du mich liebst.

In Jesus, deinem Sohn,
hast du diese Liebe zu mir anschaulich gemacht,
er ist der Zeuge deiner Lebendigkeit und mein Bruder,
der Anteil genommen hat an meinem Leben bis in den Tod.
Ihn hast du auferweckt und mir die Hoffnung gegeben,
dass die Lebendigkeit meines Lebens im Tod nicht endet,
sondern in dir auf ewig aufgehoben ist.

Manchmal geht dieses Bewusstsein in meinem Alltag verloren,
dann erinnere mich an deine Gegenwart, Herr, mein Gott.

Michael Plattig O. Carm.

VOM HIMMEL

auf die finsternis der nacht
wartet ein neuer morgen
sonnenaufgang meines herzens
gott
Du licht im dunkeln
Deine liebe umarmt uns
durch die zeit

CHRISTIAN HIES

MORGENSEGEN

In aller Frühe bitte ich dich,
heiliger Gott:
Segne mit Freude die Traurigen,
mit Klarheit die Zweifelnden,
mit Rat die Unentschlossenen,
mit Treue die Wankenden,
mit Trost die Alleingelassenen,
mit Leben die Müden,
und schenke von allem
ein wenig auch mir.

ROLAND BREITENBACH (1935–2020)

Gebete am Abend

SCHLAFGEBET

Samtweicher, dunkler Gott,
nimm uns in deine Arme,
so wie wir es bei uns tun,
wenn die Nacht kommt
und die Sterne noch nicht leuchten.

Hülle uns in deinen Mantel,
schlag um uns dein heilendes Tuch
aus Geist und Leben,
deine zärtliche Hülle
aus Atem und Schlaf.

Lass wachsen in uns,
was zum Leben drängt.
Lass uns dich finden
in unseren Träumen.

Rühre uns an
in der Wärme derer,
die mit uns ruhen
und schlafen
und träumen
und atmen in dir.

SR. AURELIA SPENDEL OP

AM ABEND

Wir alle aber spiegeln mit aufgedecktem Angesicht
die Herrlichkeit des Herrn wider und werden dadurch
in dasselbe Bild verwandelt von Herrlichkeit zu Herrlichkeit,
wie von dem Herrn aus, welcher Geist ist.
(2. Korinther 3,18)

Herr, mein Gott,
am Ende dieses Tages komme ich zu dir.
Ich lege diesen Tag vor dich hin mit allem, was er enthält.
Sieh gnädig auf mein Bemühen
und erbarme dich meines Versagens.
Es ist oft nicht so einfach, dein Angesicht
zu suchen und zu finden,
manche Maske starrt mich an,
es ist oft mühsam, hinter Masken zu schauen
und dein Bild zu entdecken.

Auch ich selber verstecke mich oft hinter Masken,
bin eine Karikatur meiner selbst.
Dann ist es schwierig für andere,
mich, und dich in mir, zu erkennen.
Diese Erfahrung führt mich an meine Grenzen.
Letztlich kann ich es nicht machen.
Da ist es tröstlich zu hören, dass du es machst,
dass dein Geist uns verwandelt in dein Bild,
von Herrlichkeit zu Herrlichkeit.

Wandle auch mich, Herr, immer mehr jeden Tag,
damit ich deine Herrlichkeit
mit enthülltem Angesicht ohne Maske
widerspiegle für die Menschen, die mir begegnen.

Verwandle mich, Herr.

MICHAEL PLATTIG O. CARM.

AM ABEND

Manchmal, wenn mein Tag zu Ende geht,
kann ich kaum fassen, was in der Welt geschieht.
Zu viel Bosheit, Schrecken, Nöte…
Dann fühle ich mich hilflos und verloren.
Ich möchte meine Wut hinausschreien,
doch ich bleibe stumm,
sprachlos, mutlos, ängstlich.

Wenn ich versuche,
nicht mehr atemlos
dem Schrecken in mir zu entrinnen,
wenn ich bei mir einkehre und verweilen kann,
wortlos, ins Leere tastend,
dann, mein Gott
lass mir meine Suche und mein Nichts zum Gebet werden,
sei bei mir, wenn sich mein Hoffnungsfünkchen entzündet,
wärme mein kaltes Herz, erfülle meine leere Seele,
bete mit mir, damit ich nicht vergesse,
dass bei Dir nichts verloren ist,
dass mit Dir meine Perspektiven nicht zu Ende gehen,
dass Du mir Kraft und Selbststand schenkst,
dass Du mir bereitest, wessen ich bedarf,
dass Du jetzt mit mir bist,
jetzt und alle Tage,
inmitten in aller Sprachlosigkeit.

THOMAS VAN VUGT

AM ABEND DIESES TAGES

Am Abend dieses Tages
suche ich Ruhe und Frieden bei dir,
meinem Gott und Schöpfer.
Zu dir kann ich kommen
mit allem, was ich auf dem Herzen habe.
Bei dir muss ich mich nicht besser und größer,
aber auch nicht schlechter und kleiner machen,
als ich wirklich bin.
Du nimmst mich mit all dem,
was zu mir gehört,
was ich mit mir herumschleppe
und was ich vor mir herschiebe.
So wie ich bin, so nimmst du mich an,
ohne jede Vorleistung und Rechtfertigung.

Vor dir kann ich meine Lasten ablegen,
nichts ist für dich unwichtig oder zu gering.
Du siehst, wie mir zumute ist,
was mich ängstigt und ärgert,
was mich freut und mir hilft,
was mir weh- und was mir gut tut.

Dir kann ich alles sagen und ans Herz legen.
Meine unsichtbaren Habseligkeiten, meine ganze
Erbärmlichkeit und Armseligkeit darf ich dir bringen.
Meine Unzufriedenheit und meine Dankbarkeit,
meine Ungeduld und meinen Missmut,
auch meine Schuld möchte ich dir überlassen.

So berge ich mich in die Obhut deiner Güte
und in den Schutz deines Erbarmens.
Da bin ich getrost und geborgen.

Paul Weismantel

SEGNE, HERR, IN DEINEM KREUZ ALLE MENSCHEN UNSERER ERDE!

Zeichne Dein Kreuz auf die Herzen aller, die einander lieben.
Schenke ihnen herzliche Gemeinschaft, Versöhnung und Frieden!
Schreibe das Zeichen Deines Lebens auf die Stirn aller,
die in unserer Gemeinde leben.
Beschütze mit Deinem Hoffnungszeichen alle Kinder
und jungen Menschen, die voll Freude, oft aber auch
ganz bedrückt auf das Leben zugehen.
Segne die Ehen unserer Gemeinde in ihrer Liebe,
dass sie wachse Tag für Tag.
Drücke Dein Kreuz in die Hände aller, die diese
Nacht nicht wissen, warum sie leiden.

Segne unsere Nacht, schütze uns in Traum und Schlaf
und lass Dein Licht leuchten über uns.
Danke für den Tag, der schon zu Ende ist und für den,
den Du kommen lässt.

GEBET AUS DER NEUBAUGEMEINDE BALDHAM,
MARTIN THURNER (HRSG.)

BEIM SCHLAFENGEHEN

Ich bin ein Sünder – lass mich fromm und gut werden! Denn das ist dein
Wille. Ich bin müde, lass mich sanft ruhen. Denn du bist ein Vater, voll
Gnade für uns, deine Kinder. Lass meinen kranken Nachbarn auch Ruhe
finden. Denn du bist die Barmherzigkeit, die Allmacht und ein Vater für alle.
Amen.

JOHANN MICHAEL SAILER (1751–1832)

NACHTGEBET

Lieber Herr.
Wache mit denen,
die in dieser Nacht wachen und weinen,
und gebiete deinen Engeln die Wacht über denen,
die da schlafen.
Nimm die Kranken in deine Hut, o Herr Christe.
Bringe die Müden zur Ruhe.
Segne die Sterbenden.
Schenke Linderung den Leidenden.
Erbarme dich der Angefochtenen.
Schirme die Fröhlichen und uns alle
um deiner Liebe willen.

AURELIUS AUGUSTINUS (354–430)

SCHENKE MIR EINEN RUHIGEN SCHLAF

Mein Herr und mein Gott,
schenke mir einen ruhigen Schlaf.
Mein Mund, der dich preist,
bleibe nicht lange still,
und die Schöpfung, dein Werk, höre nicht auf,
den Chören der Engel zu antworten.
Lass mich in dir ruhen,
und gib mir heilige Gedanken ein.
Die Nacht breite einen Schleier über die Fehler,
die ich tagsüber begangen habe.
Lass nicht zu, dass Alpträume
mich in Unruhe versetzen.
Mein Geist soll dich lobpreisen,
auch wenn mein Leib schläft.
Gott, Vater, Sohn und Heiliger Geist,
dein ist die Ehre, die Kraft
und die Herrlichkeit in Ewigkeit.

Gregor von Nazianz (um 300–390)

ABENDSEGEN

Das walte Gott Vater, Sohn und Heiliger Geist! Amen.

Ich danke dir, mein himmlischer Vater,
durch Jesus Christus, deinen lieben Sohn,
dass du mich diesen Tag gnädiglich behütet hast,
und bitte dich,
du wolltest mir vergeben alle meine Sünde,
wo ich Unrecht getan habe,
und mich diese Nacht auch gnädiglich behüten.
Denn ich befehle mich, meinen Leib und Seele
und alles in deine Hände.
Dein heiliger Engel sei mit mir,
dass der böse Feind keine Macht an mir finde.

MARTIN LUTHER (1483–1546)

ABENDGEBET

Herr, mein Gott, ich danke Dir,
dass Du diesen Tag zu Ende gebracht hast;
ich danke Dir,
dass Du Leib und Seele zur Ruhe kommen lässt.
Deine Hand war über mir
und hat mich behütet und bewahrt.
Vergib allen Kleinglauben
und alles Unrecht dieses Tages
und hilf, dass ich allen vergebe,
die mir Unrecht getan haben.

Lass mich in Frieden unter Deinem Schutz schlafen
und bewahre mich
vor den Anfechtungen der Finsternis.
Ich befehle Dir die Meinen,
ich befehle Dir dieses Haus,
ich befehle Dir meinen Leib
und meine Seele.
Gott, Dein heiliger Name sei gelobt.
Amen.

DIETRICH BONHOEFFER

GOTTES SCHUTZ IN DER NACHT

Wenn ich rufe, gib mir Antwort, Gott meiner Gerechtigkeit!
Du hast mir weiten Raum geschaffen in meiner Bedrängnis.
Sei mir gnädig und hör auf mein Flehen!
Ihr Mächtigen, wie lange noch schmäht ihr meine Ehre,
wie lange noch liebt ihr das Nichtige und sucht die Lüge?
Erkennt, dass der HERR sich seinen Frommen erwählt hat,
der HERR hört, wenn ich zu ihm rufe.
Erschreckt und sündigt nicht!
Bedenkt es auf eurem Lager und werdet still!
Bringt Opfer der Gerechtigkeit dar
und vertraut auf den HERRN!
Viele sagen: Wer lässt uns Gutes schauen?
HERR, lass dein Angesicht über uns leuchten!
Du legst mir größere Freude ins Herz,
als andere haben bei Korn und Wein in Fülle.
In Frieden leg ich mich nieder und schlafe;
denn du allein, HERR, lässt mich sorglos wohnen.

PSALM 4,2–9

DER ABEND

Wie so leis die Blätter wehn
in dem lieben, stillen Hain,
Sonne will schon schlafen gehen,
Lässt ihr goldnes Hemdelein
sinken auf den grünen Rasen,
wo die schlanken Hirsche grasen
in dem roten Abendschein.

In der Quellen klarer Flut
treibt kein Fischlein mehr sein Spiel,
jedes suchet, wo es ruht,
sein gewöhnlich Ort und Ziel
und entschlummert überm Lauschen
auf der Wellen leises Rauschen
zwischen bunten Kieseln kühl.

Schlank schaut auf der Felsenwand
sich die Glockenblume um;
denn verspätet über Land
will ein Bienchen mit Gesumm
sich zur Nachtherberge melden
in den blauen, zarten Zelten,
schlüpft hinein und wird ganz stumm.

Vöglein, euer schwaches Nest,
ist das Abendlied vollbracht,
wird wie eine Burg so fest;
fromme Vöglein schützt die Nacht
gegen Katz- und Marderkrallen,
die im Schlaf sie überfallen,
Gott, der über alle wacht.

Treuer Gott, du bist nicht weit,
dir vertraun wir ohne Harm
in der wilden Einsamkeit
wie in Hofes eitlem Schwarm.
Du wirst uns die Hütte bauen,
dass wir fromm und voll Vertrauen
sicher ruhn in deinem Arm.

CLEMENS VON BRENTANO (1778–1842)

BLEIBE BEI UNS, HERR

Bleibe bei uns, Herr, denn es will Abend werden
und der Tag hat sich geneigt.
Bleibe bei uns und bei deiner ganzen Kirche.
Bleibe bei uns am Abend des Tages,
am Abend des Lebens,
am Abend der Welt.
Bleibe bei uns mit deiner Gnade und Güte,
mit deinem heiligen Wort und Sakrament,
mit deinem Trost und Segen.
Bleibe bei uns, wenn über uns kommt
die Nacht der Trübsal und Angst,
die Nacht des Zweifels und der Anfechtung,
die Nacht des bitteren Todes.
Bleibe bei uns und allen deinen Gläubigen
in Zeit und Ewigkeit.

GEORG CHRISTIAN DIEFFENBACH (1822–1901)

NUN DANN IN GOTTES NAMEN

Nun dann in Gottes Namen
legt sich mein Leib zur Ruh.
Herr Jesu, Amen! Amen!
Drück mir die Augen zu.

Wen deine Flügel decken,
dem ist kein Bett zu hart,
und vor der Nächte Schrecken
schützt deine Gegenwart.

Wenn neben mir ein armer
gefangener Freund noch wacht,
so stärk ihn du, Erbarmer,
mit einer guten Nacht.

Gib allen sorgenschweren,
beklemmten Herzen Rast;
wisch ab des Elends Zähren,
und nimm des Müden Last.

Sollt ich im Schlafe sterben,
so sei mein schneller Tod
nicht Hinsturz ins Verderben,
es sei ein Flug zu Gott!

Und nun in Gottes Namen
leg ich mein Leib zur Ruh.
Herr Jesu, Amen! Amen!
Mein letztes Wort bist du.

CHRISTIAN FÜRCHTEGOTT GELLERT (1715–1769)

ABEND-SEGEN

Treuer Gott,
deinen Segen erbitten wir an diesem Abend,
in diesem Augenblick: für die Völker
in Ost und West, aller Rassen und Religionen,
aller Sprachen und Hautfarben,
die sich nach Frieden sehnen.

Treuer Gott,
deinen Segen erbitten wir an diesem Abend,
in diesem Augenblick: für die vielen Kinder
dieser Erde, die ins Bett gebracht werden,
aber auch für jene, die keine Nestwärme erfahren,
die nicht wissen, wo sie heute Nacht
schlafen werden.

Treuer Gott,
deinen Segen erbitten wir an diesem Abend,
in diesem Augenblick: für die Menschen,
die nicht mehr aus noch ein wissen,
die mit ihrem Leben ringen,
die Enttäuschungen nicht verkraftet haben.

Treuer Gott,
deinen Segen erbitten wir an diesem Abend,
in diesem Augenblick: für alle, die traurig oder
vereinsamt sind, die krank sind,
die leiden unter ihren Schmerzen,
für alle, die den Tod vor Augen haben.

PAUL WEISMANTEL

NUN SICH DER TAG GEENDET

Nun sich der Tag geendet,
mein Herz zu dir sich wendet
und danket inniglich;
dein holdes Angesichte
zum Segen auf mich richte,
erleuchte und entzünde mich.

Die Zeit ist wie verschenket,
drin man nicht dein gedenket,
da hat man's nirgend gut;
weil du uns Herz und Leben
allein für dich gegeben,
das Herz allein in dir auch ruht.

Ich schließe mich aufs Neue
in deine Vatertreue
und Schutz und Herze ein;
die irdischen Geschäfte
und alle finstern Kräfte
vertreibe durch dein Nahesein.

Dass du mich stets umgibest,
dass du mich herzlich liebest
und rufst zu dir hinein,
dass du vergnügst alleine
so wesentlich, so reine,
lass früh und spät mir wichtig sein.

Ein Tag, der sagt dem andern,
mein Leben sei ein Wandern
zur großen Ewigkeit. O Ewigkeit, so schöne,
mein Herz an dich gewöhne,
mein Heim ist nicht in dieser Zeit.

GERHARD TERSTEEGEN (1697–1769)

KOMM ZUR RUHE

Jeden Abend
die Kraft des Loslassens einüben
die gemeinsamen Erfahrungen des Tages vertiefen

Jeden Abend
das Hoffnungsvolle des Tages
und das Schwierige und Unerledigte
Dir überlassen

Jeden Abend
spüren wie ich mit dem Bruchstückhaften
da sein kann
und sich Deine uralten Vertrauensworte
konkretisieren in meinem Mitsein:

Komm wieder zur Ruhe
mein Herz
denn Gott hat dir Gutes getan

Hier und jetzt

Nach Psalm 116,7

PIERRE STUTZ

ABENDGEBET

Mein Gott, nun kehr ich heim zu mir,
mein Gott, nun kehr ich heim zu dir.
Des Tages Stunden
des Tages Wunden,
all meine Weiten
und Armseligkeiten
leg ich in deine Hände hinein:
Herr, wie ich bin, bin ich dein!
Und willst du mich fragen,
was ich ward,
so muss ich klagen:
Mein Herz ist noch hart,
ist noch nicht geschmolzen,
noch nicht geschmiedet,
ist noch nicht gehämmert,
noch nicht genietet
in deinen Schöpfergedanken hinein.
Doch, wie ich bin, bin ich dein!
Herr, hilf mir weiter! Die Zeit verrinnt.
Lass mich werden ein Gnadenkind!
Hilf mir weiter – ein Tag ist vorbei.
Gib, dass ich morgen besser sei!

IGNAZ KLUG (1877–1929)

TISCHGEBETE

Aller Augen warten auf dich
und du gibst ihnen ihre Speise zur rechten Zeit.
Du tust deine Hand auf
und sättigst alles, was lebt, mit Wohlgefallen.

Psalm 145,15–16

O Gott, von dem wir alles haben,
wir preisen dir für deine Gaben.
Du speisest uns, weil du uns liebst,
so segne auch, was du uns gibst.
Amen.

Komm, Herr Jesu,
sei du unser Gast
und segne,
was du uns bescheret hast.

Vater, segne diese Speise,
uns zur Kraft und dir zum Preise.

Herr, segne uns und diese Gaben,
die wir von deiner Güte empfangen,
durch Christus unseren Herrn.

Alle guten Gaben,
alles, was wir haben,
kommt, o Gott, von dir:
Dank sei dir dafür.

NACH DEM ESSEN

Dir sei, o Gott, für Speis und Trank,
für alles Gute Lob und Dank.
Du gabst, du willst auch künftig geben.
Dich preise unser ganzes Leben. Amen.

SO MÖCHTE ICH MAHL HALTEN ...

langsam und bewusst
im Gedanken an die,
die es mir bereitet haben

dankbar und wertschätzend
weil es nicht selbstverständlich ist
satt zu werden

vorsichtig und achtsam
dass kein Bissen, kein Tropfen
verloren geht

dann ist es nur ein kleiner Sprung
zum Dankeschön an Dich
mein Gott

CLAUDIA SCHÄBLE

DAS TÄGLICHE BROT

Unser tägliches Brot gib uns heute,
und ein gutes Wort, das trägt,
einen Freund, der zur Seite steht,
Arbeit und Zeiten der Stille,
Sicherheit und Frieden,
einen Sonnenstrahl und Vogelgesang,
vielleicht auch einen Schluck Wein.
Schenke uns auch dein Wort, o Gott,
denn der Mensch lebt nicht vom Brot allein.

IRMELA MIES-SUERMANN

DIE OKTOBERSONNEN LÄSST DEN WEIN REIFEN

Die Oktobersonne lässt den Wein reifen.
Im Psalm heißt es,
dass der Wein des Menschen Herz erfreut.
Gut, Herr, dass du um die Freuden
unseres Lebens weißt,
gerade auch um die kleinen.
Wir danken dir für die vielen Gelegenheiten
in unserem Alltag,
die uns zu Freude und Dankbarkeit Anlaß sind.
Unser Leben birgt so viele Freuden.
Auch dieses gemeinsame Mahl gehört dazu.
Wir danken dir, Gott, weil du gut bist.
Bleibe bei uns und segne das Mahl.

ALEXANDER HOLZBACH SAC

BEGEGNUNG MIT DEN ENGELN DES LEBENS

UM NICHTS ANDERES WILL ICH BITTEN

Um nichts anderes will ich bitten,
als um die Kraft weiterzugehen.
Ich schaue zurück
und verstricke mich im Ungelösten.
Ich schaue zurück
und werde eingeholt von nicht Verheiltem.
Ich schaue zurück
und mein Vertrauen wird brüchig.
Ich schaue zurück
und der heutige Tag entgleitet mir.
Meine Gedanken verirren sich
im Dunkel.
Ich frage und frage
und drehe mich doch nur im Kreis.
Komm, Engel,
wende mein Gesicht ins Licht.
Lass mich weitergehen an deiner Hand.

SABINE NAEGELI

WO BIST DU, MEIN ENGEL?

Wo bist du, mein Engel,
dass ich dich nicht mehr spüre?
Wo bist du, mein Gewissen,
dass du nicht mehr schlägst?
Wo seid ihr größeren Ideale,
dass ihr mich nicht mehr zieht?
Wo bist du, meine Liebe,
dass du mich nicht mehr verbrennst?
Wo bin ich, mein Engel?
An welcher Wegbiegung
Ging ich mir verloren?

BERNHARD MEUSER

DEINE ENGEL SIND, WO ICH VERWUNDBAR BIN

Deine Engel sind,
wo ich verwundbar bin.
Deine Engel decken mich,
in allen meinen Blößen.
Deine Engel kämpfen,
wo ich nicht kämpfen will.
Deine Engel singen,
wo meine Stimme fehlt.
Deine Engel weinen,
jeden Tag in mir

BERNHARD MEUSER

SCHUTZENGEL

Leg noch einmal ein gutes Wort für mich ein,
wenn ich selbst zu hart mit mir ins Gericht gehe
und lass mich hören, dass ich freigesprochen bin
und leben darf ohne die Altlasten vergangener Tage.

Zeig mir noch einmal die Richtung,
wenn ich mir den Kopf habe verdrehen lassen
und zu wenig achtsam war für deine leisen
Winke und Hinweise, die du mir geschickt hast.

Streck noch einmal deine Hand aus und
fang mich auf, wenn der Abgrund so bodenlos,
all meine Mühe so hilflos erscheint,
und ich nicht weiß, wie weit meine Kraft noch reicht.

Erinnere mich noch einmal an die befreiende Wahrheit,
wenn ich mich verstrickt habe in Selbstvorwürfen,
dass vor dem menschenfreundlichen Gott
allein die Liebe zählt.

Sag mir noch einmal, dass du mitgehst,
wo immer der Weg auch hinführt,
damit ich es nie vergesse.

PAUL WEISMANTEL

DU, KLEINER ENGEL

Kleiner Engel
du machst mir Mut
weiterhin an das Gute
im Menschen zu glauben
du durchbrichst
die Spirale der Schreckensmeldungen
im Ausschöpfen deiner Möglichkeiten

Kleiner Engel
du durchschreitest
die lähmende Ohnmacht
brichst auf mit uns
einer menschlicheren Welt entgegen
in der jede und jeder
sein Glück im Mittragen erfährt

Kleiner Engel
begleite uns
auf unseren Straßen der Gleichgültigkeit
beflügle uns
zu einer Weggefährtenschaft
die zum Leben in Fülle
bestärkt und bewegt

PIERRE STUTZ

UNTER DEM SCHUTZ DES HÖCHSTEN

Wer im Schutz des Höchsten wohnt,
der ruht im Schatten des Allmächtigen.
Ich sage zum HERRN: Du meine Zuflucht und meine Burg,
mein Gott, auf den ich vertraue.
Denn er rettet dich aus der Schlinge des Jägers
und aus der Pest des Verderbens.
Er beschirmt dich mit seinen Flügeln,
unter seinen Schwingen findest du Zuflucht, Schild und Schutz ist seine Treue.
Du brauchst dich vor dem Schrecken der Nacht nicht zu fürchten,
noch vor dem Pfeil, der am Tag dahinfliegt,
nicht vor der Pest, die im Finstern schleicht,
vor der Seuche, die wütet am Mittag.
Fallen auch tausend an deiner Seite, dir zur Rechten zehnmal tausend,
so wird es dich nicht treffen.
Mit deinen Augen wirst du es schauen, wirst sehen,
wie den Frevlern vergolten wird.
Ja, du, HERR, bist meine Zuflucht.
Den Höchsten hast du zu deinem Schutz gemacht.
Dir begegnet kein Unheil, deinem Zelt naht keine Plage.
Denn er befiehlt seinen Engeln,
dich zu behüten auf all deinen Wegen.
Sie tragen dich auf Händen,
damit dein Fuß nicht an einen Stein stößt;
du schreitest über Löwen und Nattern,
trittst auf junge Löwen und Drachen.
Weil er an mir hängt, will ich ihn retten.
Ich will ihn schützen, denn er kennt meinen Namen.
Ruft er zu mir, gebe ich ihm Antwort.
In der Bedrängnis bin ich bei ihm,
ich reiße ihn heraus und bring ihn zu Ehren.
Ich sättige ihn mit langem Leben, mein Heil lass ich ihn schauen.

PSALM 91

ZUM SCHUTZENGEL

Heiliger Engel,
du wachst über meine Seele
und über mein unglückliches Leben;
vergiss mich armen Sünder nicht,
verlass mich nicht wegen meiner Schuld.
Nimm dem bösen Geist die Kraft,
lass nicht zu, dass er über mich herrsche
durch die Begierden meines sterblichen Leibes.
Nimm an meine armen und schwachen Hände,
und führe mich auf dem Weg des Lebens.
Du heiliger Engel Gottes,
du behütest Leib und Seele,
verzeih mir alles, was ich im Laufe meines Lebens
dir an Leid zugefügt habe –
auch die Sünden des heutigen Tages.
Beschütze mich in dieser Nacht,
und bewahre mich vor jeder Versuchung des Bösen,
damit ich nicht sündige
und der Strafe Gottes anheimfalle.
Sei mein Fürsprecher bei Gott, dem Herrn;
er möge mich mit heiliger Ehrfurcht erfüllen,
damit ich seiner Heiligkeit würdig werde
und ihm in Treue dienen kann.

MAKARIOS DER ÄGYPTER (UM 300–390)

GOTT SPRICHT, GOTT SPRICHT AN

Gott spricht,
Gott spricht an,
Gott sendet Engel, die seine Segenbotschaft
leise hineinsprechen in unser Leben,
unbemerkt, wie eine Saat,
oft mitten in der Nacht, in ein offenes Herz.
Und Gottes Wort ist ein Samen ...

Mein Gott,
lass mich hellwach sein,
wenn dein Engel vor meiner Tür steht,
wenn er anklopft,
dass ich höre und aufmache.
Denn er wird ein Wort haben für mich.
Ich will es hören und auf dich vertrauen.

Du, o Herr,
stehst vor meiner Tür und suchst Herberge.
Gib, dass ich dich erkenne in den vielen
Kleinigkeiten meines Alltags:
In den Menschen meiner Umgebung,
in den Freuden und Sorgen meines Lebens,
in den Fragen und Antworten meiner Zeit.
Schenke mir offene Augen und ein hörendes Herz,
damit ich die Klopfzeichen deiner Liebe spüre.

Gott, du kennst meinen nächsten Schritt.
Du gibst die Situation – manchmal unglaublich
und doch in deinen Augen schon eine Wirklichkeit.
Auch wenn ich mich schwer tue, dir zu glauben,
ich will auf dich hören, weil ich aus dir bin.
Ich will mitgehen als Antwort auf dich.

Herr, wie oft bin ich entmutigt, resigniert.
Da sind enttäuschte Hoffnungen, Müdigkeit, Angst.
Ich wage den Schritt der Hoffnung nicht mehr.
In der Verkündigung des Engels schenkst du, Gott
des Erbarmens, neue Hoffnung.
Hilf mir, Herr, die Zeit der Erwartung zu nützen
als Tage der Einsamkeit und des Ein-sehens, als eine
Zeit des Hörens auf deine Verheißung.
Schenk mir Vertrauen.

GEBET AUS DER NEUBAUGEMEINDE BALDHAM,
MARTIN THURNER (HRSG.)

HEILIGER SCHUTZENGEL

Heiliger Schutzengel, Gottes liebende Fürsorge hat dich mir zum Begleiter
gegeben. Du bist sein Anruf an mein Gewissen: hilf mir zu klarer Entscheidung. Du bist seine führende Hand: Bleibe bei mir Tag und Nacht. Du bist
sein machtvoller Arm: Kämpfe mit mir für sein Reich.

GOTTESLOB.
KATHOLISCHES GEBET- UND GESANGBUCH 1975 – NR. 34,1

DU ENGEL GOTTES

Du Engel Gottes,
der himmlische Vater hat dich in seiner Gnade
für mich freigestellt.
Du bist gleichsam der Hüter
über die Hüter der Heiligen,
du machst deine Runde um mich diese Nacht.

Vertreibe alle Versuchung und Gefahr,
umgib mich mit deinem Schutz
auf dem Meere der Gottlosigkeit,
und schütze mein kleines Lebensschiff
in den Felsen, Untiefen und Strudeln,
ja, bewahre es allezeit.

Geh mir voraus als helles Licht,
sei ein Leitstern über mir,
sei ein sicherer Pfad unter meinen Füßen
und ein freundlicher Hirte hinter meiner Spur.
Heute, diesen Tag und diese Nacht und immerdar.

Ich bin müde und fremd in der Welt.
Geleite mich in das Land der Engel.
Es ist Zeit für mich, heimzukehren
an den Hof Christi, in den Frieden des Himmels.

HERMANN MULTHAUPT

IRISCH-KELTISCHER ABENDSEGEN

Mögen deine heiligen Engel, o Christus,
Sohn des lebendigen Gottes,
unsern Schlaf, unsere Ruhe,
unser schimmerndes Lager bewachen.

Mögen sie uns in unserem Schlummer
wahre Traumbilder zeigen,
o hoher Fürst des Weltalls,
großer, geheimnisvoller König!

Weder Dämonen
noch Unheil oder Verderben
noch böse Träume
mögen unsere Ruhe, unsern tiefen, festen Schlaf stören.

Heilig möge unser Erwachsen sein,
unsere Arbeit und unser Tagwerk,
wie unser Schlaf und unsere Rast,
ohne Störung und ohne Unterlass.

ÜBERLIEFERT

MANCHMAL SUCHE ICH NACH EINEM ENGEL DES LICHTS

Manchmal suche ich
nach einem Engel des Lichts,
wenn es dunkel wird in mir,
wenn ich keinen Ausweg mehr sehe
und wenn ich jemand brauche, der zu mir sagt:
»Ich bin bei dir«.

Manchmal suche ich
nach einem Engel des Lichts,
wenn ich müde bin und allein,
wenn meine Kräfte erschöpft sind
und ich jemand brauche, der zu mir sagt:
»Ich geh mit dir«.

Manchmal suche ich
nach einem Engel des Lichts,
wenn die Not so vieler mich zu erdrücken droht,
wenn ich versuche zu lindern und zu heilen
und ich jemand brauche, der zu mir sagt:
»Ich helfe dir«.

Du unser Gott,
in diesen festlichen Tagen bitten wir dich
um einen Engel des Lichtes dann und wann,
der uns eine Botschaft der Freude bringt,
der mit uns geht, uns Hoffnung gibt und Mut.

Schenk uns diese Freude der Weihnacht.

GEBET AUS DER NEUBAUGEMEINDE BALDHAM,
MARTIN THURNER (HRSG.)

BEGEGNUNG MIT DER GOTTES-MUTTER MARIA

Die marianischen Antiphonen

ALMA REDEMPTORIS MATER

Maria, Mutter unsres Herrn,
o Himmelspfort, o Meeresstern,
hilf der bedrängten Christenheit
auf ihrem Wege durch die Zeit.

Ein Staunen die Natur erfaßt,
daß du den Herrn geboren hast,
den Herrn und Schöpfer aller Welt,
der dich erschaffen und erwählt.

So trat der Engel bei dir ein:
»Gegrüßest seist du, Jungfrau rein.«
»Ave Maria« singen wir,
»sei benedeit, Gott ist mit dir.«

O Mutter, reich an Güt und Huld,
erbarme dich: wir sind in Schuld.
Steh du uns bei an Gottes Thron
und zeig uns Jesus, deinen Sohn.

MARIA LUISE THURMAIR (1969)
© Verlag Herder, Freiburg

REGINA CAELI

O Himmelskönigin, frohlocke, Halleluja.
Denn er, den Du zu tragen würdig warst, Halleluja,
ist erstanden, wie er sagte, Halleluja.
Bitt Gott für uns, Maria. Halleluja!

AVE REGINA COELORUM

Ave, du Himmelskönigin,
ave, der Engel Herrscherin.
Wurzel, der das Heil entsprossen,
Tür, die uns das Licht erschlossen:

Freu dich, Jungfrau, voll der Ehre,
über allen Seligen Hehre,
sei gegrüßt, des Himmels Krone,
bitt für uns bei deinem Sohne.

SALVE REGINA

Sei gegrüßt, o Königin,
Mutter der Barmherzigkeit
unser Leben, unsere Wonne
und unsere Hoffnung, sei gegrüßt!
Zu dir rufen wir, verbannte Kinder Evas,
zu dir seufzen wir trauernd und weinend
in diesem Tal der Tränen.
Wohlan denn, unsre Fürsprecherin,
wende deine barmherzigen Augen zu uns,
und nach diesem Elende zeige uns Jesus,
die gebenedeite Frucht deines Leibes.
O gütige, o milde, o süße Jungfrau Maria.

DER ROSENKRANZ

Eröffnung
Im Namen des Vaters und des Sohnes und des Heiligen Geistes.
Amen.

Ich glaube an Gott,
den Vater, den Allmächtigen,
den Schöpfer des Himmels und der Erde,
und an Jesus Christus,
seinen eingeborenen Sohn, unsern Herrn,
empfangen durch den Heiligen Geist,
geboren von der Jungfrau Maria,
gelitten unter Pontius Pilatus,
gekreuzigt, gestorben und begraben,
hinabgestiegen in das Reich des Todes,
am dritten Tage wieder auferstanden von den Toten,
aufgefahren in den Himmel.
Er sitzt zur Rechten Gottes,
des allmächtigen Vaters.
Von dort wird er kommen,
zu richten die Lebenden und die Toten.
Ich glaube an den Heiligen Geist,
die heilige katholische Kirche,
die Gemeinschaft der Heiligen,
Vergebung der Sünden,
Auferstehung der Toten
und das ewige Leben.
Amen.
Ehre sei dem Vater und dem Sohn
und dem Heiligen Geist
wie im Anfang so auch jetzt und alle Zeit
und in Ewigkeit.
Amen.

Bei der einzelnen Perle über dem Kreuz des Rosenkranzes wird gebetet:

Vater unser im Himmel,
geheiligt werde Dein Name,
Dein Reich komme,
Dein Wille geschehe,
wie im Himmel, so auf Erden.
Unser tägliches Brot gib uns heute.
Und vergib uns unsere Schuld,
wie auch wir vergeben unseren Schuldigern.
Und führe uns nicht in Versuchung,
sondern erlöse uns von dem Bösen.
Denn Dein ist das Reich und die Kraft
und die Herrlichkeit in Ewigkeit.
Amen.

Bei den drei folgenden Perlen werden drei »Gegrüßet seist du, Maria« gebetet,
wobei anstelle der drei Punkte jeweils einer der anschließend aufgeführten
Nebensätze eingefügt wird:

Gegrüßest seist du, Maria,
voll der Gnade,
der Herr ist mit dir,
du bist gebenedeit unter den Frauen,
und gebenedeit ist die Frucht deines Leibes,
Jesus, ...
Heilige Maria, Mutter Gottes,
bitte für uns Sünder
jetzt und in der Stunde unseres Todes.
Amen.

..., der den Glauben in uns vermehre.
..., der die Hoffnung in uns stärke.
..., der die Liebe in uns entzünde.

Die Reihe der drei einleitenden »Gegrüßet seist du, Maria« endet mit:

Ehre sei dem Vater und dem Sohn
und dem Heiligen Geist
wie im Anfang so auch jetzt und alle Zeit
und in Ewigkeit.
Amen.

*Die letzte der fünf Perlen über dem Kreuz des Rosenkranzes steht wieder
für ein Vaterunser.*
*Die eigentliche Rosenkranzkette gliedert sich in fünf Gruppen à zehn Perlen,
zwischen denen jeweils eine einzelne Perle eingeknüpft ist. Eine Zehner-
gruppe wird als Gesätz bezeichnet. Jede Perle der Zehnergruppen steht für
ein »Gegrüßet seist du, Maria« (siehe oben), wobei statt der Auslassungs-
punkte je Gesätz ein Geheimnis aus dem Leben Jesu eingefügt wird. Bei jeder
einzeln eingeknüpften Perlen zwischen den Gesätzen wird ein Vaterunser
gebetet.*

Die freudenreichen Geheimnisse
…, den du, o Jungfrau, vom Heiligen Geist empfangen hast.
…, den du, o Jungfrau, zu Elisabeth getragen hast.
…, den du, o Jungfrau, (in Bethlehem) geboren hast.
…, den du, o Jungfrau, im Tempel aufgeopfert hast.
…, den du, o Jungfrau, im Tempel wiedergefunden hast.

Die schmerzhaften Geheimnisse
…, der für uns Blut geschwitzt hat.
…, der für uns gegeißelt worden ist.
…, der für uns mit Dornen gekrönt worden ist.
…, der für uns das schwere Kreuz getragen hat.
…, der für uns gekreuzigt worden ist.

Die glorreichen Geheimnisse

…, der von den Toten auferstanden ist.

…, der in den Himmel aufgefahren ist.

…, der uns den Heiligen Geist gesandt hat.

…, der dich, o Jungfrau, in den Himmel aufgenommen hat

…, der dich, o Jungfrau, im Himmel gekrönt hat.

Die lichtreichen Geheimnisse

…, der von Johannes getauft worden ist.

…, der sich bei der Hochzeit in Kana offenbart hat.

…, der uns das Reich Gottes verkündet hat.

…, der auf dem Berg verklärt worden ist.

…, der uns die Eucharistie geschenkt hat.

MAGNIFICAT – LOBGESANG MARIAS

Meine Seele preist die Größe des Herrn
und mein Geist jubelt über Gott, meinen Retter.
Denn auf die Niedrigkeit seiner Magd hat er geschaut.
Siehe, von nun an preisen mich selig alle Geschlechter.
Denn der Mächtige hat Großes an mir getan und sein Name ist heilig.
Er erbarmt sich von Geschlecht zu Geschlecht
über alle, die ihn fürchten.
Er vollbringt mit seinem Arm machtvolle Taten:
Er zerstreut, die im Herzen voll Hochmut sind;
er stürzt die Mächtigen vom Thron
und erhöht die Niedrigen.
Die Hungernden beschenkt er mit seinen Gaben
und lässt die Reichen leer ausgehen.
Er nimmt sich seines Knechtes Israel an
und denkt an sein Erbarmen,
das er unsern Vätern verheißen hat,
Abraham und seinen Nachkommen auf ewig.
Meine Seele preist die Größe des Herrn,
und mein Geist jubelt über Gott, meinen Retter.
Denn auf die Niedrigkeit seiner Magd hat er geschaut.
Siehe, von nun an preisen mich selig alle Geschlechter!
Denn der Mächtige hat Großes an mir getan
und sein Name ist heilig.
Er erbarmt sich von Geschlecht zu Geschlecht
über alle, die ihn fürchten.
Er vollbringt mit seinem Arm machtvolle Taten:
Er zerstreut, die im Herzen voll Hochmut sind;
er stürzt die Mächtigen vom Thron
und erhöht die Niedrigen.
Die Hungernden beschenkt er mit seinen Gaben
und lässt die Reichen leer ausgehn.

Er nimmt sich seines Knechtes Israel an
und denkt an sein Erbarmen,
das er unsern Vätern verheißen hat,
Abraham und seinen Nachkommen auf ewig.

LK 1,46–55

SELIGE JUNGFRAU UND MUTTER GOTTES

O du selige Jungfrau und Mutter Gottes,
wie bist du so gar nichts
und gering geachtet gewesen,
und Gott hat dich dennoch so überaus gnädig
und reichlich angesehen und große Dinge an dir gewirkt.
Du bist ja deren keines wert gewesen
und weit und hoch über all dein Verdienst hinaus
ist die reiche, überschwängliche
Gnade Gottes in dir.
O wohl dir, selig bist du
von der Stund an bis in Ewigkeit,
die du einen solchen Gott gefunden hast!

MARTIN LUTHER (1483–1546)

LAURETANISCHE LITANEI

K/A Herr, erbarme dich.
K/A Christus, erbarme dich.
K/A Herr, erbarme dich.

K Christus, höre uns.
V Christus, erhöre uns.

K Gott Vater im Himmel,
A Erbarme dich unser.

K Gott Sohn, Erlöser der Welt
A Erbarme dich unser.

K Gott Heiliger Geist
A Erbarme dich unser.

K Heiliger dreifaltiger Gott
A Erbarme dich unser.

K Heilige Maria,   A bitte für uns.
Heilige Mutter Gottes
Heilige Jungfrau
Mutter Christi
Mutter der Barmherzigkeit
Mutter der göttlichen Gnade
Mutter, du Reine
Mutter, du Keusche
Mutter ohne Makel
Mutter, du viel Geliebte
Mutter, so wunderbar
Mutter des guten Rates
Mutter der schönen Liebe
Mutter des Schöpfers

Mutter des Erlösers
Mutter der Kirche
Du kluge Jungfrau
Jungfrau, von den Völkern gepriesen
Jungfrau, mächtig zu helfen
Jungfrau voller Güte
Jungfrau, du Magd des Herrn
Du Spiegel der Gerechtigkeit
Du Sitz der Weisheit
Du Ursache unserer Freude
Du Kelch des Geistes
Du kostbarer Kelch
Du Kelch der Hingabe
Du geheimnisvolle Rose
Du Starker Turm Davids
Du elfenbeinener Turm
Du goldenes Haus
Du Bundeslade Gottes
Du Pforte des Himmels
Du Morgenstern
Du Heil der Kranken
Du Zuflucht der Sünder
Du Trist der Betrübten
Du Hilfe der Christen
Du Königin der Engel
Du Königin der Patriarchen
Du Königin der Propheten
Du Königin der Apostel
Du Königin der Märtyrer
Du Königen der Bekenner
Du Königin der Jungfrauen
Du Königin aller Heiligen
Du Königin, ohne Erbschuld empfangen
Du Königin, aufgenommen in den Himmel
Du Königin vom heiligen Rosenkranz

Du Königin der Familien
Du Königin des Friedens

K Lamm Gottes, du nimmst hinweg die Sünden der Welt:
A verschone uns, o Herr.

K Lamm Gottes, du nimmst hinweg die Sünden der Welt:
A erhöre uns, o Herr.

K Lamm Gottes, du nimmst hinweg die Sünden der Welt:
A erbarme dich unser, o Herr.
V Lasset und beten. – Gütiger Gott, du hast allen Menschen Maria zur Mut-
ter gegeben; höre auf ihre Fürsprache; nimm von uns die Traurigkeit dieser
Zeit, dereinst aber gibt uns die ewige Freude. Durch Christus, unsern Herrn.
Amen.

GOTTESLOB 566

GEGRÜSSET SEIST DU, MARIA

Gegrüßet seist du, Maria,
voll der Gnade,
der Herr ist mit dir.
Mit diesem Wort
ruft Gott dich, Maria,
und du lässt dich rufen.
In deinem Ja gehst du ein
auf ein neues Leben,
begibst dich wie Abraham
auf den Weg der Verheißung.
Offen wie eine Schale
nimmst du Gottes Wort in dich auf
und lässt es fruchtbar werden in dir.
Du stellst dein Leben zur Verfügung.
Im Empfangen und Loslassen
bist du bereit, Saatkorn zu werden
für das Leben der Welt.
Hilf auch uns, Maria,
den Ruf des Herrn zu hören
und in der Treue zum Glauben
Antwort zu geben auf unsere Berufung.
Laß uns wie du in Geduld und Vertrauen
den Weg der Nachfolge gehen.
Maria, du Mutter unserer Gemeinde, schau auf uns;
erbitte uns Stärkung in Glaube, Hoffnung und Liebe.

GEBET AUS DER NEUBAUGEMEINDE BALDHAM,
MARTIN THURNER (HRSG.)

GEBET ZUR MUTTER
VON DER IMMERWÄHRENDEN HILFE

Jungfrau, Mutter Gottes mein,
lass mich ganz dein Eigen sein.

Dein im Leben, dein im Tod,
dein in Unglück, Angst und Not,
dein in Kreuz und bittrem Leid,
dein für Zeit und Ewigkeit.

Jungfrau, Mutter Gottes mein,
lass mich ganz dein Eigen sein.

Mutter, auf dich hoff und baue ich,
Mutter, zu dir ruf und seufze ich,
Mutter, du Gütigste, steh mir bei,
Mutter, du Mächtigste, Schutz mir leih.

O Mutter, so komm, hilf beten mir.
O Mutter, so komm, hilf streiten mir.
O Mutter, so komm, hilf leiden mir.
O Mutter, so komm und bleib bei mir.

Du kannst mir ja helfen, o Mächtigste,
du wirst mir ja helfen, o Gütigste,
du musst mir nun helfen, o Treueste,
du wirst mir auch helfen, Barmherzigste.

O Mutter der Gnade, der Christen Hort.
Du Zuflucht der Sünder, des Heiles Port.
Du Hoffnung der Erde, des Himmels Zier.
Du Trost der Betrübten, ihr Schutzpanier.

Wer hat je umsonst deine Hilfe angefleht?
Wann hast du vergessen ein kindlich Gebet?
Drum ruf ich beharrlich in Kreuz und in Leid:
Maria hilft immer, sie hilft jederzeit.

Ich ruf voll Vertrauen in Leid und Tod:
Maria hilft immer in jeglicher Not.
So glaub ich und lebe und sterbe darauf:
Maria hilft mir in den Himmel hinauf.

Jungfrau, Mutter Gottes mein,
lass mich ganz dein Eigen sein.

ÜBERLIEFERT

UNTER DEINEN SCHUTZ UND SCHIRM

Unter deinen Schutz und Schirm fliehen wir, heilige Gottesmutter.
Verschmähe nicht unser Gebet in unseren Nöten,
sondern errette uns jederzeit aus allen Gefahren,
o glorreiche und gebenedeite Jungfrau,
unsere Frau, unsere Mittlerin, unsere Fürsprecherin.
Führe uns zu deinem Sohne,
empfiehl uns deinem Sohne,
stelle uns vor deinem Sohne.

Bitte für uns, heilige Gottesmutter,
dass wir würdig werden
der Verheißungen Christi.

AUS DEM 3. JAHRHUNDERT

O MEINE GEBIETERIN

O meine Gebieterin, o meine Mutter.
Dir bringe ich mich ganz dar;
und um dir meine Hingabe zu bezeigen, weihe ich dir heute
meine Augen, meine Ohren, meinen Mund, mein Herz, mich selbst ganz
und gar.
Weil ich also dir gehöre, o gute Mutter,
bewahre mich, beschütze mich, als dein Gut und Eigentum.
Amen.

NICOLAUS ZUCCHIUS SJ (1586–1670)

HILF, MARIA, ES IST ZEIT

Hilf, Maria, es ist Zeit,
hilf, Mutter der Barmherzigkeit!

Du bist mächtig, uns aus Nöten
und Gefahren zu erretten;
denn wo Menschenhilf gebricht,
mangelt doch die deine nicht.

Nein, du kannst das heiße Flehen
deiner Kinder nicht verschmähen.
Zeige, dass du Mutter bist,
wo die Not am größten ist.

Hilf, Maria, es ist Zeit,
hilf, Mutter der Barmherzigkeit.
Amen.

VERFASSER UNBEKANNT

GEDENKE, O GÜTIGSTE JUNGFRAU MARIA

Gedenke, o gütigste Jungfrau Maria,
es ist noch nie gehört worden,
dass jemand, der zu dir seine Zuflucht nahm,
deinen Beistand anrief und um deine Fürbitte flehte,
von dir verlassen worden ist.
Von diesem Vertrauen beseelt, nehme ich
meine Zuflucht zu dir,
o Jungfrau der Jungfrauen,
meine Mutter, zu dir komme ich,
vor dir stehe ich als ein sündiger Mensch.
O Mutter des ewigen Wortes,
verschmähe nicht meine Worte,
sondern höre sie gnädig an und erhöre mich!
Amen.

IM 15. JAHRHUNDERT AUS ELEMENTEN EINER PREDIGT
DES HEILIGEN BERNHARD VON CLAIRVAUX ZUM FEST DER
AUFNAHME MARIENS IN DEN HIMMEL ENTSTANDENES GEBET

STABAT MATER

Christi Mutter stand mit Schmerzen
bei dem Kreuz und weint von Herzen,
als ihr lieber Sohn da hing.
Durch die Seele voller Trauer,
seufzend unter Todesschauer,
jetzt das Schwert des Leidens ging.

Welch ein Schmerz der Auserkornen,
da sie sah den Eingebornen,
wie er mit dem Tode rang!
Angst und Trauer, Qual und Bangen,
alles Leid hielt sie umfangen,
das nur je ein Herz durchdrang.

Wer könnt ohne Tränen sehen
Christi Mutter so dastehen
in so tiefen Jammers Not?
Wer nicht mit der Mutter weinen,
seinen Schmerz mit ihrem einen,
leiden bei des Sohnes Tod?

Ach, für seiner Brüder Schulden
sah sie ihn die Marter dulden,
Geißeln, Dornen, Spott und Hohn!
Sah ihn trostlos und verlassen
an dem blutgen Kreuz erblassen,
ihren lieben, einzgen Sohn.

Heilge Mutter, drück die Wunden,
die dein Sohn am Kreuz empfunden,
tief in meine Seele ein.
Ach, das Blut, das er vergossen,
ist für mich dahingeflossen;
lass mich teilen seine Pein.

Lass mich wahrhaft mit dir weinen,
mich mit Christi Leid vereinen,
solang mir das Leben währt.
Unterm Kreuz mit dir zu stehen,
unverwandt hinaufzusehen,
ist es, was mein Herz begehrt.

O du Jungfrau der Jungfrauen,
wollst in Liebe mich anschauen,
dass ich teile deinen Schmerz.
Dass ich Christi Tod und Leiden,
Marter, Angst und bittres Scheiden
fühle wie dein Mutterherz.

Lass mich tragen seine Peinen,
mich mit ihm am Kreuz vereinen,
trunken sein von seinem Blut.
Dass nicht zu der ewgen Flamme
der Gerichtstag mich verdamme,
steh, o Jungfrau, für mich gut.

Christus, um der Mutter Leiden
gib mir einst des Sieges Freuden
nach des Erdenlebens Streit.
Jesus, wann mein Leib wird sterben,
lass dann meine Seele erben
deines Himmels Seligkeit.

JACOPONE DA TODI (UM 1230–1306)

O LICHTE MUTTER

O lichte Mutter der heiligen Heilkunst,
durch deinen heiligen Sohn hast Salböl du
gegossen in Wund und Wehe des Todes,
den Eva uns gebracht zu unserm Elend.
Du hast vernichtet den Tod
und aufgebaut neues Leben.
Bitte für uns bei deinem Sohn,
du Stern des Meeres, Maria!
Du Mittlerin des Lebens, du Freude voller Glanz,
du Süße aller Wonnen, an denen nichts dir fehlte.
Bitte für uns bei deinem Sohn,
du Stern des Meeres – Maria!

Liebste Mutter,
wollest schauen,
auf dein Volk,
das mit Vertrauen,
dich als seine Mutter ehrt,
von dir Hilf und Trost begehrt.

Segne uns
in deinem Herzen,
tröste uns
in unsern Schmerzen,
steh uns bei in aller Not,
zeig uns Jesus nach dem Tod.

HILDEGARD VON BINGEN (1098–1179)

MARIA, BREIT DEN MANTEL AUS

Maria, breit den Mantel aus,
mach Schirm und Schild für uns daraus;
lass uns darunter sicher stehn,
bis alle Stürm vorübergehn.

Dein Mantel ist sehr weit und breit,
er deckt die ganze Christenheit,
er deckt die weite, weite Welt,
ist aller Zuflucht und Gezelt.

Maria, hilf der Christenheit,
dein Hilf erzeig uns allezeit;
komm uns zu Hilf in allem Streit,
verjag die Feind all von uns weit.

O Mutter der Barmherzigkeit,
den Mantel über uns ausbreit;
uns all darunter wohl bewahr
zu jeder Zeit in aller Gfahr.

INNSBRUCK 1640

GEBET ZUR MADONNA DER GEBURT

Heilige Mutter Gottes, wir kommen zu dir, um dich zu preisen.
Du bist die bevorzugte Tochter des Vaters, die Mutter des fleischgeworde-
nen Wortes, der Tempel des Heiligen Geistes.
Du hast mitgewirkt an unserer Erlösung: bitte für uns deinen Sohn Jesus um
einen unerschütterlichen Glauben, eine feste Hoffnung und eine großzügige
Liebe.
Wir vertrauen dir alle Mütter an, die dich um die Unversehrtheit ihrer
Kinder bitten und um eine gelungene Entbindung, damit das Leben, das sie
im Schoß tragen, vor aller Gefahr bewahrt wird.
Erwirkt ihnen, mit ihrem Kind zu dir zu kommen, um Gott zu danken,
der immer Wunder wirkt für diejenigen, die sich ihm zuversichtlich
anvertrauen.
Du Mutter der Liebe, bewahre mit deiner Liebe alle Kinder, damit sie lebens-
froh und ruhig aufwachsen in der Kraft des Heiligen Geistes, der uns alle
bewegt, bestärkt und begleitet.
Amen.

BASILICA DI SANT'AGOSTINO IN CAMPO MARZIO IN ROM

JUNGFRAU MARIA

Jungfrau Maria, Mutter Gottes und meine Mutter,
Fürsprecherin, Zuflucht
und Beschützerin meines Lebens,
in tiefer Demut wende ich mich an dich;
zu Gott und zu dir habe ich großes Vertrauen:
Begleite mein Gebet, nimm an meine Vorsätze
und meine Zuneigung.
Erflehe bei deinem göttlichen Sohn
die Gnaden, die ich brauche,
um meine Vorsätze ausführen zu können,
damit ich tugendhaft leben kann:
zur größeren Ehre Gottes,
zu deiner Ehre und für mein ewiges Heil.

JOHANN BAPTIST DE LA SALLE (1651–1719)

KÖNIGIN DES HIMMELS

Makellose Gottesmutter, Königin des Himmels! Du bist die Mutter der Barmherzigkeit, die Fürsprecherin und Zuflucht der Sünder. In deiner mütterlichen Liebe hast du mir so reiche Gnaden aus der Schatzkammer Gottes erfleht. Du hast mir Licht und Kraft gegeben. Ich möchte darum heute und allezeit mein Herz in deine Hände legen. Du sollst es Jesus weihen. Unbefleckte Jungfrau! Im Angesicht der neun Engelchöre und aller Heiligen übergebe ich es dir. Du sollst es in meinem Namen Jesus weihen. Das kindliche Vertrauen, das ich zu dir trage, gibt mir die Gewissheit, dass du jetzt und allezeit, so gut du kannst, mir helfen wirst, dass mein Herz stets vollkommen Jesus angehört, dass ich die Heiligen getreulich nachahme, vor allem den heiligen Joseph, deinen reinsten Bräutigam. Amen.

VINZENZ PALLOTTI (1795–1850)

ICH SEHE DICH IN TAUSEND BILDERN

Ich sehe dich in tausend Bildern,
Maria, lieblich ausgedrückt,
doch keines von allen kann dich schildern,
wie meine Seele dich erblickt.

Ich weiß nur, dass der Welt Getümmel
seitdem mir wie ein Traum verweht
und ein unnennbar süßer Himmel
mir ewig im Gemüte steht.

NOVALIS (1772–1801)

DU SCHMERZENSREICHE

Ach neige,
Du Schmerzenreiche,
Dein Antlitz gnädig meiner Not!

Das Schwert im Herzen
Mit tausend Schmerzen
Blickst auf zu deines Sohnes Tod.

Zum Vater blickst du,
Und Seufzer schickst du
Hinauf um sein' und deine Not.

[…]

Hilf! rette mich von Schmach und Tod!
Ach neige,
Du Schmerzenreiche,
Dein Antlitz gnädig meiner Not!

JOHANN WOLFGANG VON GOETHE (1749–1832)

SEGNE DU, MARIA

Segne du, Maria,
segne mich, dein Kind,
dass ich hier den Frieden,
dort den Himmel find!
Segne all mein Denken,
segne all mein Tun,
lass in deinem Segen
Tag und Nacht mich ruhn!

Segne du, Maria,
alle, die mir lieb!
Deinen Muttersegen
ihnen täglich gib!
Deine Mutterhände
breit auf alle aus,
segne alle Herzen,
segne jedes Haus!

Segne du, Maria,
unsere letzte Stund',
süße Trostesworte,
flüstre dann dein Mund!
Deine Hand, die milde,
drück das Aug' uns zu,
bleib' in Tod und Leben
unser Segen du!

CORDULA (PEREGRINA) WÖHLER (1845–1916)

BEGEGNUNG MIT DEM SEGEN DES HIMMELS

Der HERR segne dich und behüte dich.
Der HERR lasse sein Angesicht über dich leuchten
und sei dir gnädig.
Der HERR wende sein Angesicht dir zu und schenke dir Frieden.

NUMERI 6,24–26

DEIN SEGEN

Essen und Trinken
Tisch und Stuhl
ein Dach über dem Kopf:
Dein Segen für uns!

Du und ich
gemeinsames Essen
reden und lachen:
Dein Segen mit uns!

Ich unterwegs
jeder für sich
Arbeit und Schule:
Dein Segen geht mit!

CLAUDIA SCHÄBLE

SEGENSGEBET

Der Herr sei vor dir:
um dir den rechten Weg zu zeigen.

Der Herr sei neben dir,
um dich in die Arme zu schließen
und dich zu schützen.

Der Herr sei hinter dir,
um dich zu bewahren
vor der Heimtücke böser Menschen.

Der Herr sei unter dir,
um dich aufzufangen, wenn du fällst,
und dich aus der Schlinge zu ziehen.

Der Herr sei in dir,
um dich zu trösten,
wenn du traurig bist.

Der Herr sei um dich herum,
um dich zu verteidigen,
wenn andere über dich herfallen.

Der Herr sei über dir,
um dich zu segnen.
So segne dich der gütige Gott.

AUS IRLAND

SEGENSGEBET

Gottes reichster Segen gebe dir
seine siebenfältige Heilkraft und Hilfe.

Der Segen des Vertrauens
erfülle dich jeden Tag neu,
damit du an das Gute im Menschen
und in dir selbst glauben kannst.

Der Segen der Hoffnung
durchdringe dich immer tiefer,
damit du den langen Atem behältst
in der Atemnot unserer Zeit.

Der Segen der Liebe
wohne spürbar in deinem Herzen,
damit du fähig wirst
zur Hingabe an Gott und die Menschen.

Der Segen der Gerechtigkeit
erneuere deine Gedanken,
damit du die nicht vergisst,
die im Schatten stehen.

Der Segen der Klugheit
begleite deine Entscheidungen,
damit du sie rechtzeitig
und verantwortlich treffen kannst.

Der Segen der Stärke
ermutige dein Tun und Lassen,
damit du auch in der Schwachheit
der Gnade Gottes traust.

Der Segen des Maßes
beseele deine Pläne und Ziele,
damit du im Annehmen deiner Grenzen
den größeren Frieden findest.

So segne dich der lebendige und treue Gott,
Vater, Sohn und Heiliger Geist. Amen.

PAUL WEISMANTEL

SEGNE, WAS MEINE LIEBE BRAUCHT

Gott segne die Erde, auf der ich jetzt stehe.
Gott segne den Weg, auf dem ich jetzt gehe.
Gott segne das Ziel, für das ich jetzt lebe.

Du Ewiger, du Immerdar,
segne mich auch, wenn ich raste.

Segne, was mein Wille sucht,
segne, was meine Liebe braucht,
segne, worauf meine Hoffnung ruht.

Du König der Könige,
segne meinen Blick.

IRISCHER SEGENSWUNSCH

SEGNE MICH, GOTT

Segne mich, Gott,
wenn mir die Arbeit leicht von der Hand geht,
wenn die Vorhaben gelingen,
die Probleme gelöst werden,
damit ich nicht vergesse,
dass du die Quelle meiner Kraft bist.

Segne mich, Gott,
wenn ich müde und erschöpft bin,
wenn Sorgen auf mir lasten,
Schwierigkeiten sich türmen,
damit ich meine Grenzen annehme
und alle Hoffnung auf dich setze.

Segne mich, Gott,
wo mein Wort und mein Lachen
andere stärkt,
wo mein Tun aufrichtet, hilft,
damit die Menschen
durch mich hindurch dich erkennen.

Segne mich, Gott,
wo ich Hilferufe und Not
übersehen habe,
wo Leid mich nicht berührte,
damit ich mein Versagen
erkenne und daraus lerne.
Segne mich, Gott
und lass mich Segen sein für andere.

IRMELA MIES-SUERMANN

IRISCHES SEGENSGEBET

Christi Kreuz auf dieser Stirn,
Christi Kreuz auf meinen Ohren,
Christi Kreuz auf diesen Augen,
Christi Kreuz auf dieser Nase,
Christi Kreuz auf diesem Mund,
Christi Kreuz auf dieser Brust,
Christi Kreuz auf meinen Armen,
Christi Kreuz auf meinen Beinen,
Christi Kreuz auf meinem Leib,
Christi Kreuz auf meinem Herzen.

Christi Kreuz, komm mir von Osten entgegen
Christi Kreuz, mach mich vom Westen her stark,
Christi Kreuz, geleite mich allezeit im Norden und Süden.

Christi Kreuz hoch am Himmel,
Christi Kreuz tief in der Erde,
schütz Leib und Seele vor Schaden und Unheil.

AUS DEM 6. JAHRHUNDERT

NICHTS WÄCHST OHNE SEGEN

Möge der Schöpfer des Universums,
der dir das Leben gab,
sich von den Toren des Himmels
zu dir herabbeugen, um dich zu segnen.

Er segne deinen Tag
und deine Arbeit,
er segne deinen Kopf und deine Füße,
er segne dein Herz und deinen Mund,
er segne deine Familie und das Vieh.
Er lasse das Gras mit seinem Segen gedeihen
und das Korn.
Er segne auch deinen Nachbarn
und den Kranken, den du nicht kennst.
Er möge auch dein Alter segnen und deinen Tod.
Denn nichts wächst und reift und wird Frucht
ohne den Segen dessen,
der über dich wacht
und über die Welt.

IRISCHER SEGENSWUNSCH

SEGNE, O GOTT

Segne, o Gott,
meine Seele und meinen Leib,
segne, o Gott,
meinen Glauben und was ich bin.
Segne, o Gott,
mein Herz und was ich sage,
segne, o Gott,
meiner Hände Arbeit.

IRISCHER SEGENSWUNSCH

DER HERR SEGNE EUCH

Der Herr segne euch. Er erfülle eure Füße mit Tanz und eure Arme mit Kraft.
Er erfülle eure Herzen mit Zärtlichkeit und eure Augen mit Lachen. Er
erfülle eure Ohren mit Musik und eure Nase mit Wohlgerüchen. Er erfülle
euren Mund mit Jubel und euer Herz mit Freude. Er schenke uns immer neu
die Sprache der Wüste: Stille, frisches Wasser und neue Hoffnung. Er gebe
uns die Kraft, der Hoffnung ein Gesicht zu geben. Es segne euch der Herr.

HERMANN SCHALÜCK OFM

LEBENSKRAFT

Du
gabst meiner Seele große Kraft
spürbar im Auskosten des Augen-blicks
im erotischen Spiel der Liebenden
im engagierten Mitsein mit aller Kreatur

Du
gabst meiner Seele große Kraft
erfahrbar im schweigenden Dasein
im Aufstand für eine zärtliche Gerechtigkeit
im Fließenlassen der Tränen

Deine Segenskraft
erkenne ich im Essen und Trinken
im dankbaren Verweilen in der Schöpfung
im Genießen der Freundschaft

Du bist die schöpferische Lebenskraft
die verbindet mit allem

Nach Psalm 138,3

Pierre Stutz

QUELLEN-
VERZEICHNIS

»HERZ-WERK« BETEN. EINE KLEINE GEBETSSCHULE

Bachl, Gottfried: Mailuft und Eisgang. 100 Gebete, Innsbruck – Wien 1998, 36.

Bernhard von Clairvaux: Adventspredigt 1,10; PL 183, 40A, abgedruckt in: Ein Lied, das nur die Liebe lehrt. Texte der frühen Zisterzienser. Ausgewählt, übersetzt und eingeleitet von Bernardin Schellenberger (Herderbücherei 904), Freiburg – Basel – Wien ²1984, 33.

Hemmerle, Klaus: Dein Herz an Gottes Ohr. Einübung ins Gebet, Freiburg – Basel – Wien 1986, 17.

Kierkegaard, Sören: Die Lilie auf dem Felde und der Vogel unter dem Himmel. Drei fromme Reden, Kopenhagen 1849, in: *Ders.:* Kleine Schriften 1848/49 (Gesammelte Werke. 21., 22. und 23. Abteilung), Köln 1960, 37–38.

Klepper, Jochen: Mittagslied, in: *Ders.:* Ziel der Zeit. Die gesammelten Gedichte, Bielefeld 1980, 48–50, 49.

Nikolaus von Kues: Vom Sehen Gottes. Ein Buch mystischer Betrachtung. Aus dem Lateinischen übertragen von Dietlind und Wilhelm Dupré. Mit einem Nachwort von Alois M. Haas (Unbekanntes Christentum), Zürich – München 1987, 35.

Lohfink, Norbert: Sei ein hörender Gott, in: *Ders.:* Hinter den Dingen ein Gott. Meditationen, Freiburg – Basel – Wien 1978, 35–45, 45.

Mechthild von Magdeburg: Das fließende Licht der Gottheit. Zweite neubearbeitete Übersetzung mit Einführung und Kommentar Margot Schmidt (Mystik in Geschichte und Gegenwart. Texte und Untersuchungen. Abteilung I: Christliche Mystik; Bd. 11), Stuttgart – Bad Cannstatt 1995, 176 [V. Buch].

Weismantel, Paul: An Weihnachten sagt Gott ganz leise, in: *Ders.:* In der Stille der Nacht. Gedanken und Gebete zu Advent und Weihnachten, Donauwörth 1991, 60–64, 60–61.

Wust, Peter: Ein Abschiedswort, Münster ¹¹1984, 11–12.

GABE UND GNADE DES GEBETS

Anselm von Canterbury: Siehe, Herr, vor Dir ist mein Herz., in: *Ders.:* Gebete (SIGILLUM 24). Übersetzt und eingeleitet von Leo Helbling, Einsiedeln 1965, 124. [Betrachtung über die Erlösung des Menschen, 114–124.]

Guardini, Romano: Einsicht und Bereitschaft zum Gebet. Alle Autorenrechte liegen bei der Katholischen Akademie in Bayern. Romano Guardini, Theologische Gebete, 12. Auflage 2021, S. 41, Matthias Grünewald Verlag, Ostfildern.

Liguori, Alfons von: Schenke mir die Gnade des rechten Betens, in: *Ders.:* Vertrauliche Zwiesprache mit Gott. Gebete (Meditation und Gebet). Herausgegeben von Bernhard Häring, München – Zürich – Wien 1989, 87.

Marti, Kurt: Gebet eines Berufsbeters. Mit Genehmigung des Radius-Verlags entnommen aus: *Ders.:* O Gott! Lachen Weinen Lieben. Ermutigung zum Leben © 1995 by Radius-Verlag, Stuttgart.

Oberröder, Wolfgang: Bittet und ihr werdet empfangen (Joh 16,24), in: *Ders.:* Hilf mir beten, Herr! Beten mit dem Johannesevangelium, Donauwörth 1987, 70–72. © Wolfgang Oberröder.

Uhl, Elke: Das Aber-Gebet. © Elke Uhl.

Weismantel, Paul: Betende Hände. © Paul Weismantel.

Weismantel, Paul: Ich will hören. © Paul Weismantel.

Zulehner, Paul M.: Es sprechen manche …, in: *Ders.:* Jedem seinen eigenen Tod. Für die Freiheit des Sterbens, © Schwabenverlag: Verlagsgruppe Patmos in der Schwabenverlag AG, Ostfildern, 2001. www.verlagsgruppe-patmos.de

BEGEGNUNG MIT DEM DREIFALTIGEN GOTT

Adolphsen, Helge: Die Frage ist oft das letzte Gebet, in: *Ders.:* Minuten Gebete, Stuttgart 2000, 76–77. © Helge Adolphsen.

Albrecht, Alois: Gebet, in: *Ders.:* Neuwerden aus seinem Wort. Meditationsgottesdienste, Stuttgart 1976, 12. © Alois Albrecht.

Albus, Michael: Wirf ein Auge auf mich, in: Beck, Eleonore (Hrsg.): Gebete meines Lebens, Ostfildern 1999, 14. © Michael Albus.

Alpanus: Christus, göttlicher Herr, in: Lobet den Namen des Herrn. Schätze des Stundengebets. Herausgegeben von Johannes Bernhard Uphus. Mit einem Geleitwort von Erzbischof Robert Zollitsch, Freiburg im Breisgau, Kevelaer 2009, 28. Butzon & Bercker

Betz, Otto: Du, Herr, bist das große Schweigen … © Otto Betz.

Foucauld, Charles de: Wenn es dich gibt …, in: *Ders.:* Hingabe und Nachfolge. Geistliches Lesebuch. Ausgewählt und übersetzt und herausgegeben von der Kleinen Schwester Maria Walburg von Jesus, München – Wien – Zürich 2005, 15. Verlag Neue Stadt

Gott in dir ruht mein Leben, in: Krankenbrief 2002. Caritas-Konferenzen im Erzbistum Paderborn e.V. Verband ehrenamtlicher Mitarbeiterinnen und Mitarbeiter in Gemeinden und Einrichtungen, Am Stadelhof 15, 33098 Paderborn.

Guardini, Romano: Gottes Heiligkeit. Alle Autorenrechte liegen bei der Katholischen Akademie in Bayern. Romano Guardini, Theologische Gebete, 12. Auflage 2021, S. 26, Matthias Grünewald Verlag, Ostfildern.

Häring, Bernhard: Komm, heiliger Geist. © Münchener Provinz der Redemptoristen.

Hies, Christian: Du meine Frühlingssonne. © Christian Hies.

Hies, Christian: Du Wasser des ewigen Lebens. © Christian Hies.

Jüngel, Eberhard: Ja, komm Herr Heiliger Geist!, in: *Ders:* Geistesgegenwart. Predigten I und II, München 1979, 78–79. © Eberhard Jüngel.

Jüngel, Eberhard: Wir danken Dir, Herr, dass Du kein stummer Gott bist, in: *Ders.:* Geistesgegenwart. Predigten I und II, München 1979, 206. © Eberhard Jüngel.

Kierkegaard, Sören: Du, o Gott, der uns mit Seiner Liebe zuvorgekommen ist, in: *Ders.:* Gebete. Auswahl und Übertragung Willi Reich, Zürich 1963, 41–42.

Kierkegaard, Sören: Herr, beruhige die Wogen in dieser Brust, besänftige die Stürme!, in: *Ders.:* Gebete. Auswahl und Übertragung Willi Reich, Zürich 1963, 9.

Kierkegaard, Sören: Vater im Himmel! Auf viel Arten sprichst Du zu dem Menschen., in: *Ders.:* Gebete. Auswahl und Übertragung Willi Reich, Zürich 1963, 25.

Lambert, Willi: Gott, da bin ich! Wo bist du?, in: *Ders.:* Gebet der liebenden Aufmerksamkeit (Deutsche Sendungen von Radio Vatikan), Leutesdorf [10]2003, 57. ©Willi Lambert SJ.

Köster, Peter: Wenn ich durchs Wasser schreite © EOS-Verlag.

Lohfink, Norbert: Du sprichst zu uns in allen Dingen, in: *Ders.:* Hinter den Dingen ein Gott. Meditationen, Freiburg – Basel – Wien 1978, 33–34. © Norbert Lohfink SJ.

Meuser, Bernhard: Du – keine der Antworten. © Bernhard Meuser.

Meuser, Bernhard: Keine Sekunde, o Gott. © Bernhard Meuser.

Meuser, Bernhard: Mein Himmel, Gott, ist Deine Hand. © Bernhard Meuser.

Naegeli, Sabine: Verschüttet du, begraben unter der Last der Fragen. © Sabine Naegeli.

Nikolaus von Kues: Du, o Gott bist die Wahrheit und das Urbild, in: *Ders.:* Vom Sehen Gottes. Ein Buch mystischer Betrachtung. Aus dem Lateinischen übertragen von Dietlind und Wilhelm Dupré. Mit einem Nachwort von Alois M. Haas (Unbekanntes Christentum), Zürich – München 1987, 34–36 [VII Der Ertrag der Antlitz-Schau und wie man ihn erlangt, 32–36].

Oberröder, Wolfgang: Euer Herz lasse sich nicht verwirren! (Joh 14,1), in: *Ders.:* Hilf mir beten, Herr! Beten mit dem Johannesevangelium, Donauwörth 1987, 57–59. © Wolfgang Oberröder.

Oberröder, Wolfgang: Kommt und seht! (Joh 1,39), in: *Ders.:* Hilf mir beten, Herr! Beten mit dem Johannesevangelium, Donauwörth 1987, 15–17. © Wolfgang Oberröder.

Roth, Christine: Eine Schale will ich sein. © Christine Roth.

Rotzetter, Anton: Gott Du bist ein Gott des Weges. © Anton Rotzetter OFMCap.

Rotzetter, Anton: Gott Du sagst. © Anton Rotzetter OFMCap.

Schäble, Claudia: Unausgesprochen: Gott. © Claudia Schäble.

Schmieder OSB, Lucida: Komm, Heiliger Geist, erleuchte unser Denken. © Sr. Lucida Schmieder OSB.

Sonnenberg OSB, Abt Beda M.: lebendiger geist hervorgegangen aus dem lebendigen vater, in: Lechner, Odilo (Hrsg.): Die Lieblingsgebete der Mönche und Nonnen, Münsterschwarzach 2009, 124. © Abt Beda M. Sonnenberg OSB.

Spendel OP, Aurelia: Gottesgegenwart. © Sr. Aurelia Spendel OP.

Sudbrack, Josef: Wer bist du, Heiliger Geist? © Josef Sudbrack SJ.

Thurner, Martin: »In jenen Tagen tat Stephanus«. © Gebet aus der Neubaugemeinde Baldham, Martin Thurner (Hrsg.).

Uhl, Elke: Geist Gottes, wir suchen Dich. © Elke Uhl.

Uhl, Elke: Jesus, ich bin gekommen. © Elke Uhl.

Vugt, Thomas van: auf der hoffnungsleiter. © Thomas van Vugt.

Weismantel, Paul: Bist Du ein König? © Paul Weismantel.

Weismantel, Paul: Du bist Gott. © Paul Weismantel.

Weismantel, Paul: Du. © Paul Weismantel.

Weismantel, Paul: Ewiges Geheimnis. © Paul Weismantel.

Weismantel, Paul: Wer bist du, Gott? © Paul Weismantel.

Wiemer, Rudolf Otto: Frage des Wegwerfers, in: *Ders.:* Ungewaschene Gebete, Patmos Verlag, Düsseldorf 1987. © Rudolf Otto Wiemer Erben, Hildesheim.

LOB, DANK, BITTE, KLAGE

Adolphsen, Helge: Danken will ich dir, mein Gott, in: *Ders.:* Minuten Gebete, Stuttgart 2000, 21. © Helge Adolphsen.

Greubel, Frank: Aus der Ferne zur Mitte. © Frank Greubel.

Hies, Christian: Aus Dankbarkeit. © Christian Hies.

Schäble, Claudia: Drei Bitten. © Claudia Schäble.

Schmieder, Lucida: Gebet um Heilung. © Sr. Lucia Schmieder OSB.

Schmieder, Lucida: Gottes versöhnende Liebe empfangen. © Sr. Lucia Schmieder OSB.

Stutz, Pierre: DU / lebst freundschaftlich in mir. © Pierre Stutz, www.pierrestutz.ch

Stutz, Pierre: Verzweifeltes Gebet. © Pierre Stutz, www.pierrestutz.ch

Vugt, Thomas van: Mein Glück?! © Thomas van Vugt.

Weismantel, Paul: Dich lobe ich. © Paul Weismantel.

Weismantel, Paul: Dir danke ich. © Paul Weismantel.

Weismantel, Paul: Dir klage ich. © Paul Weismantel.

GEBETE DER HEILIGEN

Augustinus: Bekenntnisse: Lateinisch und Deutsch. Eingeleitet, übersetzt und erläutert von Joseph Bernhart. Mit einem Vorwort von Ernst Ludwig Grasmück, (insel taschenbuch 1002), Frankfurt am Main 1987.

Franz von Sales: Du bist der Gott meines Herzens. Gebete. Herausgegeben von Herber-Winklehner OSFS. Mit einer Einführung von Gottfried Prinz OSFS, Eichstätt 1998. © Franz Sales Verlag.

Franziskus-Gebete. Zusammengestellt und eingeleitet von Leonhard Lehmann. Im Auftrag der Interfranziskanischen Arbeitsgemeinschaft (INFAG), Werl/Westf. 1997.

Ohse, Traugott: Voll Güte bist Du, Herr. Beten mit Bernhard von Clairvaux, Wilhering 2001. © Stift Wilhering.

Stein, Edith: Geistliche Texte II. Bearbeitet von Sophie Binggeli unter Mitwirkung von Ulrich Dobhan OCD und Maria Amata Neyer OCD (Edith Stein Gesamtausgabe. Herausgegeben im Auftrag der deutschen Ordensprovinz des Teresianischen Karmel vom Internationalen Edith Stein Institut Würzburg; Band 20), 3. Teil: Gebete und Gedichte, 163–212, 183f.; 190f.; 196f.; 209f. Herder Verlag.

Teresa von Avila: Die Texte werden geboten in der Übersetzung von Pfarrerin Dr. theol. Elisabeth Jahrstorfer CH-8505 Pfyn.

Therese von Lisieux: Gebete der Liebe. Mit einer Einführung von Waltraud Herbstrith (Meditation und Gebet), München – Zürich – Wien 1990, 108; 40; 62; 25; 43–45; 118. © Verlag Neue Stadt.

GESUCHTER UND GEFÜHRTER WEG

Bode, Bischof Franz-Josef: Du Gott unserer Väter. © Bischof Franz-Josef Bode.

Haneberg, Almut: Guter Abschied – gesegnete Zukunft oder: Gebet um einen guten Abschied. © Almut Haneberg.

Multhaupt, Hermann: Unterwegs, in: Multhaupt, Hermann und Traute: Auf dem Weg nach Hause. Ein Pilger-Brevier, Aachen 1993, 12. © Hermann Multhaupt.

Oberröder, Wolfgang: Ich bin der Weg und die Wahrheit und das Leben (Joh 14,6), in: *Ders.:* Hilf mir beten, Herr! Beten mit dem Johannesevangelium, Donauwörth 1987, 59–61. © Wolfgang Oberröder.

Ringseisen, Paul: Österliche Weg-Litanei, in: *Ders.:* Ruf und Anruf. Neue Litaneien, München ²1982, 15–19. © Paul Ringseisen.

Thurner, Martin: Du, Gott der Anfänge, segne uns. © Gebet aus der Neubaugemeinde Baldham, Martin Thurner (Hrsg.).

Weismantel, Paul: Du bist bei mir. © Paul Weismantel.

BESTIMMUNG UND BERUFUNG

Betz, Otto: Vor Deinem verborgenen Antlitz stehend. © Otto Betz.

Bode, Bischof Franz-Josef: Berufungsgebet. © Bischof Dr. Franz-Josef Bode.

Foucauld, Charles de: In deine Hände, in: *Ders.:* Hingabe und Nachfolge. Geistliches Lesebuch. Ausgewählt und übersetzt und herausgegeben von der Kleinen Schwester Maria Walburg von Jesus, München – Wien – Zürich 2005, 31. Verlag Neue Stadt.

Ignatius von Loyola: Nimm Dir, Herr, und übernimm meine ganze Freiheit, in: *Ders.:* Die Exerzitien. Übertragen von Hans Urs von Balthasar (Sigillum), Einsiedeln [10]1990, 59–60.

Kawohl, Marianne: Mein Gebet. © Marianne Kawohl.

Knapp, Andreas: Unterscheidung der Geister, in: *Ders.:* Brennender als Feuer. Geistliche Gedichte. © Echter Verlag, Würzburg, [9]2020, 72.

Meuser, Bernhard: Du hast mich gemacht. © Bernhard Meuser.

Meuser, Bernhard: Wie schwer ist es, Herr, an meinem roten Faden zu bleiben. © Bernhard Meuser.

Mies-Suermann, Irmela: Leben. © Irmela Mies-Suermann.

Nikolaus von Kues: Vom Sehen Gottes. Ein Buch mystischer Betrachtung. Aus dem Lateinischen übertragen von Dietlind und Wilhelm Dupré. Mit einem Nachwort von Alois M. Haas (Unbekanntes Christentum), Zürich – München 1987, 34f.

Schmieder OSB, Sr. Lucida: Berufung – beim Namen gerufen. © Lucida Schmieder OSB.

Spendel OP, Sr. Aurelia: Schaffe Recht – Frauengebet. © Sr. Aurelia Spendel OP.

Stutz, Pierre: Mein Licht in die Mitte stellen. © Pierre Stutz, www.pierrestutz.ch

Weismantel, Paul: Begabt bin ich. © Paul Weismantel.

MIT OFFENEN AUGEN, OHREN, HERZEN UND HÄNDEN

Bode, Bischof Franz-Josef: »Vom Wort des Lebens sprechen wir« (1 Joh 1,1). © Bischof Franz-Josef Bode.

Herr Jesus Christus – Meditation zu einem Gebet aus dem 14. Jahrhundert. © Sr. Maria Neubrand MC (1955–2020).

*Mies-Suermann, Irmela:*Sohn Davids, erbarme dich meiner. © Irmela Mies-Suermann.

Stutz, Pierre: Vertrauensvolles Handeln. © Pierre Stutz, www.pierrestutz.ch

Thurner, Martin: Brich auf in mir, o Herr. © Gebet aus der Neubaugemeinde Baldham, Martin Thurner (Hrsg.).

LIEBE, EHE, FAMILIE

Arndt, Monika und Bernhard: Guter Gott, du Gott des Lebens, in: Der Liebe Raum geben. Neun Impulse für Christen auf dem Weg der Ehe. Herausgegeben von der Schönstatt-Familienbewegung, Deutschland, Vallendar und Kevelaer 1997, 10. © Monika und Bernhard Arndt.

Arndt, Monika und Bernhard: Du hast jeden Menschen in seiner Einzigartigkeit erdacht, in: Der Liebe Raum geben. Neun Impulse für Christen auf dem Weg der Ehe. Herausgegeben von der Schönstatt-Familienbewegung, Deutschland, Vallendar und Kevelaer 1997, 14. © Monika und Bernhard Arndt.

Feichtinger, Peter: Segne die Kinder. © Peter Feichtinger.

Gerwing, Doris und Manfred: Du hast uns aus Liebe erschaffen, in: Der Liebe Raum geben. Neun Impulse für Christen auf dem Weg der Ehe. Herausgegeben von der Schönstatt-Familienbewegung, Deutschland, Vallendar und Kevelaer 1997, 26. © Doris und Manfred Gerwing.

Gerwing, Doris und Manfred: Du hast uns unsere Kinder geschenkt, in: Der Liebe Raum geben. Neun Impulse für Christen auf dem Weg der Ehe. Herausgegeben von der Schönstatt-Familienbewegung, Deutschland, Vallendar und Kevelaer 1997, 34. © Doris und Manfred Gerwing.

Greubel, Frank: Ein neues Leben, in: *Ders.:* Und überhaupt: Gebete. Gebete, Texte und Gedanken (KLB konkret. Spiritualität). Herausgeber: Katholische Landvolkbewegung Diözese Würzburg, Ottostraße 1, 97070 Würzburg, 34. © Frank Greubel.

Greubel, Frank: Wachsen und reifen. © Frank Greubel.

Naegeli, Antje Sabine: Mutter sein. © Antje Sabine Naegeli.

Schäble, Claudia/Vugt, Thomas van: HOCH-ZEIT. © Claudia Schäble und Thomas van Vugt.

Thurner, Martin: Segen für ein Ehepaar. © Gebet aus der Neubaugemeinde Baldham, Martin Thurner (Hrsg.).

Thurner, Martin: Dankgebet zur Goldenen Hochzeit. © Gebet aus der Neubaugemeinde Baldham, Martin Thurner (Hrsg.).

Walters, Ingeborg und Ulrich: Wir danken dir, dass wir lieben können, in: Der Liebe Raum geben. Neun Impulse für Christen auf dem Weg der Ehe. Herausgegeben von der Schönstatt-Familienbewegung, Deutschland, Vallendar und Kevelaer 1997, 18. © Ingeborg und Ulrich Walters.

Walters, Ingeborg und Ulrich: Du hast mir meinen Partner gegeben, in: Der Liebe Raum geben. Neun Impulse für Christen auf dem Weg der Ehe. Herausgegeben von der Schönstatt-Familienbewegung, Deutschland, Vallendar und Kevelaer 1997, 22. © Ingeborg und Ulrich Walters.

Walters, Ingeborg und Ulrich: Am Beginn unseres gemeinsamen Weges, in: Der Liebe Raum geben. Neun Impulse für Christen auf dem Weg der Ehe. Herausgegeben von der Schönstatt-Familienbewegung, Deutschland, Vallendar und Kevelaer 1997, 38. © Ingeborg und Ulrich Walters.

Weismantel, Paul: Danke für die Freude. © Paul Weismantel.

Weismantel, Paul: Gebet für die Familie. © Paul Weismantel.

Weismantel, Paul: Gebet für Teilfamilien – Alleinerziehende. © Paul Weismantel.

Weismantel, Paul: Segen für die Familien. © Paul Weismantel.

IM DUNKEL VON SCHULD, LEID UND TOD

Adolphsen, Helge: Vater, vergib mir meine Schuld, in: *Ders.:* Minuten Gebete, Stuttgart 2000, 63. © Helge Adolphsen.

Bonhoeffer, Dietrich: Gebet in besonderer Not, in: *Ders.:* Widerstand und Ergebung. Briefe und Aufzeichnungen aus der Haft. Herausgegeben von Eberhard Bethge, München 1951, 100–101. © Gütersloher Verlagshaus, in der Verlagsgruppe Random House GmbH, München.

Canisius, Petrus: Um eine gute Todesstunde, in: *Hock, Gundikar* (Hrsg.): Ergriffen vom Feuer. Gebete aus dem Geist der Exerzitien (Ignatianische Impulse; Band 16), Würzburg 2006, 25.

Copray, Norbert: Schreien könnte ich, in: *Ders.:* Dem Leben zuliebe. Gebete, Düsseldorf 1989, 9. © Norbert Copray.

Copray, Norbert: Warum hilfst Du uns nicht, Gott, warum?, in: *Ders.:* Dem Leben zuliebe. Gebete, Düsseldorf 1989, 93. © Norbert Copray.

Foucauld, Charles de: Wie gut bist du, mein Gott, in: *Ders.:* Hingabe und Nachfolge. Geistliches Lesebuch. Ausgewählt und übersetzt und herausgegeben von der Kleinen Schwester Maria Walburg von Jesus, München – Wien – Zürich 2005, 12. Verlag Neue Stadt

Grün, Anselm: Mein Gewissen klagt mich an, in: *Ders.:* Heilsame Worte. Gebete für ein ganzes Leben, Freiburg im Breisgau 2005, 92–93. © Verlag Herder, Freiburg.

Jüngel, Eberhard: Herr, lehre uns bedenken, in: *Ders.:* Geistesgegenwart. Predigten I und II, München 1979, 185. © Eberhard Jüngel.

Mayer, Rupert: Herr, wie du willst. © Oberdeutsche Provinz SJ.

Meuser, Bernhard: Herr, ich kenne den Maßstab nicht. © Bernhard Meuser.

Multhaupt, Hermann: Das unaufschiebbare Ende, in: *Ders.:* Der Abend wirft sanfte Schatten. Gebete für die zweite Lebenshälfte, Mainz 1998, 118–119. © Hermann Multhaupt.

Naegeli, Sabine: »Selig sind, die da Leid tragen«. © Sabine Naegeli.

Oberröder, Wolfgang: Euer Kummer wird sich in Freude verwandeln (Job 16,20), in: *Ders.:* Hilf mir beten, Herr! Beten mit dem Johannesevangelium, Donauwörth 1987, 68–69. © Wolfgang Oberröder.

Pabst, Veronika: Gebet beim Tod eines geliebten Menschen. © Veronika Pabst.

Rilke, Rainer Maria: O Herr, gib jedem seinen eigenen Tod, in: *Ders.:* Sämtliche Werke. Herausgegeben vom Rilke-Archiv in Verbindung mit Ruth Sieber-Rilke besorgt durch Ernst Zinn, 6 Bände, Frankfurt am Main 1987, Band I, 347 (»Das Stunden-Buch«, 249–366).

Stutz, Pierre: Segen beim Abschiednehmen. © Pierre Stutz, www.pierrestutz.ch

Thurner, Martin: Gott vergib uns unsere Schuld, sei uns gnädig in Geduld. © Gebet aus der Neubaugemeinde Baldham, Martin Thurner (Hrsg.).

Trauer packt kalt mein Herz an, in: *Pawelzik, Fritz:* Ich werfe meine Freude an den Himmel. Gesammelte Gebete aus Afrika, Wuppertal 1977, 49–50. Aussaat Verlag GmbH

Weismantel, Paul: Am Ende. © Paul Weismantel.

Weismantel, Paul: In allem. © Paul Weismantel.

Weismantel, Paul: Leidensgebet. © Paul Weismantel.

KINDERGEBETE

Abeln, Reinhard: Es tut mir leid, in: *Ders.:* Beschütze mich auch diese Nacht. Abendgebete für Kinder. Mit Bildern von Sieger Köder, Stuttgart 2007, 28. © Verlag Katholisches Bibelwerk.

Biehl, Pia – Walczyk, Jana: Wir dürfen mit allem zu Gott kommen, in: *Dies.:* Mein kleines Gotteslob, Stuttgart 2020, 13–14. Verlag Katholisches Bibelwerk.

Biehl, Pia: Ich bin ganz aufgeregt, lieber Gott!, in: Lieber Gott, ich muss dir mal was sagen. Kindergebete mit Texten von Pia Biehl und Zeichnungen von Anne Westerduin, Stuttgart 2002, 60. © Verlag Katholisches Bibelwerk.

Biehl, Pia: Lieber Gott, ich muss dir mal was sagen!, in: Lieber Gott, ich muss dir mal was sagen. Kindergebete mit Texten von Pia Biehl und Zeichnungen von Anne Westerduin, Stuttgart 2002, 56. © Verlag Katholisches Bibelwerk.

Henke, Lioba (und Mitarbeiterinnen im Team der Kinderkirche der Dompfarrei Eichstätt): Lobpreis. © Lioba Henke und Mitarbeiterinnen im Team der Kinderkirche der Dompfarrei Eichstätt.

Henke, Lioba (und Mitarbeiterinnen im Team der Kinderkirche der Dompfarrei Eichstätt): Guter Gott. © Lioba Henke und Mitarbeiterinnen im Team der Kinderkirche der Dompfarrei Eichstätt).

Henke, Lioba (und Mitarbeiterinnen im Team der Kinderkirche der Dompfarrei Eichstätt): Gott! Auch wenn ich dich nicht sehe © Lioba Henke und Mitarbeiterinnen im Team der Kinderkirche der Dompfarrei Eichstätt.

Hensel, Luise: Nachtgebet, in: *Freund, Winfried:* Müde bin ich, geh' zur Ruh. Leben und Werk der Luise Hensel. Mit einem Geleitwort von Erzbischof Johannes Joachim Degenhardt, Rheda-Wiedenbrück 1984, 100.

Natus, Uwe Maria: Schön, dass es mich gibt. Kindergebet. © Uwe Maria Natus.

Natus, Uwe Maria: Unser Vater. © Uwe Natus.

Pabst, Veronika: Gebet mit einem schwer kranken Kind. © Veronika Pabst.

GEBETE JUNGER MENSCHEN

Fahnroth, Corinna: Du kennst mich bei meinem Namen. © Corinna Fahnroth.

Grotz, Isabella: Du bist da Gott. © Isabella Grotz.

Heinrich, Laura: Gott segne und behüte dich! © Laura Heinrich.

Karban, Kathrin: Und staunend fasse ich. © Kathrin Karban

Koller, Katrin: Herr. © Katrin Koller.

Mezger, Franziska: Schwer zu verstehen. © Franziska Mezger.

Michel, Anna: Komm zu mir! © Anna Michel.

Rieß Luzia: Ich möchte dir danken. © Luzia Rieß.

Rosenhammer, Florian: Umkehr(er). © Florin Rosenhammer.

Roth, Christine: Vielleicht zählt nur. © Christine Roth.

Sanders, Roman: Was die Welt noch nicht gesehen hat. © Roman Sanders.

MORGEN- UND ABENDGEBETE

Bonhoeffer, Dietrich: Herr, mein Gott, ich danke Dir, in: *Ders.:* Widerstand und Ergebung. Briefe und Aufzeichnungen aus der Haft. Herausgegeben von Eberhard Bethge, München 1951, 99–100. © Gütersloher Verlagshaus, in der Verlagsgruppe Random House GmbH, München.

Bonhoeffer, Dietrich: Morgengebet, in: *Ders.:* Aber bei dir ist Licht. Gebet, Gedichte und Gedanken aus dem Gefängnis (1943–1944). Herausgegeben und mit einer Einführung versehen von Peter Zimmerling, Giessen ²2020, 56–58. Brunnen Verlag

Gregor von Nazianz: Gott, am Beginn dieses Tages reiche ich dir meine Hände, in: Borgagno, C. – Gandolfo, G. (Hrsg.): Gebete der Kirchenväter. Die schönsten Gebete der ungeteilten Christenheit, München – Zürich – Wien 1984, 52.

Gregor von Nazianz: Mein Herr und mein Gott, in: Borgagno, C. – Gandolfo, G. (Hrsg.): Gebete der Kirchenväter. Die schönsten Gebete der ungeteilten Christenheit, München – Zürich – Wien 1984, 52–53.

Hies, Christian: Geborgenheit bei Gott. © Christian Hies.

Hies, Christian: Vom Himmel. © Christian Hies.

Pabst, Veronika: Unter Deinem Blick. © Veronika Pabst.

Plattig, Michael: Am Abend, in: Ich rufe täglich zu dir. Morgen- und Abendgebete. Ausgewählt von Johannes Hasselborn. Mit einem Vorwort von Landesbischof i.R. Theo Sorg. Herausgegeben von Maria Jepsen, Walter Kasper, Walter Klaiber, Eduard Lohse, Paul Werner Scheele, Theodor Schober, Theo Sorg, Kreuz Verlag und Verlag Katholisches Bibelwerk, Stuttgart 1997, 61. © Michael Plattig O. Carm.

Plattig, Michael: Am Morgen, in: Ich rufe täglich zu dir. Morgen- und Abendgebete. Ausgewählt von Johannes Hasselborn. Mit einem Vorwort von Landesbischof i.R. Theo Sorg. Herausgegeben von Maria Jepsen, Walter Kasper, Walter Klaiber, Eduard Lohse, Paul Werner Scheele, Theodor Schober, Theo Sorg, Kreuz Verlag und Verlag Katholisches Bibelwerk, Stuttgart 1997, 66. © Michael Plattig O. Carm.

Sailer, Johann Michael: Beim Schlafengehen, in: *Ders.:* Gebete für Christen. Gebete und Meditationen. Auswahl und Einführung von Willibald Kammermeier. Geleitwort von Bischof Dr. Rudolf Graber, St. Augustin 1981, 201.

Schäble, Claudia: Kostbarkeit der Augen-Blicke. © Claudia Schäble.

Spendel OP, Sr. Aurelia: Schlafgebet. © Sr. Aurelia Spendel OP.

Stablo, Isabelle: Wecke mein Ohr. © Isabelle Stablo.

Stutz, Pierre: Komm zur Ruhe. © Pierre Stutz, www.pierrestutz.ch

Thurner, Martin: Segne, Herr, in Deinem Kreuz alle Menschen unserer Erde! © Gebet aus der Neubaugemeinde Baldham, Martin Thurner (Hrsg.).

Vugt, Thomas van: Am Abend. © Thomas van Vugt.

Vugt, Thomas van: In der Früh. © Thomas van Vugt.

Weismantel, Paul: Abend-Segen. © Paul Weismantel.

Weismantel, Paul: Am Abend dieses Tages. © Paul Weismantel.

Weismantel, Paul: Morgen-Segen. © Paul Weismantel.

Weismantel, Paul: Morgens. © Paul Weismantel.

TISCHGEBETE

Holzbach, Alexander: Die Oktobersonne lässt den Wein reifen., in: *Ders.:* Tischgebete, Limburg 1985, 18. © Alexander Holzbach SAC.

Mies-Suermann, Irmela: Das tägliche Brot. © Irmela Mies-Suermann.

Schäble, Claudia: So möchte ich Mahl halten. © Claudia Schäble.

BEGEGNUNG MIT DEN ENGELN DES LEBENS

Makarius der Ägypter: Zum Schutzengel, in: Borgagno, C. – Gandolfo, G. (Hrsg.): Gebete der Kirchenväter. Die schönsten Gebete der ungeteilten Christenheit, München – Zürich – Wien 1984, 63–64.

Meuser, Bernhard: Deine Engel sind, wo ich verwundbar bin. © Bernhard Meuser.

Meuser, Bernhard: Wo bist du, mein Engel. © Bernhard Meuser.

Multhaupt, Hermann: Du Engel Gottes, in: *Ders.:* Möge der Wind immer in deinem Rücken sein. Alte irische Segenswünsche, Aachen ⁷1992. © Hermann Multhaupt.

Naegeli, Sabine: Um nichts anderes will ich dich bitten. © Sabine Naegeli.

Stutz, Pierre: Du kleiner Engel. © Pierre Stutz.

Thurner, Martin: Gott spricht, Gott spricht an. © Gebet aus der Neubaugemeinde Baldham, Martin Thurner (Hrsg.).

Thurner, Martin: Manchmal suche ich nach einem Engel des Lichts. © Gebet aus der Neubaugemeinde Baldham, Martin Thurner (Hrsg.).

Weismantel, Paul: Schutzengel. © Paul Weismantel.

BEGEGNUNGEN MIT DER GOTTESMUTTER MARIA

Thurner, Martin: Gegrüßet seist du, Maria. © Gebet aus der Neubaugemeinde Baldham, Martin Thurner (Hrsg.).

BEGEGNUNGEN MIT DEM SEGEN DES HIMMELS

Mies-Suermann, Irmela: Segne mich Gott. © Irmela Mies-Suermann.

Schäble, Claudia: Dein Segen. © Claudia Schäble.

Schalück, Hermann: Franziskanisches Segensgebet. © Hermann Schalück OFM.

Stutz, Pierre: Lebenskraft. © Pierre Stutz, www.pierrestutz.ch

Weismantel, Paul: Segensgebet. © Paul Weismantel.

Wir bedanken uns bei den Rechteinhabern für die erteilten Abdruckgenehmigungen.
Bei einigen Texten war es trotz gründlicher Recherchen nicht möglich, die Rechteinhaber der Texte ausfindig zu machen. Honoraransprüche bleiben im üblichen Rahmen bestehen.

Über den Herausgeber

Prof. em. Dr. theol. Bernhard Sill (geb. 1955), war von 1997 bis 2020 Professor für Moraltheologie an der Fakultät für Religionspädagogik/Kirchliche Bildungsarbeit der Katholischen Universität Eichstätt-Ingolstadt. Schwerpunkte seiner Arbeit sind: Theologie der Spiritualität, Ästhetik und Ethik, medizinische Ethik.